法国当代心理治疗

青少年期冒险行为
Les conduites à risque à l'adolescence

[法] 罗贝尔·库尔图瓦 / 著
Robert COURTOIS

费群蝶 / 译
traduit par FEI Qundie

上海社会科学院出版社
SHANGHAI ACADEMY OF SOCIAL SCIENCES PRESS

目　录

致谢词 / IX
导言 / 001

I 青少年期冒险行为的概念

1 青少年期的心理问题 / 005
　　青春发育期和青少年期 / 005
　　青少年期的心理过程 / 010
　　青少年期的五大阶段 / 019

2 冒险和青少年期 / 022
　　"冒险"的词源意义 / 022
　　青少年期和冒险 / 025
　　社会、文化与冒险 / 027

3 青少年期冒险行为的概念和定义 / 032
　　青少年期冒险行为在当前的定义 / 032

真实的概念还是胡乱拼凑的概念？/ 036

给冒险行为重新下定义 / 037

4 青少年期冒险行为的知觉和类别 / 047

风险的知觉 / 047

青少年期冒险行为的分类 / 051

青少年期冒险行为的意义：一次尝试性的概括 / 056

冒险行为的演变 / 058

5 神话和童话，青少年和冒险行为 / 060

神话和童话的普遍意义 / 060

开始时：起源 / 062

神话和童话告诉我们的道理 / 070

男性童话或女性童话的分析 / 083

II 几种行为的精神病理学分析

6 精神兴奋药物的使用和成瘾行为 / 093

烟草 / 093

酒精 / 099

大麻 / 106

其他麻醉剂 / 108

瘾 / 113

网瘾和电子游戏成瘾 / 118

7 **冒险性性行为** / 123
   青少年期性行为的发展 / 123
   性行为 / 124
   青少年期冒险性性行为 / 125
   冒险性性行为的共病因素或诱因 / 133

8 **青少年期行为障碍和暴力行为** / 136
   外显行为和内隐行为的区别 / 136
   青少年期行为障碍 / 137
   青少年期暴力行为 / 142

9 **机动车辆危险驾驶行为** / 149
   临床描述 / 149
   青少年期机动车辆危险驾驶行为的共病因素和诱因 / 150

10 **运动和家庭意外事故** / 153
   日常生活意外事故 / 153
   运动意外事故 / 154

11 **躯体化障碍和身体疼痛** / 157
   焦虑抑郁症 / 157
   躯体主诉 / 162

12 **自残行为** / 164
   划痕和自残 / 164
   自杀行为 / 165

13 "受暴"行为 / 174
　　校园霸凌和伤害 / 174
　　性虐待 / 176

14 进食障碍 / 179
　　精神性厌食症 / 179
　　贪食症 / 182

15 学习心理障碍 / 187
　　辍学 / 187
　　焦虑性逃学 / 190

16 精神病理性行为和冒险行为 / 197

Ⅲ 青少年期冒险行为的解释模型

17 发展和心理动力学因素 / 203
　　分离与个体化过程 / 203
　　青春发育过程 / 204
　　"主动行为"引起的一系列问题和性欲的控制 / 205
　　作为变化因素之一的主动行为 / 207
　　理智化、禁欲、理想的自我和夸大性自体 / 207
　　依赖的调整和成瘾行为 / 208
　　早期社会关系和依恋理论 / 211

18 情绪调节与情感控制 / 214
与焦虑抑郁情绪的斗争 / 214
作为自适应模式的采取行为 / 215
知觉到的对环境的控制 / 215
认知行为理论或压力管理策略 / 216
情绪失调 / 218

19 人格模型和气质类型 / 219
病态人格 / 219
追求感官刺激和新奇事物 / 223
大五模型 / 226

20 社会因素 / 231
寻求认同和社会学习理论 / 231
父母和家庭的影响 / 231
同伴群体的影响 / 233
社会发展 / 234
启蒙的通过仪式 / 236
神意裁判行为和自我生殖的幻想 / 240

21 个人史和精神疾病 / 244
心理、身体或性暴力史 / 244
幼时精神疾病的延续 / 245
年轻成年人的精神疾病 / 245
"生物"脆弱性和基因遗传性 / 246

22 复合模型和多因素模型 / 251
   交互作用模型,相互作用模型(心理健康角度) / 251
   互动模型 / 252
   计划行为理论 / 252
   迈向一个全面的方法? / 256

Ⅳ 青少年期冒险行为的预防

23 青少年期冒险行为能得到有效预防吗? / 261
   怎样从儿童阶段开始预防广受推崇的冒险概念? / 261
   预防冒险的主要原则 / 265

24 报告、评估和干预 / 267
   一个负责任的成年人该有的定位 / 267
   青少年期冒险行为的一般评价标准 / 270
   某些行为特有的评估标准 / 273

25 冒险行为在国民教育中的预防 / 277
   让学校成为专门的预防场所 / 277
   以青少年为中心的预防形式 / 280
   以学校及其教职人员为主的预防形式 / 281
   家长在学校教育中的地位 / 285
   其他合作机构的地位 / 286

26 健康专家对冒险行为的预防 / 288
   全科医生和儿科医生的地位 / 288

心理学家和精神科医生的地位 / 290
　　青少年之家 / 291

V　患病青少年的接待和治疗

27　心理治疗申请的接待 / 295
　　青少年期心理访谈申请的接待 / 295
　　青少年及其父母在心理治疗申请中的地位 / 298
　　接待症状还是接待症状行为？ / 304

28　诊断性评估和预后评估 / 306
　　为治疗方案所做的临床评估 / 306
　　治疗方案 / 313

29　青少年期的心理治疗关系 / 316
　　心理治疗关系的建立 / 316
　　关于治疗部署的思考 / 322
　　以简单转化和解释性叙述为形式的"精神病理"澄清 / 330

30　住院治疗和机构治疗 / 332
　　住院治疗、间歇治疗和其他治疗形式 / 332
　　关于一个机构之所以具有治疗作用的思考 / 337

参考文献 / 346

致谢词

感谢我的妻子科隆布(Colombe)的爱和耐心,感谢我们的孩子们科朗坦(Corentin)、阿尔巴纳(Albane)、尼诺(Nino)和萨沙(Sacha)的贴心陪伴。

感谢我的同事和朋友马克·菲拉特(Marc Fillatre)博士以及樊尚·加缪(Vincent Camus)教授在他们所工作的图尔大学附属医院精神病学临床研究中心对我的接待。感谢马克(Marc)和青少年住院部社工若拉克·森特内罗(Jaulhac-Sentenero)通读了我的手稿并提出了宝贵的改进意见。

感谢出版社给予我信任。

导　言

讲述者：爱丽舍，22岁

"当我还是孩子的时候，我总是和大人待在一起，渴望自己也能快点长大。不同于同龄人，我早早就知道，人会死，而我的家人总是护我左右。我的青春期过得闷闷不乐，因为我从未真正脱离我的父母，他们始终近在咫尺，尤其是我的母亲，即使我有几次甚至怀疑她是否真的爱我。在学业上，所有的一切都是预先被设定好的。我在家人的安排下重蹈哥哥姐姐的覆辙。高中毕业后，我觉得自己从此就是大人了。所以，我有权做我自己想做的事，任何人都无权干涉。我已经是大人了。但与此同时，我也意识到该是我自己做决定并自行承担后果的时候了。既然我可以拥有自己的生活，当然也有逃避生活的权利。我开始喝酒。至少，这能让我有自我保护的感觉。或许是为了知道濒临死亡这条看不见的线是何滋味，我还好几次试过自杀。我曾那么渴望自由，但这种自由却使我陷入了万劫不复的混乱。今天，我意识到，当初为了对抗这种混乱，我居然选择放任自己消极等

> 待，整日游手好闲。我开始荒废学业，大学两年一事无成。我看什么都不顺眼，甚至包括我自己。一切都变得荒唐可笑，毫无意义。"

冒险行为在语言上的表述千变万化。它可以指青少年期精神兴奋药物的滥用，也可以指性行为的冒险尝试、在酒精或大麻的作用下可能采取的机械化冒险行为、自杀企图、躯体化障碍、意外事故或自我破坏学业等。这些冒险行为是青少年期和"变成大人"过程中的固有现象。其中一些虽远不足以起决定性作用，却会持续阻碍青少年的未来发展。最容易受冒险行为影响的青少年，往往也是最可能实施更可怕的冒险行为的那一群人。

青少年在经历过青春发育期的变化之后应学会自我调节，并重新调整家庭关系，或者更全面地说，调整自己的生活环境。本书阐述了青少年期冒险行为的概念，对此提出新的视角和新的定义。同时，分析了作者观察到的几种主要冒险行为的精神病理学原理，演示其解释模型，并提出如何预防这些冒险行为的发生，如何治疗深受此害的青少年们。本书包括多个思路独特的章节，尤其是在第五章中，作者谈到了神话和童话故事，发掘它们所共有且不变的特征，用来解释说明青少年期的一系列问题，尤其是这一年龄段的冒险问题。

I 青少年期冒险行为的概念

1　青少年期的心理问题　　　　　　　　　　005
2　冒险和青少年期　　　　　　　　　　　　022
3　青少年期冒险行为的概念和定义　　　　　032
4　青少年期冒险行为的知觉和类别　　　　　047
5　神话和童话,青少年和冒险行为　　　　　060

1
青少年期的心理问题

青春发育期和青少年期

介于青少年期和成人期之间的青春发育期

青少年期的开始以青春发育期的生理变化为标志。没有青春发育期，就没有青少年期，因为正是在这一时期产生了青少年必须要适应的那些变化。接着才是引导青少年走向成人阶段的一个过渡期。从词源学角度来看，我们甚至可以这样认为：当一个青少年的阴阜长出了阴毛，即他的青春发育开始的时候，他就成为了国家公民。

pubes，又称为 pubis、pubersco，指的是象征着青春发育期的体毛（阴毛和胡须），它不同于其他的体毛，比如头发（capillus）。pubes 一词是男子成年的标志，同样用来表示成年男性整个集体，即那些到了穿上托加长袍，带上武器，参加国民大会决议的年龄的成年男性。因此，publicus（既关系到人民，也引出共和国 République 一词）在某种程度上可说是对 pubicus 这个词在语言上的"污染"。虽然通常人们把它和 populus（人民或者全体公民的总称)联系起来(Ernout & Meillet, 2001; Gaffiot & Flobert, 2000)。因为成年人是走出青少年期的那一群人,所以 adultus 具有表示过去的特点,即意味着这一生长发育时期的完成和结束。同时,adultus 还与 adoleo(adoles、adolere、adoleui、adultum 和 adolesco、adulesco)相关,adoleo 有"用火点燃,烧着,蒙上蒸汽或烟,使蒸发,牺牲,用燃烧来向神致敬[1]"的含义。但是,ad-oleo 还有第二种解释,即"增长,长高,发育"(ad-olesco、adolescere、adulescens 或 adulescentia 则指青少年或青少年时期)。在用供品表达对神的敬意和祈求生长壮大、兴旺发达之间,或许存在着某种语义上的延伸。也正是这种延伸可以用来解释 adoleo 所包含的"气味"这个意思(神明们只能接收到供品的气味)[2]。此外,它还和 adoleo(adolesco、abolesco、aboleo、abolitum)在词源上相近,因这些词都指在记忆中已经不复存在的事物(消除、废除、擦除的意思或者迷失、衰败的事实)。青少年期(adolescentia 或 adulescentia)是从儿童期向青年期过渡的时期,也是没有完全长大的人所特有的时期(Ernout & Meillet, 2001; Freund, 1855; Gaffiot & Flobert, 2000)。

于是,人们发现了青春发育期的重要性,因为它标志着青少年期的开始,并最终通向成人世界。这是个快速而又剧烈变化的时期,让青少年在面对这些变化及其带来的后果时经历着种种苦难。

---

[1] 烟可让人世间的供品上升入天。

[2] 或者我们可以有(未经证实的)第二种假设,即意味着牺牲和仪式化的死亡和重生与这一青少年期相关。这一点,我们将在"神话和童话"这一章中再谈。

青春发育期的变化带来的后果

在平均为四年的青春发育期中,儿童的身体从形态、机能、外表上发生改变。青少年必须适应这些改变,让这些改变成为自己的一部分,并按照所有主观或是符合社会期望的男女性别标准,自觉接受他(她)自己的性别归属。青春发育成熟过程可表现为以下三个方面:

- 心理性或"内在"成熟(心理的变化,身体外形、自我评价的改变,特殊防御机制的启动);
- 社会性或"外在"成熟(社会关系的改变,如和家人、同伴的关系,学校环境中的人际关系等);
- 性成熟(具有性别特征的身体,性别特质,性冲动管理,兴趣爱好和新的行为等并存)。

这样一来,一个承载着(积极或消极)情感的身体意象将成为一个重要支点,用来支撑起自我评价机制的建立,即使它的青少年主人会逐渐认可同伴们赋予的自我意象并把它作为自己基本的评价标准体系(Bariaud, Rodriguez-Tomé, Cohen-Zardi, Delmas, & Jeanvoine, 1999; Rodriguez-Tomé et al., 1993)[1]。这就是关于一个"内在自我"(真正属于自己的形象)和"外在自我"(社会化的形象或社会化的自我)的认识。自我评价由多种因素构成,将

---

[1] 通常,无论多大年龄的女孩都更多地认为并表现得对自己的外貌不满意,并更多地希望从同龄人中得到对她们外貌的肯定。对男孩来说,青春发育期的成熟水平与男孩对自己的魅力评价挂钩,也就是说,身体发育越出众,越是早熟(长得高大、强壮又结实),他们对自己的外表就越有自信。对女孩来说,青春发育期的早熟能够在第一时间令她们魅力大增,但接着就会让她们变得又矮又胖。

青少年由此获得的对自己的好感,他的身体素质、能力、性别特质同男女性别观念在社会文化中的具体表现(力量和男子的强壮、美丽、诱惑力)融为一体。他所崇拜和模仿的那些富有个性的形象(或偶像)身上具有一部分属于这个自我建构和自我定位时期的理想主义色彩。自我评价是对自我价值的认识(Harter, 1994)。他将意识到自己对不同领域中的能力或成就的知觉,以及他在这些领域中的个人期望或理想与他对自身现状的主观感受之间的差距。因此,离开了身体的依托,作为青春期核心的个性问题也就无从谈起。人们深知在成长过程中出现的不协调和不安情绪的严重性,更不会忽视真实身体和理想身体之间大到可能导致躯体变形的差距[1]。这些与自我和与他人关系的变化存在于一个更广泛的过程,该过程与同伴及周遭环境相适应。因此,即使是在初期,青春发育的过程也触及青少年的身体深处,同时也大大改变周围人(父母亲、同伴、老师)对他的看法。过早的发育将青少年引向与他实际年龄不符的青春发育期行为,因而成为一种冒险因素。

青少年语录选段

丽丝,19岁。她说:"处于青春期的我每天都在改变。我又长高了几厘米,牛仔裤总是太短。这让我感到既自豪又

---

[1] 在此,我们想到男子的非正常乳房发育。它是男性乳腺的一种生理性的发育形式,通常是一次性的并且能够自愈。但它能引起男孩的恐慌和痛苦体验。青春发育期的生长和青春期自我重新建构的过程可能伴随着由身体的不协调、异常,有时甚至是真正的躯体变形而引起的不安。躯体变形障碍是指对自己身体美感的异常关注,对自己外形的莫名担忧(或与轻微的心理失常相关),近乎谵妄却又挥之不去的想法或念头。这些担忧常常与体型、体重、身高、女孩乳房过小和男孩阴茎过短有关。

有点害怕。"

雷诺,14岁。他在第一次看心理医生时就对他妈妈说:"妈妈,我不想再被你抱着坐在腿上了,你瞧,我已经比你高了。"

本杰明,14岁。这是个医疗机构并不陌生的福利院孩子。当护士告诉他他长大了许多,他指着裤裆回答:"是啊!我整个人都长大了。瞧我的裤子都撕破了呢……"。

巴斯蒂安,身高1米92,体重95千克,只有15岁,看上去却有十八九岁。他说:"我觉得班上的同学都太小了。我和他们的兴趣完全不一样。我只和20岁的伙伴们来往。"(他们都是"重金属",类似"硬摇滚"的爱好者)他的女朋友已经成年。

1米95的乔纳森的案例

年轻的G.乔纳森,14岁,身高1米95,体重89千克。他在学校里表现不佳,和一些老师的关系不甚理想。这个男孩很友善,他因为抑郁问题而被医生随访,产生抑郁的原因是他父亲的缺席(家庭离异)和他对此无法正确处理。此外,他还不能很好地管控自己的行为,坦然面对挫折和失望。过早的青春发育突显出他的问题。人们总是叫他"蠢钝的大笨蛋",而实际上,他所修的工艺学方向初三年级课程平均分为16分(总分20分),他希望自己能够学业有成并能有一技之长。他的女朋友18岁。班级理事会注意到了他的人际关系障碍主要出现在与老师,尤其是M姓女老师(身高1米50)的相处中。相反地,他与男性相处没有任何问题。

青少年期的心理过程

主要的心理问题

青少年期是介于儿童时代和成年时期之间的过渡阶段。这是个适应性的阶段，充满快速的变化，也与青春发育的开始密不可分。它始于11—12岁，结束于18—19岁[1]。18岁也意味着成年，或许可以用来表示青少年期的结束。虽然青少年期所特有的生理、心理和社会心理的发育在这时并未完全结束。它不仅是一个时期，而且可被视为以下三个基本要素的集合体（Rodriguez-Tomé, 1997）：

1 生长发育尤其是身高发育加速；
2 产生大量变化；
3 个体差异大（这一点很容易从初二和初三年级的学生身上观察到），个体内部差异同样明显（由于产生的时间和节奏不尽相同，身体上、智力上和社会情感上的变化有时并不一致）。

构成青少年期的这些变化是青春发育的产物，也是儿童对既定的家庭和文化环境中的生理和心理变化的应激反应。由变化所造成的束缚也同样体现在社会层面（例如小学升初中的过程，或是儿童在家庭中地位的改变）。此外，受到新的人际关系或社会功能的影响，智力的改变似乎也随着这些剧变产生，并与之相互作用。

---

[1] 世界卫生组织（OMS）在给青少年期下定义时，考虑了若干个年龄段：12或13—19岁，10—19岁，或10—20岁，这些年龄段可与15—24岁的青年期的概念相近。或许，将不同的年龄段根据发育时段来分隔更为妥帖，如10—14岁和15—19岁或16—20岁。

1 青少年期的心理问题

青春发育带来的转型不仅是生理上的,也是心理、情感、认知和社会上的。随之而来的是青少年对未来的不确定和对周遭环境失去控制而感到不安。而身高、体重的发育——伴随着我们先前提到过的个体内和个体间的差异——和这些改变的快速更加剧了这种不安。尤其是身体的"性别化"导致了人际关系的"性别化",这在青春发育期之前是从未有过的,也使青少年和周遭环境的关系产生了变化。同时,身体的"性别化"还容易让青少年认为自己的身体不再完整,因为他们不得不趋向一个新的身份并接受一个逐渐成熟的身体。这也是从儿童的社会性别身份观到青少年的自然性别身份观的飞跃,青少年在这一过程中担负着来自家庭和同伴的沉重的社会期望,一旦这些期望无法达到,就会带来许多痛苦。

传统意义上(心理动力学的角度),我们强调:在心理层面,这一时期幼儿个体分离运动和幼儿恋母情结同时再现,且此时的恋母情结夹杂着变得真实的弑父霸母倾向。这种与幼时父母亲形象分离的迫切性产生于青少年对行为自主的渴望。这一时期青少年身上发生的个性化过程始于与父母的敌对,表面上的矛盾,相互不理解。正是这一分化的过程在保留亲子关系的同时拉开了青少年与父母亲的距离,即使可能存在某种"全盘否定"的幻觉(认为自己诞生于无物,是个完全的处子之身,既没有社会关系也没有过去)[1]。这种态度的表现和敌对或退出的行为随着青少年的发育而变化:在12—15岁的少年时期,情况不是很严重,做法也比较简单直接(如"孩子气的"赌气、摔门),在青少年期将结束时(15—

---

[1] 我们或许可以把这种"全盘否定"的幻觉比作自我诞生的幻觉,它源于青少年对自我重生,并因此抹去和父母一切关系的渴望。在以后的章节中我们将就此再作讨论。

18岁),情况就会复杂得多,甚至变得微妙起来(如讽刺、挖苦)[1]。最主要的是,正确处理儿童幼时暂别父母的哀伤,直到其长成青少年后能够自觉接受与父母更彻底的分离,成功独立。其他成年人也能代替父母的形象,成为青少年成长过程中的有力支持:老师、祖父母等。这些大人还能帮助青少年了解自己的家庭史:"说说吧,以前的爸爸是什么样的,妈妈又是什么样的……""再说说他们原来对我有什么打算,那时他们爱我吗?"在长大成人(adultité)[2]的"建构"和转型过程中,最基本的要素就是时间。这些心理上的波动将会带动青少年自我防御手段的变化,其中不乏青少年期所特有的手段(如苦行主义、理智化)。具体来说,就是要更加坦然地接受失去,重新适应周围的环境,以达到新的自我平衡。

行为和心理的自主化

只有当青少年向社会敞开心扉,懂得选择并融入他的同伴,他才能获得所要追求的自主。因此,要实现与父母的分离(抛开过去关于父母的印象),需要在家庭生活之外接触新的外人,如同伴、恋人(Botbol et al., 2000)。这种改变将影响青少年对父母一贯的依赖,特别是让他在保持与父母相互支持的关系之外,重新审视自己在家庭中的地位(OMS, 1999)。最后,第二性征的突然出现和早

---

[1] 青少年期的第一阶段(即初中生时期——12至15岁)有时被定性为"青少年前期",与之相对的是第二阶段(即高中时期——15至18岁),可称为"青少年后期"。

[2] 此处要指出"adultité"一词(指已经达到成人标准的人的品质)因举用过少已不被《法兰西学院词典》(*Dictionnaire de l'Académie française*)收录。

期人际关系的性别化使青少年不得不开拓新的（同伴间）人际关系，疏远自己的父母。站在心理动力学的角度，我们也许可以这样说：这一切都将被用来使得青少年在面对强烈冲动过程（渴望）时表现出来的"弱小自我"变得强大。

作为社会化发生的场所，学校在儿童，而后是青少年的发展中起着主要作用。在学校里，每个孩子都经历了许多变化[1]。说到这里，我们想到初中刚入学的时刻，它或多或少类似青春发育期和青少年期的开始。学校这个新的社会背景激发了青少年独立自主的愿望，也常常见证家庭习惯的改变（如父母避免把孩子一直送到学校门口，因为其他孩子的父母不这样做，或者，父母因为工作原因和对孩子新的责任放心地把钥匙交给孩子让其独自回家）。突然之间，孩子认识到只有离开父母才能长大成人，并且可以继续从父母那里得到所需。对绝大部分青少年来说，这并不矛盾，而逆反态度也让他们能够（从表面上）与父母抗衡，同时又可以继续自己的个性化进程，还不用担心因此而失去父母的爱。此外，人们还发现，在外人眼里他们与父母的亲子关系很和谐，但私下和父母在一起时却可以企图摆脱这种亲子关系。越是敏感脆弱的青少年，越能明显感受到脱离父母的威胁，而他们也越迫切地千方百计想

---

[1] 和儿童一样，青少年也要面对他们的社会环境，所有的改变在学校里表现得更为明显。上幼儿园，然后上小学一年级，上初中一年级，高中一年级，通过会考，所有这些对青少年以及他身边人来说都是极其重大的转折点。因此，即使一个青少年还没开始他（她）的青春发育期（或是处于青少年初期），上初中一年级后他（她）依然会改变对自己（更多是来自旁人）的看法，他（她）的行为举止、穿着打扮会不知不觉发生变化，连同伴对他（她）的评价都令他（她）更加在意，他（她）更可能不经意地出现渴望独立的念头，或是做出令人哭笑不得的叛逆举动。

要摆脱这个不好的感觉。与父母的关系可能成为被攻击的对象，因为这种关系也代表着一种威胁(Jeammet，2005)。追求独立自主被看作是应该互为补充的两个方面的对立，也就是说，一方面是对他人或他物的需要，另一方面却是无论如何都要保证自主权利的自我保护。对他物的过分投入(大量投入)也不失为对这个两难局面做出的试探性调整，即使这样做可能会导致新的成瘾性依赖(大麻、酒精……甚至爱情)。对某种致瘾物的投入一开始能让青少年相信自己能不再依赖任何人，产生自我满足的错觉[1]。由于这种启蒙的特点，某些行为，例如精神兴奋药物的使用也能让青少年相信自己拥有了一个新的身份，并且向他的同伴和父母传达这样的信息。这就好像逼着父母正视他已经长大的事实，也迫使他们改变对他的看法和期望；那些离父母最近的青少年在这点上表现得最直接。另外，父母还要能够支持孩子的这种单飞和表面上的"割爱"，好帮助孩子渐渐适应环境而实现独立自主[2]。相反地，也有一些青少年，因为不想过多地威胁到父母而可能部分放弃行为上的独立自主。

青少年认知能力的发展产生了形而上思维，也大大有利于学会区分自我和他人(A.Courtois & Wilmars，2004)。青少年变得更有能力负责自己和父母各自的需求和欲望。这种社会、认知和

---

[1] 我们想到了赛日·甘斯布的那首名曲《骑着我的哈日戴雷森，我不需要任何人来陪》，还有一则卡纳尔＋(Canal＋)频道上的"无能之辈"(les Nuls)广告，里面有个裸胸的年轻女人边往自己的胸部涂抹着白色的奶酪(这让人联想到另一则关于"布尔森"奶酪的广告)边说："奶酪，愿你随时随地与我同在。"这是世人解读出来的意思。也许我们也可以从这则广告里读出"妇女解放"或者别的什么来。

[2] 具体表现为将来某一天实现经济上的独立和拥有自己的房子。

情感上的自主化是青少年期的一项基本发展任务(OMS,1999)。对父母的依恋仍然清晰可辨,而青少年需要做的就是减少对父母的依赖。由此,我们想到这些令人猝不及防的生理和心理剧变,随之而来的焦虑不安,以及亲子关系断裂的危机。这种不安也可能来源于对有限时间更为清醒的认识。(Bariaud & Rodriguez-Tomé, 1987)[1]青少年们意识到自己的父母终将过完他们有限的一生,这种感觉某种程度上从祖父母的疾病缠身上得到了印证,也让他们联想到成长的过程总是伴随着或终将伴随着疾病和随之而来的亲人离世[2]。而未来,对青少年自身来说,同样是个未知数。

主动行为和失去控制

主动行为是青少年的天性。它是儿童在心理发展过程中的成熟化和自我适应的表现。在儿童精神运动发展过程中,主动行为可成为一个倾注载体和一种表达方式。然而,心理变化激发了心理体验和心理活动,继而形成了想法,最后进一步导致动机性行为的产生。"肛欲期"[3]就是这样一个特殊的阶段,在此期间人们

---

[1] 艾克多·罗德里奎兹-托梅(Hector Rodriguez-Tomé),青少年心理学家,亨利·沃伦(Henri Wallon)和勒内·扎佐(René Zazzo)的学生,曾向我说起过这样一件事:有个学生曾提问,假如自己比起别人更早熟(指青春发育),是否会比别人早死。

[2] 就像桌沿上的多米诺游戏一样,一个新时代的开始(儿童成长为青少年)推动着其他时代前进,祖父母倒下了,接下来就该轮到父母了。有些没到青少年期的孩子因祖父母中的某一位去世而感到沮丧——有时情况非常严重,因为他们似乎突然意识到将来有一天也会失去父母(尤其是母亲)。

[3] 此词取自弗洛伊德1905年发展深化的性心理发展阶段理论(Freud, 1987)。

先是产生诱导性的动机,然后做出挑衅性的性行为,最后又可能对此说不。在青少年期,主动行为经常反复出现。青少年把它作为一种特有的回应方式。我们会发现,这种"主动行为"常常起着沟通和引起他人关注的作用,但它也可能是一种内心的防御手段。"主动行为"的概念通常和"采取行为"相重合。后者就像是一种外在表现出来的行为,与内心的心理行为相对应。主动行为的方式多种多样。而促成主动行为的因素可分为以下两类:

1 外部因素或环境因素——社会地位的改变,与家人或同伴关系的变化,社会刻板印象的影响,文化因素和社会经济因素;
2 内部因素——个性的重新调整,焦虑因素和青春发育期引起的心理变化等(Marcelli & Braconnier,2008)。

有失去"控制"或者诸如此类的感觉,认为自己总是在内心深处被动忍受着这些因素的折磨,这些可能让某些青少年觉得无法忍受。以至于对某些人来说,唯一的出路只有彻底反转这折磨人的消极感,也就是变得积极主动(Roman,2003)。主动行为可以成为一种重新认识和掌控(或至少试着去这样做)外部现实世界的途径。更何况,工具的变化(与不同语言的关系)以及与肢体相关的生理和心理上的减压都会增加行为实施的可能性。青少年必须管理好这个"青春期暴力",还需要克制自己的蠢蠢欲动,"重塑"自己的形象,重新定位自己。

对青少年来说,环境和无法满足的制约条件都能对他产生敌意,而他们中最为敏感脆弱的那些人受到的影响尤其明显。这些人可能尝试回应这些敌意,想要符合他们所遵循的那些规章准则的强烈愿望更是让他们铆足了劲地去妥协,更何况他们所在的同伴队伍又是如此庞大。换言之,一个青少年越是觉得自己不堪一击,就越容易顺从同伴的意见,忍受同伴们给的压力(文字表述为"融入"大集体)[1]。因为害怕别人说三道四,有些反应还被故意夸大。从另一个层面,我们也许可以联想到主动行为、变得强大(以为是这样)就好像是为了摆脱童年的恐怖阴影,拒绝像小时候那样对父母言听计从。此外,男孩子证明自己的男子气概和采取行为也可能是为了证明自己没有同性恋倾向——对抗这一时期与他牵扯在一起的被动消极;而被动消极又和女性形象或是性行为失败联系在一起[2]。

父母的反对和家长的危机

最后必须谈谈家长的危机,特别是家中长子逼得父母不得不头一次面对重新调整家庭成员地位的危机。当青少年的父母逐渐老去并直面生命的有限性,他们必须接受要帮助孩子长大并适应这个时期的现实,好让孩子以某种方式取代他们的位置。孩子的青少年期能够重新激活父母的青少年期,使父母回忆起自己经历过的种种不幸。对此,父母亲未必已经做好了心理准备。他们不一定都处理好并且摆脱了与自己的童年和青少年期的联系,于是,当孩子出现与他们当年类似的问题时,他们的危机感就产生了。孩子的教育问题开始冲击他们一贯固有的父母形象,也反映出他们潜在的遗留问题。青少年身上的某些"医学心理学"问题将直接引起父母其中一方的共鸣,即使这些沉疴顽疾在那之前从未被明

---

[1] 有些团体的加入仪式可能有这样的作用。
[2] 让·德·拉封丹的寓言故事《橡树和芦苇》或许可以被解读为男性因为需要把一切寄托在他们的力量上——这一唯一可用的优势而变得不堪一击(因为和他们相比,女性更有能力适应环境的变化)。

说。这样一来，要让父母理解他们家长功能的失效机制，并放弃对孩子的绝对主控权，或许就更不是件容易的事。结果可能是父母开始感到焦虑，做出反击，并开始启动对自己家长权力的防御机制，从而阻碍孩子脱离父母的管束独立自主。

父母可能担心孩子不再需要他们，担心他们的生活将失去一部分先前寄托在孩子身上的意义。或许他们还担心一旦孩子开始独立，自己便不能再陪孩子继续这些新的生命旅程，害怕自己不能好好看着孩子长大，生怕孩子离开了父母就活不下去。这个问题以后我们会再谈。但家长同样代表着一个"建立完善的社会阶层"，而这个阶层很可能不愿意让出自己的位置。只是，两代人之间的冲突很少以针锋相对的方式出现，而更多地表现为相互认同上的障碍。形成这种障碍的原因不外乎兴趣爱好和生活方式的不同导致的互不理解。社会的快速发展加剧了这种差异感。但无论如何，子女们年轻漂亮充满朝气，有时还无忧无虑，而家长们却不得不开始放弃自己无法完成的心愿，正视自己的父母老去、生病然后死亡，当然还有接下来自己的老去、生病和死亡。而他们正处在青少年期的孩子却被远远地留在他们的身后。于是青少年性行为的开始也会让父母意识到属于他们的时代"即将结束"[1]。

社会在不断发生变化，而当今社会的发展更是日新月异。或许在过去，当父权得到充分行使时，它能保证家庭中每个成员地位的持久不变，有时甚至用来把大人的选择强加在孩子身上，让孩子

---

[1] 想象父母亲的性生活总是令青少年感到十分痛苦，或者感到莫名的厌恶。对某些大人来说，一个家里是不允许"两代人的性行为"同时存在的。这就意味着年轻的一代必须离开这个家，找到另一个住所，建立一个新的家庭。

走大人没能走完的路。然而,在今天,这一动态过程常常受到其他若干机制的影响,如心理机制(自我鉴定、自我期望或家庭理想)和社会机制(知识的传递和劳动工具的复制,社会、土地、政治或金融等的持续融合)。此外,即使这一点在当今社会已经有所改变,通常父亲也仍被认为比起母亲更加独裁专制,与孩子更为疏远;而母亲则被看作是父亲和孩子之间沟通的纽带[1]。另外,男孩和女孩受到的也是区别化的教育。当女孩长大时[2],大人们常常会更加严格地限制她们和别人出去玩,对她们的择友和感情生活也管得更紧,而男孩则不会受到那么多的约束和监视。在家里,女孩们常常更专注于家务劳动或者带弟弟妹妹。

根据自己的经历,大部分的父母都坚信自己为孩子做的选择是正确的。无论合理性有多少,这些选择都是他们做的,而对他们来说,最要紧的就是时刻关注孩子的发展,并不断告诉自己,他们的孩子只有一直延续父母传下来的社会准则才能顺利长大成人。

青少年期的五大阶段

青少年阶段出现的心理过程或面对心理挑战的情形可概括为几个方面。我们将分为五个大的阶段来展开:

---

[1] 这种至高无上的男权是相对的,人们也观察到,当父权失去母亲的支持,也就不再那么管用了。换句话说,要不是父母双方一条心,不可能有决定家庭构成的父亲职权(或者"建设性"的父权)。父母双方互相支持所产生的力量有时是维持家长的当家人形象所必需的。

[2] 可能是女孩头儿次来月经期间或是快结束的时候,这标志着女孩青春发育某种程度上的成熟,也预示着生殖性性行为的危险。

青春期发育的成熟和身体的性别化

在青春期发育的过程中会出现身高和体重的增加以及身体的"性别化"。身体的性别化给青少年与周围环境的关系带来了性别特征,也迫使青少年对新的身体冲动做出反应,将自己性别化的特征融入新的社会角色,最终完成一系列心理和社会的适应。

自恋阶段和自我认同危机

实现从假想到真实思想的跨越,拥有在尘世中独自思考人生的能力,对生命的有限性有了更清醒的认识,以上种种都让青少年进入一个在与周围环境的关系中以自我为中心的阶段。自我认同的过程贯穿人的一生,而在这一阶段显得尤为活跃:我是谁?我要去哪里?这种自我认同开启了自我建构的大门,青少年开始关注自我形象和自我评价等。在这之前是"自我中心"阶段和内省阶段,一个可以被称为"自恋"的阶段。

家庭关系的断裂和分化

这一阶段的青少年开始表现出敌对的态度,做出叛逆的行为来肯定自己,以获得精神和行为上的独立。他开始有自由意志。这种混乱的局面引起家庭成员关系和心理的巨变。父母不得不接受并陪着孩子独立起来。但与此同时,他们也必须准备好因为"失去孩子"而不得不孤单地重新打算自己的人生。他们认识到自己的生命是有限的,而在这之前,他们得先面对自己父母的离世。

不断尝试，肯定自我价值和专注于新的人、事、物

这一阶段的青少年想要证明自己的价值，尝试和自己的性别特征（社会性别）有关的新行为。这也是一个需要关注同伴，必须离开父母的怀抱而表现出各种社会化形态的阶段。基于这个目的，青少年对性行为产生兴趣，开始尝试和他人发生性关系，甚至吸食精神类药物，即使可能会因此而染上毒瘾。

从遗传到传承或认可新的地位

儿童长成青少年后，仍在延续他的童年时代，作为家庭的、社会的、文化的亲子关系中的一分子（除基因和生物遗传之外）。青少年只是暂时脱离幼时的生活环境来完成自我构建，等待以新的成人姿态得到别人的认可。然后，他将接过父母手中的接力棒，把造就他的社会价值标准通过自己这根"接力棒"世代传承下去。

2
冒险和青少年期

"冒险"的词源意义

"冒险"(risque)一词往往和它所引起的危险或招致生命威胁的事物相连。所以,拉丁语中又将它译为:periculo(periculum)[1]。实际上,冒险的概念远不止这些,这一点从它的发展史就可看出(在当代关于青少年期冒险行为的文章或是作品中,从未出现过关于其发展史的完整论述。)

---

[1] periculum 有危险的意思,但同时也表示碰运气(Edon,1987)。我们更倾向于第二种意思,也就是积极走向未知的未来并随时准备面对在此期间可能突然出现的好事或坏事。periculum 很可能与 perire(périr, mourir)和 periculosus(périlleux)有关(Ernout & Meillet, 2001)。它来源于 perior 这个词。perior 有"带来危险"的意思,也可指"尝试,经历(脱离危险)或经受考验,但必须面对由此招致的危险或风险(否则就会是 experimentum)"(Gaffiot & Flobert, 2000)。由 periculum 我们可以联想到 peritus,后者有着双重的含义:尝试、试验,但同时也是体验。perior 应该是希腊语词根 πεβρα 派生出来的名词。πεβρα 表示"经历,体验",与"存在"的概念相关。perior 也很可能与 πεβρω(来源于日耳曼语)有关,因为后者既有"经历,体验"的意思,也有"穿破,刺穿"和"经受"的意思(Ernout & Meillet, 2001)。

2 冒险和青少年期

risque 一词的词源是 risco。risco 在航海法术语中的解释是"从事某件事的危险",而在军事传统上,则是士兵"好运或霉运"的意思。risco 这个词来源于古意大利语(16 世纪),在现代意大利语中写为 rischio。它本身也是从中世纪的拉丁语 riscus 或 risicus[1](14 世纪)演变过来的,派生自 resicare 或 resecarer[2](切除)和更早期的通俗拉丁语:与 fortuna 相关的 resecum 或 resicum、risicum、resicu(Picoche, 2006; Rey, et al., 2004)。resicum(resecum)一词出现在 12 世纪的意大利,源自拜占庭帝国时期的一个希腊词语 rizikon[3](士兵碰运气挣得的军饷),而 rizikon 一词本身也是从阿拉伯语里的 risq 借用过来的(Bencheikh, 2002; Guemriche, 2007; Picoche, 2006)。阿拉伯语里的 risq("resq")意为每日的一部分或每日的份额。它包含了"偶然的机遇,好运"的意思,冒险碰到好事是一种巧合(非意料之中的),一次

---

[1] riscus(risicus, risigus)表示一个用皮革裹着柳条做成的篮子或一个大箱子,这个解释源自希腊语的 ρβσχοs。ρβσχοs 的意思是用来装贵重物品或钱的保险箱。riscus 一词或许可以追溯到弗里吉亚语(rusk),解释为一块树皮或一个用树皮做的篮子(Chantraine, 1999; Ernout & Meillet, 2001)。因此,我们也许可以把它和希腊语的 rhiza(树根,运气)相提并论。

[2] re-secare 派生自 seco(secas、secui、sectum 或 secaturius),意思是切断、切成两半、分开、断开。它可引申出许多词,其中包括 sexe(性)、sécurité(安全,与危险相反)。我们会发现,用 resecum 来表示暗礁、海角或陡峭的岩石是有争议的(Piron, 2004)。同样地,把 risque(冒险)和 rixicare(罗马帝国末期和中世纪时用的拉丁语,现代拉丁语为 rixare,意为争吵)做类比就更不合适了。虽然两个词(risque 和 rixe)写法相似,再加上 rixe 把战争和危险的意义相结合,让人觉得似乎该是那么回事(Piron, 2004; Rey, Tomi, Hordé, & Tanet, 2004)。

[3] 希腊语中的 rhiza(rhizikon、rhezikon、ρβζικον)可译为"根",但同时也有"命运,运气,危险"的意思(Chantraine, 1999)。

收益,一个好机会,是来自造物主的恩赐(Bencheikh,2002)。然后,我们将会想到 fortuna 就是天意,人们希望在生命的旅途中能受到天意的指引而找到人生的真谛(Piron,2004)。因此,冒险一词并不指危险或特别危险的情况本身,而是指对某一事件偶然性结果的预期。换言之,就是在不知结果好坏的情况下做的大胆尝试:fortuna 或 periculum[1](Piron,2004),又或者像商业合同里写的那样,契约双方共同分担的风险(Picoche,2006)。然而,尽管如此,对冒险一词的解释,后来保留下来的,依然只有"或多或少可预见的危险"这层意思:"冒着……的危险"(即把自己暴露在一个好坏难料的结果前)。直到今天,人们更多地还是接受这种说法,而不再去提它最初的二元性意义:碰运气("冒风险"),走向一个未知的将来,但同时也可能迎来"好运",也就是得到上天的恩赐。根据我们观察到的冒险(risque)一词及其相关词组的演变情况,如"冒险"(se risquer)、"不顾一切"(risquer tout)、"在商业中冒险"(risquer le paquet),我们或许要说,冒险就是:要么成功要么失败,不是你死就是我亡,不是成为传奇就是在沉默中消失。然而,从词的原意上看,冒险最初表示"收集"好运的部分(上天的恩典)。虽然现在它意味着"把自己置身于某个结果未知的境地,然后最终暴露在危险当中",我们仍然需要强调,冒险的确可以是一种分离,但并非简单的一"前"一"后",也不是指可能遭遇截然不同的

---

[1] 从 12 世纪沿用至今的词组"冒险和危险"(risques et périls)已经指明了 risque 和 danger 两词在概念上的相似性。这种内在的心理矛盾症结在于偶然性。最初,resicum 是被古时起草法律文书的皇家官员们当成抽象的法律词汇用来专门起草海事合同的,后来才用于陆上合同,尤其是指定财产归属的合同。这是对风险的预估和转让。

道路,不是幸运就是不幸,不是这种下场就是那种下场。无论如何,一个人选择做的尝试和他因此获得的经验[1]对他的人生来说都具有基础性和决定性的意义(就像俗话说的,"不入虎穴焉得虎子")。

青少年期和冒险

谈到冒险的概念,许多学科都会产生兴趣,并用不同的方式来研究它:流行病学认为它意味着某人突发疾病或暴露在一个危险因素下;社会学关注的是它的后果,如脱离社会化或对社会活动的漠不关心;心理学以其特有的个体化角度专注于冒险对个体的影响(Tursz, Souteyran, & Salmi, 1993)。综上所述,人们所关注的"冒险"问题可以是生理性(从医学角度来看)、心理性、个体性和社会性的。

一个人对冒险的渴望(或是厌恶)随年龄和性别变化,而青少年似乎更容易产生对冒险的渴望(Quadrel, Fischhoff, & Davis, 1993)。青少年期的冒险表现为一种特殊的表达方式,这和青少年主动出击的行为取向有一定的联系(Assailly, 1997; Choquet, Marcelli, & Ledoux, 1993; Coslin, 2003; Granboulan, 1997; Le Breton, 1995)。敢于冒险贯穿青少年的发展过程(Jeammet, 1992; Rassial, 1992; Tursz, 1993),这尤其表现为难以评估真正可能出现的风险。仅仅暴露在危险中不一定是影响知觉或表征相

---

[1] 此处,我们指出 expérience(experiri 或 ex-periri,经验)一词具有"脱离危险,或经受住了危险"的内涵,更笼统地说,用来表示"大胆尝试"(experior、experiri、expertus)。

关风险的决定性因素。对这些因素的分析包含情感、个体和家庭信息(Baudry, 1991; Braconnier, 1993; Tursz, 1993)。这让我们联想到家庭教育、文化、过去的经历、人格特质、否认危险,当然还有喜好之类的变数。在这些因素的共同作用下,儿童及后来的青少年开始主动或被动地探索他(她)所生活的世界。

在青少年期,出现冒险行为是正常的。它可能源自青少年表现独立(包括通过逆反行为表现出来)、追求自主、渴望重生的意愿,也可能源自他们拒绝被人侵犯和渗透的臆想,拒绝像幼儿般被动顺从的意愿。它能让青少年打破自己的局限和束缚,主动改造周围的生活环境,企图让自己成为主宰。它可以使青少年更好地认识自己和他人,加速个体分化,成为一个独一无二的人。在某些情况下,青少年采取冒险行为是为了使自己和成年人一样或者表现出大人的样子。这样的冒险行为能够让他们在同伴面前证明自己或发展出更多的创造性。青少年的身体由于和青少年之间特有的关系,常常成为这种冒险行为的牺牲品,因为这是唯一属于他(她)自己的东西,甚至只要决定了就可以随意"践踏"的东西。同时,在这个身体里,还充溢着兴奋和焦虑。那是青少年期巨变的产物,其中的一些变化很可能令人不安[1]。

针对这些巨变所做的调整和幼儿期标志的褪去都可能导致青少年常见的不安、焦虑和抑郁(抑郁倾向)。青少年会倾向于通过冒险行为来驱赶这种身体上的不自在,或以此对某次使人沮丧的真实的生活体验做出反应(Rassial, 1992)。冒险行为的实施同样

---

[1] 我们可以联想到男孩在青春发育初期出现的非正常乳房发育,即乳房过大。这会让他对自己的性别产生疑惑:"为什么我明明是个男孩,而我的乳房却发育得像女孩一样?"

受到主动行为的激励,这个因素在青少年时期尤为活跃。其他的激励因素还有矛盾心理、不确定性、个人定位的缺失以及处理这种危机能力的缺乏。

社会、文化与冒险

众所周知,社会的巨大发展给青少年的行为带来了影响。其中,我们可以想到的就有:工艺在改变[1];社会的快速发展使老一辈的知识跟不上下一代的步伐;视频媒体和远距离通信越来越普及;虚拟世界逐渐入侵真实世界;医疗取得进步(在一个世纪的时间里,实现了从卫生保健到基因疗法的飞跃);消费能力成了衡量幸福和成功的标准;全球一体化正在推进,并产生广泛效应。

这种社会发展还引起了家庭结构的深刻变化。城市家庭中的亲子关系朝着神圣化、理想化的方向发展,这些家庭的父母甚至把它当作头等大事;孩子像真正的"小皇帝"那般理直气壮地在家里为所欲为,让全家人围着他团团转(Lazartigues, Morales, Saint-André, & Planche, 2006; Marcelli, 2003)。家庭关系常常趋向于把父母和孩子放在对等的位子上,并试图取得一种协调和平衡

---

[1] 工艺的改变,或更确切地说,工艺的进步能大大提高生活质量,但也深深影响着人类及其与所生存的环境之间的关系。所以,当看到斯坦利(Stanley,著名比利时探险家)沿着刚果河(又名扎伊尔河)前行的一路上不是试着适应自然,而是用炸药棒为自己开路时,刚果本地居民给他起了另一个名字"Boula Matari"或"Boula Matadi"(在林加拉语和刚果语中意思是"碎石者")。

(Lazartigues，2001)。总体来说，我们注意到父母对孩子的决定性权力正在衰退，甚至出现了某些不太可靠的父母，这些父母被认为不能提供给孩子足够的安全感。他们的脆弱不仅表现在不能很好地处理分离和失去的问题，而且表现在某种形式的自恋情结上（担心孩子不爱自己，担心自己做不成孩子心目中的好父母，有些还会因为害怕失去孩子的爱而迟迟不敢给孩子下禁令或戒条）。在这样的社会和家庭背景下，礼仪规范不像以前那样得到严格遵守，长辈也不像以前那样受人尊敬；个人价值凌驾于集体价值之上；孩子与社会打交道是为了即时满足个人欲望，大部分是消费欲望[1]，而对失败和挫折却很难接受。拉扎尔蒂格等人（Lazartigue et al.，2006）提出了关于一种新型人格的假设，叫做"自恋—享乐主义"人格。以上种种情景可能激发一些几乎失控的冲动局面，里面夹杂着行为举止上的病态（心理动力不稳定、挑衅和暴力行为、成瘾行为），以及焦虑、抑郁和一系列的自恋行为（Lazartigues，2001；Lazartigues，Doukouré，Saint-André，& Lemonnier，2003）。

几十年来，社会都在弘扬传统意义上与青年形象相关的价值标准（英勇无畏、理想主义、自由）。个人主义也与一种超越自我的夸大自我价值扯上了关系。个人的危险行为受到推崇，而对"极端"的追求更是被当成了一种新的行为典范（Baudry，1991）。这样做意味着通过寻找机会主动暴露在危险中来向同伴证明自己的价值。同时，这也不失为一种用证明自己的价值来重新定义自己

---

[1] 社会过分夸大的"幸福"是与个人成就和个人消费能力挂钩的幸福。这是"欧尚超市里的幸福"，埋在小推车里的幸福（精神分析学家让·雅克·马丁曾经举过这个例子，他曾在位于法国卢瓦尔-谢尔省沙耶市的切斯纳诊所担任主治医生，从事社会群体对人格发展影响的心理治疗。）

2 冒险和青少年期

人生的方式。于是,青少年可能去追求强烈的叛逆感(在酒精和其他药品刺激下做出冒险行为),或是完全或部分由"极限"运动(极限滑板、高空跳伞、蹦极等)中的命悬一线所带来的强烈刺激感。一个人在实施冒险行为的过程中往往会同等看待危险因素和预期利益。控制或掌握形势的感觉可以因为训练或重复暴露在经历过的危险中得到增强,但是结果总是未知的,因为如果风险可以完全得到控制,那它就不会那么吸引人了。

我们还观察到,当今社会出现了一股崇拜当代英雄人物的潮流。在这种潮流推动下,上演了一幕幕超越身体和技术极限,一味追求专业学识[1]和体能或体育运动成就的场景[2]。这样的个人成就往往是冒着生命危险参加极限运动得来的[3]。即使是团队活动,人们看重的也总是那些在危险中表现出过人能力的个人所取得的成就。这种对成绩的崇拜已经相当普遍,并想要表现得和人们的休闲活动密不可分,或更准确地说,表现为一种主要针对某个社会文化阶层的消遣活动。例如尼泊尔高山地区的徒步游或在其他更为"原始、未开发"的地方的徒步游[4]。

---

[1] 我们想到电视剧《犯罪现场调查》(*Les Experts*),这部电视剧讲述了刑事鉴证科学警察的故事。

[2] 我们可以举尤塞恩·博尔特的例子。他是牙买加专业短跑选手,几年前因取得令人不敢置信的出色成绩被媒体大肆宣传而出名。

[3] 我们可以以好几个著名的电视节目为例:从展示南美小城独特风光和与它相关功绩的《乌斯怀亚》,一直到《挑战恐惧》或《雅兰达岛》。

[4] 这让我们想到了轰动一时的美国西进运动和那个时代的杰出人物,尽管他们中的很多人都是不得已才迁往大西部。随手可得的金矿(和后来的石油),一块等待开发的原始土地,还有把许多普通人历练成英雄的探险活动……这一切直到今天都还像传奇故事一样为人津津乐道。

但是，这种"冒险有理"的说法必须与一种追求"安全感"的社会趋势并存。正如我们先前强调的那样，青少年的价值观已经成了一种社会潮流。但与此矛盾的是，社会也害怕这些年轻人。因为，在他们身上投射出来的对社会内部的威胁和违逆同样令人无法回避。这就好比辩证法既要人变得成熟和自由，又要人（社会人）在享受自由的同时不忘扼制过分的自由。同样体现这种人类社会的自相矛盾的，还有酒精和大麻：一边是欢愉、庆祝、自由和青春，另一边却是不安全、毒品和违法犯罪。这种既渴望又抗拒的尴尬，在某种程度上或许可以这样解释：个人的冒险行为（如吸毒成瘾）顶多让个人产生身体的不适和痛苦，但集体的冒险行为则可能给社会带来威胁。所以，可以说这是自相矛盾，社会一方面把冒险当成一种行为典范来推崇，一方面又不允许冒险出现偏差而带来严重的后果，这样的威胁在超出社会可控范围时变得尤为可怕。这种对冒险、个人能力至上论、自我超越和"极限刺激"文化的欲迎还拒，成为了一个与冒险相关的社会建构问题。而我们的价值体系在媒体和政治舆论的推波助澜和科学进步带来的工艺、工业风险的共同作用下，变得日益庞大。

最后，需要补充一点：传统价值观仍将长期存在，因为通过仪式（人类学用语，指为人生进入一个新阶段而举行的仪式）依然隐含在电影、文学作品和童话故事里，尽管里面的人生故事并未被口述。那么，如何让青少年为长大成人做好准备？在这个过渡时期应该提倡什么样的价值观？如果冒险有好处，并起着决定构成的作用，我们又该怎样将它融入教育教学中去？青少年对自己生活的环境几乎没有掌控能力。若冒险行为能适应这个环境，那将有利于肯定青少年的价值，并把他塑造成符合同伴甚至父母期望的那种人。教育引领青少年进入集体,在过去的漫长时间里都把通过仪式当成重中之重。而今天,通过仪式(在形式上)的取消又让人们开始思考它和它曾经的替代品所具有的作用。实际上,这种取消只是表面上的,因为通过仪式已经透过神话传说、童话故事等渗透进了青少年的文化世界。

3
青少年期冒险行为的概念和定义

青少年期冒险行为在当前的定义

首先,我们必须强调,这里所说的冒险行为(conduites à risque)和世界卫生组织所定义的冒险行为(comportements à risque)是不一样的。世界卫生组织所定义的"冒险行为",是指"由于一个确定因素导致身体不健康或使身体更为脆弱的一系列行为"。这种说法将它与"与健康有关的行为"相对立。后者包括"一个人为了促进、保护或维持健康而采取的一切行为,无论此人身体的主客观状态是好是坏,也不管这个行为能否真正达到这个目的";这两类行为常被联系到一个更复杂而庞大的行为体系中去——"生活方式"[1](Nutbeam,1986;OMS,1999)。这种增进健康的说法十

---

[1] 我们可以联想到,冒险因素会增加身体健康出现问题或长期受困扰的概率。这可能影响到一个人的社会、经济地位或生存状况,行为方式或生活条件。随之而来的是,患先天性疾病的更大可能性、身体的不健康或遭遇意外的风险。而保护健康的因素(或与之前所说的致病因素相反的"治病"因素)则是有利于减少冒险因素危害的个体或环境资源。

3 青少年期冒险行为的概念和定义

分普遍。但为了能更好地区分青少年特有的行为(conduites),我们不建议以此为参考标准。同理,我们也认为使用 conduite 而非 comportement 来表示行为更为妥当,虽然两者在某种意义上可以互换[1]。

冒险行为(risk taking)的概念被提出来的时间尚短。除了青少年精神病学(公共健康)外,其他领域也试图解释这个概念,这也使关于它应用范围的讨论成为必要(Adès & Lejoyeux, 2004; Pedinielli, Rouan, Gimenez, & Bertagne, 2005)。的确,冒险行为体系是多种多样行为的集合体,并不专属于青少年,它所引起的风险也可以涉及方方面面:生理的、医学的、心理的、司法的、学校教育的、社会的,等等。虽然我们所持的青少年精神病论观点已经成为一种主流,但关于冒险行为的定义仍无完全一致的说法。根据施动者的不同行为,我们考虑到的,既有精神兴奋药物的使用,也有成瘾行为、进食障碍(精神性厌食)、道路危险行为、自杀企图、冒险性性行为,以及暂时离家出走、违法或暴力行为,甚至"危险游戏"。

冒险行为的定义不尽相同。它可以解释为针对健康的冒险行为:"对个体身心健康带来客观风险的行为"(Choquet, Marcelli, & Ledoux, 1993);"可能对年轻人或其他人造成危险的行为",因为这行为包含了一种违抗和与社会格格不入的意味(Coslin, 2003)。

以上几种说法或许比较接近前文中世界卫生组织关于"给身体健康或疾病预防带来问题的行为"的定义(OMS, 1999)。勒布

---

[1] 临床医生更喜欢用 conduite 而非 comportement 来表示行为。因为 conduite 更多地融合动机因素,并具体表现为一种动作(外在的),但也可以内化为幻想的方式或心理系统多种意向之间的内部关系。

勒东(Le Breton,1995)认为,冒险行为应该是一系列的不协调行为,这些行为的共同特征是"将个体本身置于一个会使人受伤或死亡,危害个人将来或身体健康的不可避免的巨大可能性中"。阿代和勒茹瓦约(Adès & Lejoyeux,2004)认为,冒险行为应解释为"对危险的积极和反复追求,甚至包括用行为实施者本人生命来下赌注"。

目前,关于冒险概念的主流观点强调由特殊人格特质引起的对刺激、严峻考验和危险性的积极、坚决、反复追求(Michel, Heuzey, Purper-Ouakil, & Mouren-Siméoni, 2001; Michel, Purper-Ouakil, & Mouren-Siméoni, 2002)[1]。

这种以自己生命为赌注的真正的"冒险爱好"以一种气质维度为基础:祖科曼模型提及的对感官刺激的追求(Zuckerman,1984; Zuckerman & Kuhlman,2000)或克朗宁杰(Cloninger,1986, 1987)模型提及的对新鲜感的追求;这两种模型都以心理生物学研究方法为基础,认为每种人格特质(在生理和遗传基因上与环境适应模式相互作用后的产物)都可能会优先与一种特殊的神经递质产生关系。

有些个体(为保证身体机能正常)需要通过深思熟虑后做出的危险行为来激活自己,甚至到了沉溺其中的地步(Michel, Heuzey, et al., 2001; Michel, et al., 2002)。这点我们将在第十九章中再

---

[1] 米歇尔等(Michel et al.,2001)甚至举了科拉尔(Collard,1998)的例子来把冒险比喻成一个阐述随机过程(成败均偶然)的二维独立概念,主要也是为了捍卫"冒险首先关系到活动的危险性也就是活动的不良后果"的观点。他们认为,冒险行为的实施首先与预期利益、暗含的危险和对行为主体的效用有关。

谈。然而,这两种精神生物学模型的合理性尚未得到证实,尤其是克朗宁杰的模型。其他与人格特质相关的维度模型更一致趋向于对人格特质的一般研究或病理性研究,如大五人格模型(Goldberg, 1990; John & Srivastava, 1999)。

我们刚刚谈到的主流观点特别针对的是表面上看起来无动机的冒险行为,并排除"因形势所逼而做出的危险或风险行为(如战争、暴动、抵抗等)。这类行为证明个体的勇敢和英雄气概,不以追求风险为主要动机……"(Adès & Lejoyeux, 2004)。这种对冒险、强烈感官刺激和危险的爱好也许是一种人格特质。这种人格特质在不同类型的人身上有着不同的体现:在最小心谨慎(最不喜欢冒险)的人身上完全看不见它,然后层层递增,直至在冒险爱好者身上最为明显。

在我们看来,这个观点排除了绝大部分的青少年,而只关注少数特殊个体。这些人喜欢做危险的事,如机械化的冒险行动或危险运动(蹦极[1]或高空跳伞[2])。然而,青少年期的冒险行为不能仅仅局限于对冒险的爱好和罔顾自己生命来挑战危险的行为。阿代和勒茹瓦约(Adès & Lejoyeux, 2004)之所以还考虑到其他的潜在冒险行为,那是为了强调有人认为这种行为没那么危险,甚至完全否认危险的存在。佩迪涅利等人(Pedinielli et al., 2005)也反对这个观点,因为它建立在主体受到冒险的诱惑,为冒险而冒险的基础上。

---

[1] 法文为 saut à l'élastique。
[2] 指从悬崖峭壁或高楼上跳伞。

真实的概念还是胡乱拼凑的概念？

我们知道,只用疾病分类学原理来处理冒险行为可能是不恰当的,尤其当这个原理是关于一个通过故意挑战危险来为自己获得感官享受而做出的慎重、积极和有预谋的冒险行为时。除了这个讨论的焦点,还有"自愿犯险"(risk-taking behavior,直接自我攻击的行为)与"被动涉险或遭受冒险行为带来的风险"(risk behavior,有潜在危险的行为,但并无主观故意,其危险后果可能是未知的;由于无知、错估或否认危险而造成的遇险)之间的对立(Pedinielli, et al., 2005)。

更简单来说,这是"犯险"和"遇险"的较量。此外,一些行为可能蓄谋已久、长期存在,甚至成为一种生活方式(上瘾?),而另一些则仅仅标志着一次付诸行动或在某种情形下做出的唯一一次尝试。勒布勒东(Le Breton,1997)曾提议将后者称为"尝试行为",从而将它与惯犯的行为区分开来(最初几次行为的发生无"利于构成"的意义)。

有些所谓"引起极大轰动"的行为发展起来可能是灵活多变的,而有些不那么严重,但是一试再试,甚至"固定不变"的行为则会导致更多的问题。要给"意向性"下定义也并非易事。它可以在事后表现出来,但在行为发生时却没有分析出来。无所不能的幻觉、否认一切、企图不断征服环境……诸如此类的许多因素都可能加入进来,使得人们难以分辨哪些行为是有意识的、主动追求的、经过深思熟虑的,而哪些行为又不是。另一种给这些行为分类的方法,或许是根据行为的意义或行为实施者赋予的意义来分:追求限度、追求自主、让同伴受益、掌控环境,等等。

给冒险行为重新下定义

在给青少年期冒险行为下定义时,需要考虑到两个方面:一、兼顾每一个青少年或绝大部分青少年在这一人生阶段面对身体、心理和社会环境挑战时反映出来的一系列问题;二、忠于冒险一词自身原有的意义,而非那些试图代替它的词(危险或危难)。

基于以上两点考虑,我们试着给出如下定义:

"虽然青少年期冒险行为都有损害或束缚青少年心理、身体或社会发展的可能,但初衷都是为了肯定自己、证明地位的改变、获得父母的认同和同伴的赞许。青少年在运用自然有效的方法来试图调节情感、掌控并重新主宰形势的同时,也难免会遇到许多困难。其中最为敏感脆弱的一些人就较易做出更为危险和/或不那么利于成长的冒险行为。"

我们有必要首先对以上说法做出评论。青少年希望通过冒险行为得到的收益是主要的。因此,当一个患慢性病(病情严重而不稳定的哮喘、胰岛素依赖性糖尿病……)的青少年冒险不再接受治疗,他就等于把自己的生命放在了危险的境地,但与此同时,他也承担了因此而让家人和医护人员对自己改观的"风险"(或机会),他们会说"他长大了""今后要开始信任他,遇事得和他商量了",等等。

他拒绝继续长期接受他可能体验过的那种独裁或表现得如幼儿般的顺从,他要强调自己已经不是个孩子了。这就好像一个青少年通过他的行为向父母宣告自己不再是以前的自己。他所实施的冒险行为及其危险性和他期望得到的好处相抵。"求死"的行为（包括自杀企图）往往是为了"求生"。

当然，我们需要试着说清楚，为什么有些青少年更容易出现冒险行为，且发病原因复杂多样。

> **冒险行为的概念阐述——以电影《荒野生存》为例**
>
> 一条启蒙之路通常是由一系列的道德或身体考验构成的，通过考验的年轻人将以成熟的姿态融入成人社会。这里的考验指的是经过最初的摸索，发现新的价值观和自己真实生活体验的变化，然后接受道德与社会的洗礼和深层次的人格改造。（青春发育期的）启蒙仪式是人生众多通过仪式的典范。它和所有的通过仪式一样，表现为三个时段：开始前阶段（准备阶段），开始阶段（两种身份间的空白或等待期）和开始后阶段（与新身份融合的阶段）(Van Gennep, 1909)。
>
> 《荒野生存》是一部由西恩·潘执导的美国电影，上映于2007年[1]。影片改编自乔恩·克拉考尔于1996年创作的同名小说（法语版本为 *Voyage au bout de la solitude*，意为孤独深处的旅行），取材于克里斯多夫·麦坎德利斯的真实生活。他抛开了家庭和现代文明社会的束缚，义无反顾地投入一场寻找自由的荒蛮之旅——一场逃离俗世，试图活出生命意义、活出自我的旅行。
>
> 那一年，克里斯多夫·麦坎德利斯22岁，刚刚从佐治亚州

---

[1] 在魁北克上映时，这部影片用了另外一个名字：《走向未知》。罗恩·拉莫特也在2007年导演了一部讲述克里斯多夫·麦克坎德莱斯之旅的纪录影片《荒野的呼唤》。

亚特兰大的埃默里大学毕业（1990年6月），前程似锦。本来，过完暑假他就要依靠他们家一位朋友留给他的教育基金去哈佛继续深造。他虽出身于一个经济条件优越而且不断改善的家庭，却发现了一个更容易动摇他对家庭的信仰，并可能伤害他自尊的秘密：父母的婚姻是个错误或至少建立在假象的基础上，因为他的父亲在这之前已经结过婚并且尚未离婚。这个发现让他的妹妹卡琳和他自己成了不合法的孩子（即"私生子"），也让他的母亲成了一个谎言的帮凶。父亲已经和前一任妻子生了几个孩子，最小的那一个应该还是在和他母亲结婚之后才怀上的，这个事实很可能给他带来毁灭性的打击，直至完全颠覆了父亲在他心目中的形象。

克里斯多夫之前还亲眼目睹过无数次父母的激烈争吵。于是，按 M. 劳费尔和 E. 劳费尔的说法[1]，本该只是一个"青少年期危机"的事情变成了一次"发展中断"。他为父母因他学业有成而打算奖励他的新车而与他们产生的冲突，证实了他内心深处的反抗和恶劣的父子关系。他不仅拒绝为了新车而弃用旧车，而且还决定在7月抛开一切（除了他的车，至少在刚开始旅行的时候他曾开过一段），踏上并非只追求物质享受的理想征程。获得大学文凭代表着他所在集体内部的一种通过仪式，可以满足父母的理想，也可能促使他在突然强烈质疑家庭和生存环境时产生出一个"通过"（此处为"中断"）的念头。看起来，似乎是和父母之间的冲突令他下了决心离家出走，拒绝按部就班地走向可以预见的未来。克里斯多夫·麦坎德利斯的出走一部

---

[1] 见青少年期"中断"（breakdown）概念（Laufer & Laufer, 1993）。

分是因为他心目中独裁、傲慢、难以亲近的父亲。因为和这样一个对儿子的怀疑和痛苦毫不察觉的父亲和平相处是不可能的事。他聪明、运动神经发达又争强好胜,而他的要求却总是无法得到满足,这一切将他逼入了与周围环境甚至与自己格格不入的危险处境。对他来说,这不单单是欺瞒和对家庭的背叛,更是让他产生矫揉造作之感的糟糕事。追求一个真正真实、公正的大自然,也许除了达到理想主义的境界,更多的是为了考验自己,证明自己的价值,也让他重新找到真正的自己。然而,这种直面荒野、远离文明社会的追求,这种对自由和真理的渴求,这种直白的精神追求[1]也恰恰反映了他的全部和他的不成熟或自我中心化。

这次漫长的旅行将沿着美国南部的海岸线,经过佐治亚州、路易斯安那州、得克萨斯州、新墨西哥州、亚利桑那州、加利福尼亚州、俄勒冈州和蒙大拿州,最后在1992年5月到达阿拉斯加州,也是在那里,主人公走到了生命的尽头。他在好几个星期或好几个月里过着流浪者的生活(有时候和流浪汉和酒鬼一起)[2],

---

[1] 参见亨利·戴维·梭罗极力追求的哲学思想(自然主义作家,作品有1854年的长篇散文《瓦尔登湖》,法语版本为《丛林生活》,1849年的《论公民的不服从》等)、杰克·伦敦(小说《野性的呼唤》的作者)的哲学思想和诗人洛德·拜伦或长篇小说家托尔斯泰的思想,他们的共同之处在于都爱好孤独,批判压迫和暴力。克里斯多夫也许和他关系亲密的外祖父一样,都有着对荒野生活的向往。所以这几乎是一次为澄清身心,远离家庭伪装和社会束缚而开始的对生命之源的探求。

[2] 他在生活方式上可能也有一些心理或精神的障碍。这一点在影片中得到间接体现,比如在那个可以解释为主人公妄想自己得到了指引的场景中,他似乎以为电视上布什总统的演讲是直接说给他一个人听的。

3 青少年期冒险行为的概念和定义

还把自己改名为亚历山大·苏佩尔斯特兰普[1](Alexander Superstramp)。在电影《荒野生存》中，他抛弃了自己的身份和一切属于过去的东西。他不厌其烦地对每个在路上迎面遇到的人重复说着自己那绝不更改的目标，就是能够独自生活在阿拉斯加广阔的原始大地上。到阿拉斯加后，他在一辆废弃的公交车里独自一人过了四个月的隐居生活，靠吃用小口径的来复枪打来的小动物和野马铃薯的根为生。1992年9月，他死在了那里。死因可能是营养不良（或如影片所讲，误食了一种有毒植物）。

在西恩·潘将小说改编后执导的电影中，克里斯多夫·麦坎德利斯在生命最后的时光终于谅解了他的父母，明白了快乐只有在分享时才真实，也曾试图回到家里和他们继续一起生活（在两年的销声匿迹之后），但可惜被高涨的河水拦住了去路，这样的事实不禁让人为他的死亡感到更为痛心和无法接受。人们发现，同样是这一片大自然，开始是那么的热情和慷慨，最后，当主人公彻底洗心革面，意识到他那和大自然一样矛盾纠结的心理时，却成了冷酷无情的刽子手。热血和冲劲[2]的褪去在影片中是个转折点，也预示了一个悲剧性的结尾。它让人们看到，这样死去多么不值，他只能任由苍蝇和蛆虫叮咬、蚕食自己饿瘪

---

[1] 按字面意思可以翻译为"超级流浪汉"或"超级远足者"。给自己"重新起名"的事实可以说是他改头换面计划的一部分；流浪者也是曾经有过家庭史或疏远甚至破裂的人际关系，只是后来将这些全部抛下的那种人。在城市里颠沛流离、四处游荡，甚至湮没在人群之中，也是一种重返孤独、隐世而居的方法。

[2] 以北美入伍青年为原型。

了的身体。人们最后从他留下的遗物中帮他重新找回了原来的身份[1]。

《荒野生存》这部影片讲述了一个父亲和一个正向成人转变的儿子之间的相处问题。在他的沿海岸旅途中,克里斯多夫将遇到好几个重要人物:简·伯雷斯,一个让他重新找回母爱和理想母亲形象的女人(也让他仿佛回到了童年时代)和她的男友瑞内——两个颓废的流浪者;韦恩·韦斯特贝格,这个雇佣他又付他工钱的男人,像亲密的父亲那般善待他(几乎是一个好朋友);一个名叫特蕾西的少女,他忠实的爱慕者(但在他眼中却是个像他一样被遗忘的孤独的妹妹);还有一位名叫罗恩·弗朗兹的老人,这位老人就像他已经去世却让他念念不忘的亲爱的外祖父一样。或许,这些人重新给了他家的感觉,告诉他做人的道理,教他宽恕,试图将他带入一个豁然开朗的境界。只有特蕾西例外,因为与这个女孩在一起时他就是一个保护者。有趣的是,他们中的每个人都曾经受到过伤害,所以克里斯多夫也能带给他们一些安慰。与这些人的相遇让他再次回到了亲密、支援又脆弱敏感的家庭氛围,尽管最后也没能平复他的伤痛,解开他的心结。

荒野生存也许代表了一种过渡阶段,一个能让人获得重生的"净化"过程。因此,克里斯多夫在岩洞里度过的日子(一个多

---

[1] 在现实生活中,克里斯多夫·麦克坎德莱斯的身份证、驾驶证和健保卡一直都没被损毁,在德纳里国家公园不远处的一辆停在斯坦佩德小径旁的废弃公交车里,人们发现了这些东西,他就在那里过完了最后四个月的生命。

3 青少年期冒险行为的概念和定义

月)也是有意义的,也能被看作一种象征性的死亡(回到地球内部、回到母亲的子宫)。这就好像对已有生命轨迹的抹煞和一种为诞育无需向任何人负责的新生儿而进行的自我分娩。在阿拉斯加的生活也许能坚定这种自给自足的天马行空的想法。然而,克里斯多夫想要证明的,并不是完全自由(脱离情感关系)的事实。恰恰相反,他所寻求的是正确处理家庭关系,真正和父亲和谐相处的途径。因为,只有当他成为真正的"大人",他才不会那么苛刻地对待他那看似严肃刻板实则敏感脆弱的父亲。长大成人已经不再是一个与家庭分裂剥离[1]的仪式,相反,却是一个心理矛盾挣扎的过程;他也不例外。在他的绝对信仰和生活选择开始动摇(主要由于最初的那些兴奋和冲动褪尽)之后,他进入了一个既成熟又敏感的成年期(既使人成熟又让人抑郁)。角色的转换、童年的结束、对执念的抛弃、对自己所犯错误的幡然醒悟、更能融入他人的能力,也许正是这些使他的信念最终濒临崩溃。我们还能想象,他曾把自己当成一个叛逆的挑衅者;冲劲被消磨殆尽对他来说没有理由,也毫无用处,就像他也曾不得不接受他所认为的不公平的父子关系。然后,他遇到了灰熊(在它的面前,他已经变得那么渺小),这仿佛象征着他梦寐以求的和父亲的重遇,但他已经不再害怕,也丝毫感受不到威胁;这几

---

[1] 根据克莱因精神分析理论,我们可以这样理解:当主人公在完全抛弃幼儿时期(曾经起到保护作用)的权力后进入一种失望抑郁的处境,并选择放弃脱离家庭和社会,不再继续精神分裂和异想天开时,故事的转折点出现了。虽然克莱因把这些阶段性表现放在幼儿发展期来描述,但我们知道,类似的情况同样存在于青少年期(见动力学中关于临界状态或自恋状态等的研究方法)。

乎就像是一场重逢。在他临终时,他也仿佛觉得自己又回到了父母的身边[1]。

若没有身边长辈的改变,影片主人公的改变也不可能发生。他的父母也曾不得不重新考问自己的人生价值,在经过逐渐的内心发展之后,终于能够重新找回自己。同样,我们也看到青少年的一系列问题仿佛成了一个赌局,虽然在本故事中,结局是悲惨的。在这场启蒙式的旅行中,冒险行为几乎无处不在。最耸人听闻的,要数未经许可和专业训练,甚至毫无保护措施的科罗拉多河漂流和阿拉斯加的戴维斯拇指峰攀登了。虽然克里斯多夫·麦坎德利斯有一张当地地图,但是他显然没有为这次极端的冒险行为做好准备,所带的装备也少得可怜。也许,这次冒险行为的意义就在于在一段时间里把自己完全交给自然,直面生命的逆境。的确,实施冒险行为很大程度上满足了青少年或年轻成年人超越什么、证明什么和重新找到什么的需要。

与影片《荒野生存》相关的临床案例

埃尔隆今年17岁,因为在家中上吊自杀而住进了医院。周围的人对此感到非常吃惊,因为从他之前的表现里根本看不出他会这样做,尽管他的母亲曾经发现他几个星期以来状态不如从前。在石匠老板那里做学徒时,他曾向老板说起过自己不是贪财的人,也不追求物质生活,而他的理想就是去往一个没有物欲、纯粹真实的世界。可惜,没有人能理解他,分享他的思想,这

---

[1] 克里斯多夫曾在一本书的空白处写道:"快乐只有在分享时才真实。"

让他感到很受伤。

埃尔隆同母亲和妹妹一起生活。他的父亲住在另一个大区,父子俩几乎见不上面。在医院里第一次和他谈话时,他完全否认自己的问题,这让我们惊愕不已。在他的脸上看不到消沉和抑郁,相反,他说自己过得很好,不需要任何东西,也不需要任何人。工作时他特别卖力,特别有上进心,他的老板对此十分满意。一旦看不到自己在工作上或在学徒培训中心(CFA)的进步,他就认为自己在原地踏步,甚至退步。他觉得自己多少有点失败。这就是他最近的状况。

住院期间,埃尔隆似乎很快就和大人、同伴打成了一片,甚至实实在在地当起了他们的头头。他关心每一个人,几乎有点"操心过头"。同时,他还表现出在智力上的过人之处(非言语交际方面的能力一样出色)。

医护人员趁着他住院的机会见到了他的父母:母亲,除了为儿子担心不已之外,她和兄妹俩的关系似乎还算稳定,也能相互扶持;父亲,他和儿子的关系则复杂得多。兄妹俩小的时候,他就明显偏心妹妹。他把儿子的这次犯傻怪罪于他的前妻。语气强硬得像是在极力推卸自己可能要负的责任。他口口声声强调,自己和现在的男伴一起生活得很幸福。因为父亲那敏感而神经质的人格特质,还有他和前妻之间尚未解决的矛盾,我们的第一次谈话很快结束了。他拒绝和儿子再搭上任何关系。而埃尔隆因为自己甚少被谈及而感到失望,但他表示仍会试着去父亲那儿住一阵子,好见见他喜爱的爷爷。显然,和爷爷相处对埃尔隆来说似乎自在多了。

出院后,埃尔隆提出他的计划:去参加法国或国外举办的青少年劳动夏令营,或者参军半年。他想找到一个合适的启蒙仪式来证明自己的价值。另外,他也意识到他对自己认识不足,他以往的要求往往不太合理,而且他"自命不凡"的缺点肯定和很难或"不可能"见到父亲有关。他最喜欢的电影就是《荒野生存》。

4
青少年期冒险行为的知觉和类别

风险的知觉

总的来说,风险可以定义为某一事件突发的可能性。风险的概念和个体的风险意识关系密切,特别是当涉及冒险行为实施和风险认知的时候(Baudry,1991)。这种与风险的关系由社会对风险的知觉(是否对社会构成危险)和与风险相关的因素来决定:个人经历、价值表现或价值体系、面对已知风险做出的选择,等等。风险概念在儿童的社会化过程中形成,并在每个人的一生中不断受到社会建构的影响。就拿吸烟习惯的演变来说,在半个世纪前,人们还不觉得吸烟的危害有多大,但如今,在乡村人们都开始拒绝吸二手烟。青少年的风险知觉尤其具有特别的意义。布拉科尼耶(Braconnier,1993)曾提出过真实的风险和预计的风险之间的差距。的确,单单暴露在危险中并不是造成安全感丧失的决定性因素,而对风险的知觉或表征也并非是只要真正经历过风险就能得到的结果。因为行为主体在分析真实风险的时候会掺杂个人和家庭的情感因素。阿代和勒茹瓦约(Adès & Lejoyeux,2004)也认为,主观风险(主体知觉到的风险),客观风险(主体忽略或严重低估的风险)和真实风险三者不尽相同,必须考虑它们的相互关系。围绕风险知觉的研究成果很多。例如,在心理测验这种方法中,研究者提出了双因素或三因素[1]体系理论:待判定的风险有何种性质?人们在面对风险时是否清楚它的种种影响?(Slovic, 1987; Slovic, Fischhoff, & Lichtenstein, 1980)

其他研究者也对青少年或年轻成年人的风险知觉产生了研究兴趣,既分析了不同的"存疑"活动的性质,也分析了真实经历的风险和风险知觉之间可能存在的差距(Benthin, Slovic, & Severson, 1993)。他们也对青少年进行了一些调查,涉及的问题有:是否认识到风险的存在,是否了解冒险行为的后果以及给自己和同伴带来的益处,是否有可能拒绝风险或通过外力来控制或调节风险。结果显示,涉事的青少年主体更倾向于表示了解事件的风险性并有能力掌控形势(认知角度)[2]。人们同样发现青少年

---

[1] 在美国和法国的很多地方,学者们针对非专业人士对风险严重性的评价情况做了许多研究。根据研究结果,学者们提出了一个风险评价通用模型。这个模型由三到四个因素组成:一是客观对象或相关情景引起的危险性或不安;二是涉险人员的知识水平;三是涉险人数(潜在受害者的数量);第四个因素最为关键,尤其当主体或个人需要控制有预感的风险时更是如此(Hermand et al., 2003; Mulet, Duquesnoy, Raiff, Fahrasmane, & Namur, 1993; Slovic, Fischhoff, & Lichtenstein, 1985)。第四个因素与青少年是否可能对风险做出相应反应,是否有能力预防风险有关。因此,如果这个风险涉及的是远方发生的灾难,他就会觉得和自己没什么关系。相反,风险离得越近,越无法预测,受害者人数越多,预防的可能性越小,他对风险的知觉就越消极。

[2] 许多人认为自己是自愿行事并且对事件有一定的掌控力,所以觉得即使有风险也是可以接受的。靠一己之力掌控风险(不依赖任何人)的想法常出现在面对汽车驾驶带来的风险时。坐飞机更令人害怕,可事实上,空难受害者的客观数量比起道路交通小得多。

更容易受到同伴的巨大影响(出于都希望从中获益的原因),而不太愿意让大人插手(社会角度)。同伴之间影响力的重要性早已被人知晓(Irwin & Millstein, 1986; Jessor, 1984; Jessor & Jessor, 1975; Tubman, Windle, & Windle, 1996)。

谈到上述研究,我们或许应该提提另两个人(A.M.Smith & Rosenthal, 1995)。他们除了致力于研究相同基础上的风险评估分析模型(与自我、他人、益处、风险控制的感觉、同伴的认同、父母的理解相关),还就风险评级调查了青少年的意见。结果显示,青少年将风险分为了两个等级:

1 公认的高风险事件,如在酒精或毒品的作用下驾驶或乘坐车辆、吸食用于吸入法治疗的药片或安非他明、在无保护措施的情况下与人发生性行为;
2 公认的低风险事件,如饮酒(啤酒、葡萄酒或烈性酒)、在某些场合酗酒、抽烟。

当然,冒险行为的实施者和非实施者可能有着不同的风险知觉(Gonzalez et al., 1994)。比如,有一种批判的研究方法主张搭建一个与青少年对话的平台,而不是过分强调简单粗暴地禁止冒险行为。这些风险作用于青少年追求个性化和独立的过程。因此,我们可以指出,有冒险行为的青少年对自己有更好的评价,与母亲的关系也不会过分亲密,家庭责任也比较轻。但是,要说这些冒险行为会对青少年的发展起到多么关键的作用,倒也不是件简单的事。青少年倾向于重复实施多种冒险行为,关于这一点已经有了不同的研究,但这同时也把青少年当成了受害者(Biglan et al., 1990; Donovan & Jessor, 1985)。

在另一份报告里,我们就青少年自身对冒险行为的知觉做了一些研究（R.Courtois & Mangeney，2004）。令人吃惊的结果是，事实上，所有的冒险行为在初中生看来都显得相对严重（尤其是自杀企图）。毫无疑问，特别有威胁性的异常行为当属暴力破坏、偷窃，还有离家出走。这些中学生都认为有必要请大人介入、限制，甚至惩罚那些滥用违禁药品和用于吸入法治疗的药品，在公路上做出危险举动，以及有一切暴力或反社会行为的人。相反，所有"与身体有关"的冒险行为（暴饮暴食、自杀企图）和主动荒废学业的行为则被认为属于一种心理反应。这也可能涉及成瘾性行为，但程度较轻。这个研究让我们有理由强调，在青少年的意识里，主要存在两组相互对立的冒险行为：

1. "医学心理性"行为，在这个范畴里的冒险行为（进食障碍、自杀企图）具有严重性、自我挑衅性、心理援助的必要性，以及不需借助法律手段的特点，这一组行为在女孩身上尤为常见；
2. "毒品、暴力和危害道路交通安全"行为，在这个范畴里的冒险行为被认为有法律干预的必要，可以分为以下两部分：①滥用违禁药品和用于吸入法治疗的药品，因其严重性和自我挑衅性需要心理援助（即使不至于诉诸法律）；②危害道路交通安全行为、暴力行为及违法行为，这些行为被认为不需要心理援助，第二组行为在男孩身上尤为常见。

此外，男孩和女孩对冒险行为的认识也是相对的。女孩更容易认同第一组行为的危害性，虽然她们也承认吸毒和危害道路交通安全的严重性。她们夸大对第一组行为进行心理干预的必要性，但是也不忽视第二组行为。而男孩则更容易把第二组行为变得大众化（吸毒或"暴力"）。

还有另外的一些行为，对青少年来说，这些行为既不需要法律干预,也不需要心理援助,但对健康专家来说却是有危险的。比如,合法药品的使用(吸烟或饮酒),重复的偶发事件,频繁逃学和危险性行为(多个性伴侣,不使用安全套或与年长许多的人发生性关系)。

我们还就青少年对冒险行为的知觉询问了成年人的意见。他们的回答差不多和青少年一样,对冒险行为的严重性、心理援助和"重新确定规则"必要性等的看法,也呈现出上文提到的两种趋势。归根到底,通过以上分析,我们有理由确定:无论是青少年还是成人,他们的回答都和社会对冒险行为的认识一致。而我们要做的,就是在设计风险预防方案的时候考虑到社会对冒险行为的认识。

青少年期冒险行为的分类

冒险行为的分类

给青少年期冒险行为分类的难处或许在于必须给冒险行为的概念划定界限并令它得到发展。杰索尔(Jessor, 1992)指出了数种相互关联的冒险因素:生物和基因因素、社会因素、环境知觉因素、人格因素和行为因素。他认为冒险行为与三大类生活方式有关:

1 行为障碍;
2 医疗风险;
3 学习心理障碍。

基于以上因素具有的局限性,他也表达了自己的保留意见。肖凯(Choquet, 1993)也提出了一个类似的分类方法:

1 行为障碍,即构成问题的行为,如吸毒、违法行为、轻微的暴力行为、退学;

2 与身体有关的问题,通常涉及情绪功能障碍(抑郁)、精神类药物依赖,还有进食障碍;

此外,还有一个根据涉及的风险做的分类,如医疗、社会、司法等等(Granboulan, 1997)。

其他的学者建议考虑自我毁灭这个层面和对可能由此带来的死亡的认识,并做出以下分类:①冒险行为;②自杀行为或与自杀行为等同的行为(Marcelli & Braconnier, 2008)。

史密斯和罗森塔尔(Smith & Rosenthal, 1995)通过分析风险评价模型,得出结论,受访的青少年认可两种截然不同的事件:

1 公认的高风险事件,如在酒精或毒品的作用下驾驶或乘坐车辆、吸食用于吸入法治疗的药品或安非他明、在无保护措施的情况下与人发生性行为;
2 公认的低风险事件,如饮酒(啤酒、葡萄酒或烈性酒)、在某些场合酗酒、抽烟。

性别的差异

要把冒险行为分类,至少有一种方法可行,那就是按性别分类。男性和女性的行为是对立的。比起女孩,男孩的行为更为激进,他们是在用整个生命来下赌注:醉酒、超速、醉驾、自杀(已遂)。而女孩则更多地服用精神类药物、自杀企图,表现出更多的进食障碍(厌食和暴饮暴食),总的来说还对身体有更多的抱怨:头疼、肚子疼、恶心呕吐、昏厥、写在脸上的抑郁消沉……(Choquet, Pommereaux, Lagadic, & Cottin, 2001; Fergusson, Horwood, & Lynskey, 1994; Le Breton, 1995; Tursz, et al., 1993)。这种性别的差异在教学机构工作人员看来最熟悉不过了。学校医务室里总是更多地出现女孩们的身影,她们更容易表现出自己觉得不舒服,也更愿意谈自己的感情问题。男孩们通常对自己的苦闷闭口不谈,或者把它表现为行为,这样的做法在学校生活中更容易被人理解。他们更喜欢冒险,并把危险行为看得很轻松。

2005年的健康晴雨表(Beck, Guibert, & Gautier, 2008)[1]也发现了这些区别:15—19岁女孩的总体健康指数没有她们的兄弟姐妹高,也比男孩来得低。这里指的总体健康包括好几个方面[2],比如身体健康、心理健康、社会健康(Gautier, Kubiak, & Collin, 2008)。青少年期女孩们的心理健康指数较低,很可能是因为她们在青春发育过程中的体验不如男孩们来得好。同时,她们也更直接表达自己的不适,其中以抱怨身体不舒服为主,而男孩们则更喜欢逃避自己遇到困难的现实。这就使得女孩们在面对压力时一般能找到更合适的处理方式(使用主动释放压力策略)。

由一些研究成果引发的思考

早先,研究者曾对初中生和高中生进行过研究,来试着得出青少年期冒险行为类型的结论。为此,人们首先在一些初中生(200名初中四年级学生)中做了调查,搜集整理了他们可能出现的"问题"行为。根据这些初中生的回答,人们对这些"问题"行为做了因素分析,依次总结出了以下5类可以用来解释的因素:

---

[1] 法国全国性普查《健康晴雨表》主要针对12—75岁的人群。该项调查定期举行,已经成为衡量法国人与健康相关的行为、知识、信仰和态度的必要手段。文中此处指的是第五次普查。

[2] 在杜克(Duke)的17项健康指标范围内。

1 因为饮酒、吸食印度大麻、厌学或学校暴力引起的危害道路交通安全行为;
2 躯体主诉和情感抑郁;
3 活跃的冒险性性行为和性解放;
4 学业失败和自我破坏学业,服用"灵魂出窍"迷幻药、胶合剂和溶剂等;
5 和年长者发生性关系、苦恼、放弃运动。

以上5个层面有着高度的内在一致性。随后的一个"次要"因素研究给第一种基本结构研究作了补充,也划分了"外在化"行为(包括第1组和第3组)和"内在化"行为(包括第2组和第5组)。第一种行为模式可定性为积极的、自愿的、外显的、挑衅他人的(以男性为主),相反,第二种行为模式主要涉及抱怨,还有被动的、内隐的或身体的、自我挑衅的行为(以女性为主)。另外一次调查在将近2 000所高中里展开,研究结果极大地证实了上述结构。尽管为了适应这个阶段的青少年期("青少年后期"),人们对问卷调查表做了一些改动,尤其是增加了关于服用违禁药品的问题(因此产生了一种新的因素):

1 服食违禁药品;
2 因为厌学、学校暴力引起的危害道路交通安全甚至交通违法行为;
3 饮酒、吸烟和吸食大麻;
4 活跃的冒险性性行为;
5 躯体主诉、自我挑衅和情感抑郁;
6 学业失败和自我破坏学业。

上文提到的两大趋势,即以男性为主的外显行为和以女性为主的内隐行为依然存在,但这一新的研究以发展的眼光给这种对立局面带来了细微的变化,并且指出"躯体主诉"行为似乎更容易发生在低年龄层,而非仅仅是女性专利。

在这个双向研究中,有两个特别重要的元素层面:

1 第一个层面包括了精神兴奋药物的服用、暴力和多少有些违法的行为、交通违法行为,这些都是这个年龄层高发的行为,而公路交通事故也是导致青少年死亡的头号杀手,且受害人多为男性;

2 第二个层面包括所有与躯体化障碍有关的行为:身体不适、饮食障碍、自杀企图、遭受暴力、服用精神类药物等……

以上种种行为往往明显暴露出个人或人际障碍。学校等教学机构的工作人员,从教师、医护人员、学监到主要教学顾问,有时还有校方指导顾问都对这样的行为感到不陌生。这种现象在女生身上尤为常见。青少年期的女孩更有能力表达自己的不快。然而,尽管女孩们表达心理苦恼的方式更为直接(表现出抑郁或消沉的一面),我们也不能忘了,男孩们也会有类似的困扰,只不过不像女孩们表达得那么直接。"次要"元素研究结果显示的内外对立现象引发了人们的思考。第一个系列的行为指的是"外在化"的行为:有反社会倾向的行为、危害道路交通安全行为、吸毒、有性解放色彩的性行为……这些行为主要发生在社会层面,似乎是为了肯定自己的自由和能力,追求极限和违反禁忌。第二个系列的行为包括"内隐"行为和躯体化障碍("躯体主诉")。与第一系列中的主动行为刚好相反,这类行为主要集中在行为主体的身体或私人生活层面,即更加注重于某一受困扰个体的精神和肉体层面。从这对立现象出发来划分,主动作用于他人的行为对作用于自身肉体的障碍；带有反传统或反社会倾向的行为(Donovan & Jessor, 1985)对身体或私密乃至医学心理学范畴的障碍；外显行为对内隐行为，在某种程度上，也可说是男性行为和女性行为。以上结果重新划分了原有的男孩和女孩的不同行为趋向(Choquet, et al., 1993)。考虑到与学校等教学机构中学生行为障碍有关的因素(如主动荒废学业)，我们可从三个部分来印证杰索尔早前(Jessor, 1992)建立的性别差异理论：

1　行为障碍；
2　医疗风险；
3　学校生活障碍。

上述结果表现为青少年的某种行为趋势。这些行为中可能出现几种冒险行为发生关联的情况，比如冒险性性行为就可能与过早接触酒精和/或其他药品，脱离家庭监护，甚至违法行为有关(Fergusson, et al., 1994; Justus, Finn, & Steinmetz, 2000; Tubman, et al., 1996)。女孩们也可能做出冒险性性行为，服用合法或违禁药品，但往往更多地出于得到解放或加快向成人过渡的强烈渴望(Fergusson, et al., 1994)。总的来说，有这种情况的女孩比其他女孩面临更大的危险。

青少年期冒险行为的意义：
一次尝试性的概括

虽然年轻人有时会做出些伤害自己身体的事情，但这并不一定是一种病态的行为。要正确区分一般行为和病态行为不是件容易的事(除了已经被证实的病态行为)，这往往需要通过事后的情景再现来判断。此外,有些行为可能会一次性产生突发的戏剧性后果,而有些行为则会因为多次发生而显得很危险。即便这些行为一开始常常表现出多变性和不确定性,它们最后也可能会固定下来成为病态行为。我们还发现,问题最多的青少年通常有好几种冒险行为(Biglan, et al., 1990; Donovan & Jessor, 1985)。这可能是一种合并症或仅仅是同时发生的病症而已。虽然多年来出现了许多关于冒险行为的研究,如关于饮酒的研究(Justus, et al., 2000; Vitaro, Tremblay, & Zoccolillo, 1999),但是人们对促使青少年做出冒险行为,并多次累犯或一次多犯的因素依然了解得不够充分。

为了明确青少年期冒险行为的意义,我们试着从中找出几个特点,列出一份不算详尽的清单,仅代表几种思路:
- 存在一种冒险行为;
- 实施冒险行为可以代表开发自己的生存环境,寻求新鲜事物或刺激感,挑战极限,追求自主或独立,在个人成就至上的社会里超越自我,获得同伴的认同,等等;
- 这些行为常常拿自己的身体或完整性来冒险;
- 一次或多次的冒险行为可能演变成积极的主动行为;
- 这些行为往往伴随着独立自主和身份建构的欲望:叛逆和追求极限,脱离父母管束;
- 这是一种"自愿"行为,或至少行为主体对风险有所了解并可能想要掌控风险;
- 通过这些行为,可能产生一种无所不能的感觉,一种永生不死的幻觉(所向披靡,能战胜死亡),和一种自我重生的境界;
- 常常出于对重生的渴望和摆脱当前困境的想法(如自杀企图);

- 我们经常能看到冲动控制和焦虑甚至抑郁情绪管理,请求援助,或防御策略的作用;
- 冒险行为还伴随着掌控事件(重新适应论)的企图,或更广义地说,掌控自己生存环境的企图;
- 这些行为可能引发人们对个体潜在的脆弱性(无论个性特质还是影响主体建构的自恋脆弱性),以及家庭和环境脆弱性的疑问。

因为有脱离父母监管,重新考量自己过去身份和家庭价值的需要,青少年期自然为冒险行为的发生提供了有利土壤(Assailly,1997)。身份的转变增加了迷失方向的可能,也放大了青春期变化带来的焦虑和不安。这种寻求自主的过程也伴随着控制自己行为和生存环境的意愿(Coslin,2003)。它可以是一次冲动控制和焦虑控制的尝试(Marcelli & Braconnier,2008),也可以是一个证明自我价值或获得同伴认同的途径(A. M. Smith & Rosenthal,1995)。最后,对某些青少年来说,这种冒险行为还是一种争取自己人生轨迹的方式,包括肯定自己有权伤害自己的身体,甚至在必要时了结自己的生命。死要死得自由,活当然也要活得自由(Jeammet & Birot,1994)。

冒险行为的演变

虽然冒险行为是青少年期所固有的,并始终存在于这一人生阶段需要面对的挑战环节,但它的表现形式也会随着社会发生变化。或更广泛地说,社会的变化会带来青少年期的一系列精神病理性问题。近几十年来,与"人际关系病理"有关的问题呈现出增多的趋势:有或没有注意力缺陷的情绪不稳定性、因分离引起的焦虑或不安导致的问题、焦虑地拒绝学校生活、情绪障碍、成瘾性病态行为、进食障碍(精神性厌食)、难以面对限制和挫折、角色转换病态心理和自恋、婴幼儿般的无所不能,等等。但是,尽管如此,大部分的青少年(85%的15—19岁青少年)仍生活得不错,或觉得自己身体健康(Gautier, et al., 2008)。

5
神话和童话,青少年和冒险行为

神话和童话的普遍意义

　　神话并不是原始社会的专属品。我们对神话并不陌生,因为它和我们的日常生活息息相关。神话的目的是为了解释世界,因而,神话与科学思维并不冲突(Grimal,1963)。一切非理性的东西都属于宗教仪式或神话的说法是不准确的。我们所做的个人或集体选择既有赖于理性认识,也和我们的感性和对世界的知觉分不开。理性认识随着新知识对旧知识的补充和反驳得到调整和修正,但始终与社会和文化背景有关。神话之所以能流传至今,是因为它的功能依然存在并发挥着应有的作用。它并不是一个笼统的空想,而是对人们认识世界的一个建议。它通过提供给人类一些(社会文化的)线索来解释人类世界,并参与到每个人的生活经历中。神话之所以讲述一个故事——一个与神有关的故事,一个英雄人物或一个平凡人的故事,一个发生在远古时期或奇幻天地里的英雄故事,是因为要向人们传达一种世界"组织者"的信息。这个信息能够(有意识或无意识地)被某个个体接收到,并让他相信

5 神话和童话，青少年和冒险行为

这是真相或事实——因为他已经知道这个信息——从孩童时期起，他就听这些"故事"，而且每次听人讲述的方式都不尽相同[1]，这让他始终受到这些故事的文化熏陶。格里马尔（Grimal，1963）阐述了一些不同的神话研究方法。根据他的研究，我们可以用"人种志方法"，这种方法假设在不同时期和不同地方发生的神话之间有一定的相似性（比如宇宙洪水、神的世代繁衍、人由尘土变化而来并开始生育后代），并试图让人们认可神话有一套通用的说辞。这个方法可能和一种比较研究方法（"比较神话学"）相悖，后者注重研究共同语言体系下的相似神话体系（比如印欧神话）。我们把观点放在人种志方法上，来试着分析与青少年问题和成年风险直接相关的几个常量。为此，我们也强调的确存在一些"原型价值"（Jung，1912）[2]或简单来说一些通用象征价值，这些价值使得所有的神话故事或奇幻故事都能打动我们，仿佛能满足我们对生活的种种期望。比如，童话所传达的信息通常很简单，而且因为总是以一种包含积极或消极内涵的故事形式出现，所以更容易被各个年龄层接受。因此，童话里有一套对善与恶的说法（属于分离机制的一种）。故事里面那为数众多的象征符号为每个人所知；团体的力量和梦想的力量相近，这些梦想承载了共同的象征符号：又黑又深的森林、汹涌的河水、主人公继承的钥匙，等等。这些故

---

[1] 通过一种不同的，甚至"降级"或"冻结"的形式，神话和童话融合成了故事。这些故事最初通过口口相传的方式来传承。把它们写在纸上来恢复故事的原貌实际上是一种冻结，阻碍了它们与时俱进的脚步。虽然这些故事本身依然很有意义，但因为跟不上社会发展，很可能更难被人读懂。

[2] "原型价值"能够唤起共同或原型的记忆（乃至每位听故事者了解到的与人类史有关的精神物质），或需要按照"集体表象"或"表象遗产"来理解某种"集体潜意识"。

事里面有人、有动物、有神,也有长得像人的魔法生物(他们的历险故事可以和我们人类的相似)。通常,这些神话和童话大都是一些启蒙故事,讲述在一个奇妙的世界里发生的儿童长大成人的过程,里面既有对主人公才能的考验,也反映了主人公身份转换和融入集体的问题。

开始时:起源

在以下短短几行里,我们应该看到这样一种构思[1],它使高高在上的神话变成了童话,并借由童话来讲述人类生存的问题,从起源讲到分化,从童年问题讲到青少年和成年的问题(象征性和社会性层面)。

圣经创世记及其阐释

我们先来读读《圣经》第一卷中的一段节选(首页或创世记)(Chouraqui,1992):

> [1]起初 神创造天地。[2]地是空虚混沌,渊面黑暗;神的灵运行在水面上。[3]神说:"要有光",就有了光。[4]神看光是好的,就把光暗分开了。[5]神称光为昼,称暗为夜。有晚上,有早晨,这是头一日。(创1:1—5)(Chouraqui,1992)

这个片段让我们想到了光在最初的作用(此处指昼夜交替),

---

[1] 在分析神话和童话的过程中,我们有意识地选择了一个更适应于青少年期及其问题的研究方法;这个方法不同于这个领域的两位前辈贝特尔海姆(Bettelheim,1976)和普罗普(Propp,1970)的研究方法。

5 神话和童话，青少年和冒险行为

也再次告诉我们神（埃洛希姆）[1]照着他自己的样子创造了人类。这个故事和《神谱》[2]里的描述完全吻合。《神谱》辩证地讲述了人类诞生的故事（混沌、黑夜、白天，等等），讲述从地神盖亚诞生一直到奥林匹亚诸神统治世界这段时间的历史。它本身也取材于印欧文明征服者或其他文明的征服者（前希腊的）所讲述的更为古老的神话（Grimal，1963）。所以，随着各种等级被纳入考虑范围（神谱、奥林匹亚神话、英雄神话、长篇传奇"小说"），神话故事先是扎根在古希腊社会的历史和组织当中，后又转移到了古罗马。于是，所有这些故事到今天都成了西方文化的一部分，也因为犹太基督教的继承而常被看作世界文化的一部分；而犹太教徒和基督教徒们本身也借鉴了已有的神话和世俗礼仪。

第五日，上帝创造了动物并让它们在大地上繁衍。第六日，上帝照着自己的形象创造了人。他说：

> 26神说："我们要照着我们的形像，按着我们的样式造人[3]，使他们管理海里的鱼、空中的鸟、地上的牲畜和全地，并地上所爬的一切昆虫。"28神就赐福给他们，又对他们说："要生养众多，遍满地面，治理这地；也要管理海里的鱼、空中的鸟，和地上各样行动的活物。"（创1：26，28）

---

[1] 埃洛希姆是《圣经》里写到的第一个神的名字，也是最普遍使用的名字。它蕴含着力量和至高无上的权力。它可以用在男人，甚至异教神的身上。

[2] 古希腊诗人赫西俄德（Hésiode）撰写的《神谱》是一个复杂的宗教综合体，它（用一个类似历史的体系）乱中有序地记载了东方各路诸神（Grimal，1963）。

[3] 亚当是全人类的统称，即人（法文原文为"创造亚当"——译者注）。也称作"泥做的人"，有"泥土"的意思（Chouraqui，1992）。

(Chouraqui，1992)

为了从连续和中断、共时性和历时性的角度探讨青少年期的问题，我们接下来讲讲《创世记》中伊甸园里的亚当和夏娃，以及他们被禁止吃园中生命树上的果子的故事：

> [15]耶和华　神将那人安置在伊甸园，使他修理看守。[16]耶和华　神吩咐他说："园中各样树上的果子，你可以随意吃，[17]只是分别善恶树上的果子，你不可吃，因为你吃的日子必定死。"[18]耶和华　神说："那人独居不好，我要为他造一个配偶帮助他。"[19]耶和华　神用土所造成的野地各样走兽和空中各样飞鸟都带到那人面前，看他叫什么。那人怎样叫各样的活物，那就是它的名字。[20]那人便给一切牲畜和空中飞鸟、野地走兽都起了名[1]，只是那人没有遇见配偶帮助他。[21]耶和华　神使他沉睡，他就睡了；于是取下他的一条肋骨，又把肉

---

[1] 如果我们把这一段重新放到一个本体论维度，或更准确地说，人类主体的发展中，我们也许可以说："万物起源于上帝的圣言。"我们的精神生活可能由这几句话开始；从最初的那些躯体和精神轨迹，一直到由身体统一感形成的自我意识，符号理论的功能（模仿、游戏、儿童画然后是语言）引导了我们（个体和系统发育）的发展演变。这些话的顺序就是世界诞生的顺序。生命的传承，始于给孩子起名，并把孩子置入一个象征性或文化性的生命轨迹，而不仅仅是给孩子一个血缘关系。上帝创造了世间万物和众生，并为它们命名。然后，人类将为主宰这些生灵，并用自己的方式给它们命名。在潜伏期，儿童进入超我（后恋母情结）的最后和决定性阶段，开始遵守公共规则和放弃幼时的无所不能，这些都将有利于他走向外面的世界，接受生活的教育。就像上帝按照自己的样子所创造的人主宰了人类。同理，圣·埃克苏佩里（Saint-Exupéry）笔下的那位天文学家认为围绕在他的地球周围的星星都是他的，因为他能数出它们的数量。而鲁宾逊·克鲁索（Robinson Crusoé）通过给"星期五"取名，把他当成自己的专属品，就好像"星期五"在遇见他之前是一片无人知晓的处女地那样。

合起来。²²耶和华 神就用那人身上所取的肋骨造成一个女人，领她到那人跟前。²³那人说："这是我骨中的骨，肉中的肉，可以称她为女人，因为她是从男人身上取出来的。"²⁴因此，人要离开父母与妻子连合，二人成为一体。²⁵当时夫妻二人赤身露体并不羞耻。（创 2:15—25）(Chouraqui, 1992)

接着是偷吃禁果的尝试和与上帝（表面上）决裂的时刻：

¹耶和华 神所造的，惟有蛇比田野一切的活物更狡猾。蛇对女人说："神岂是真说不许你们吃园中所有树上的果子吗？"⁴蛇对女人说："你们不一定死，⁵因为 神知道，你们吃的日子眼睛就明亮了，你们便如 神能知道善恶。"⁶于是，女人见那棵树的果子好作食物，也悦人的眼目，且是可喜爱的，能使人有智慧，就摘下果子来吃了；又给她丈夫，她丈夫也吃了。⁷他们二人的眼睛就明亮了，才知道自己是赤身露体，便拿无花果树的叶子，为自己编作裙子。

⁸天起了凉风，耶和华 神在园中行走。那人和他妻子听见 神的声音，就藏在园里的树木中，躲避耶和华 神的面。⁹耶和华 神呼唤那人，对他说："你在哪里？"¹⁰他说："我在园中听见你的声音，我就害怕，因为我赤身露体，我便藏了。"¹¹耶和华说："谁告诉你赤身露体呢？莫非你吃了我吩咐你不可吃的那树上的果子吗？"¹²那人说："你所赐给我、与我同居的女人，她把那树上的果子给我，我就吃了。"¹³耶和华 神对女人说："你作的是什么事呢？"女人说："那蛇引诱我，我就吃了。"（创 3:1, 4—13）(Chouraqui, 1992)。

然后，上帝

¹⁶又对女人说："我必多多加增你怀胎的苦楚，你生产儿

女必多受苦楚。你必恋慕你丈夫,你丈夫必管辖你。"[17]又对亚当说:"你既听从妻子的话,吃了我所吩咐你不可吃的那树上的果子,地必为你的缘故受咒诅。你必终身劳苦,才能从地里得吃的。[18]地必给你长出荆棘的蒺藜来,你也要吃田间的菜蔬。[19]你必汗流满面才得糊口,直到你归了土;因为你是从土而出的。你本是尘土,仍要归于尘土。"[20]亚当给他妻子起名叫夏娃,因为她是众生之母。[21]耶和华 神为亚当和他妻子用皮子作衣服给他们穿。[22]耶和华 神说:"那人已经与我们相似,能知道善恶。现在恐怕他伸手又摘生命树的果子吃,就永远活着。"[23]耶和华 神便打发他出伊甸园去,耕种他所自出之土。[24]于是把他赶出去了。又在伊甸园的东边安设基路伯,和四面转动发火焰的剑,要把守生命树的道路。(创 3:16—24)(Chouraqui, 1992)。

圣经神话讲的人类起源有善与恶的双重含义和原罪的含义。这就回到了人类诞生的本原问题,和人类获得辨别能力来促成自身发展的问题,当然,还有人类进入有限的生命周期,并最终走向死亡的问题。这是一个包含寓意的故事,始于反抗和决裂。我们只需把它看成是儿童向青少年过渡的一个隐喻,在过渡的过程中,有以下表现:

- 发现赤身裸体(身体的"性别化");
- 开始有判断和认知的能力(分辨善恶);
- 意识到死亡和生命的有限性;
- 拥有自由意志和个人选择(心理和行为上得到自主的可能性);
- 根据男女各自的补充特性和男女之间预先规定的关系开始身份化进程,等等。

同样,(儿童们)长大后就会失去幼时的天堂,那是他们再也回不去的地方,一个必然消失的地方。因此,这个神话也是一个规定社会角色的基础故事。

我们还会发现,是女人(夏娃)的存在创造了男人(亚当),同一性别的人已经不再代表所有的人类,而仅仅代表有区别的男人或女人(成熟过程或真正的长大成人过程)。"亚当"一词指的是全人类,而非某一个男人。他是泥做的人("泥土"),但正是他的妻子,夏娃(表示"生命")诞育了众生(Chouraqui, 1992),是她绵延了人类的子嗣。在文中,希伯来语中的女人一词"Isha"以"Ish"(女性化的人)开头,字面意思是"女性化的男人"。男人是照着上帝的样子造出来的,而女人则是照着男人的样子造出来的。她是男人的相似品,是在男人身旁(和男人肩并肩)造出来的,而不是由他的"肋骨"变化而来。然而,后一种说法有利于解释性别差异的概念,因为从男人身上取出肋骨就等同于割礼(Dutruge, 1994)。换言之,被取出的部分恰恰让男人意识到自己所缺少的那部分,并因此而明确自己的身份。

原罪就和违抗再次产生了联系(违抗上帝的命令,让自己有了知识——有辨别力并认识到自己正在长大)。只有当人们想遮盖身体而无以蔽体时,才会因赤身露体而感到羞愧(Sempé, 2006)。万能的上帝(无所不知的神)用他的眼光"穿透了在他面前,在伊甸园中躲着不敢见他的"亚当和夏娃;也就是说他们在上帝愤怒的注视下无所遁形。在他们还是孩子时,他们没有任何羞耻心,并觉得赤身露体是再正常不过的事。他们的亲密关系使他们脱离了上帝的管束。他们从一种毫无区别,非男非女,不可分的状态过渡到了与上帝平等的人,成了两个独立的个人,相互区别又互为补充。逃离了先前生存环境的他们变得自由了。这就是一个关键时刻,它使得人类的生存条件变得既有限又丰富。在父亲面前出现的负罪感[1]也是一笔欠父母的债。他们此后就有一个必须完成的任务:独立生活——没有上帝的直接帮助。

潘多拉或夏娃:第一个女人

在赫西俄德神话里,潘多拉(Pandore 或 Pandora)被当成第一个女人。在宙斯(Zeus)神话里,她是赫菲斯托斯(Héphaïstos)[2]和雅典娜(Athéna)在众神的帮助下创造出来的。("众人的恩赐"或受到众神恩赐的)潘多拉得到了每个人的馈赠,赫尔墨斯(Hermès)把谎言和狡猾放进了她的心灵(Grimal, 2007)。火神赫菲斯托斯用胶泥或黏土照着妻子阿弗洛狄忒的样子造出了潘多拉,因为阿弗洛狄忒的美貌总能迷住所有与她接触的人——宙斯想要通过报复人类来间接报复施恩于人类的普罗米修斯(Prométhée)[3]。

---

[1] 在我们看来,这种对于父亲的负罪感可以直接联系到弗洛伊德所说的负罪感,他谈到了弑父娶母的神话和乱伦者及杀害父母者的流放——《图腾与禁忌》的创始神话(Freud, 1966)。

[2] 赫菲斯托斯是希腊神话中的火神与铁匠之神,罗马神话把他叫伏尔甘(Vulcan)。罗马神话中,宙斯叫朱庇特(Jupiter),赫拉(Héra)叫朱诺(Junon),雅典娜叫密涅瓦(Minerva),阿弗洛狄忒(Aphrodite)叫维纳斯(Vénus)。

[3] 普罗米修斯是宙斯的一个"堂兄",因为他是泰坦神伊阿佩托斯(Japet)之子,而宙斯是泰坦神克洛诺斯(Chronos)之子。关于普罗米修斯母亲是谁有不同的说法,可能是阿西娅(Asia)或克吕墨涅(Clyménès),两位都是海洋女神(Grimal, 2007)。他有好几个兄弟,其中最有名的就是埃庇米修斯,兄弟俩的性格完全相反。普罗米修斯很审慎又有远见(他拥有异常敏锐的洞察力),而埃庇米修斯则很愚笨、冲动又不动脑筋。普罗米修斯可能是赫菲斯托斯的双重形象,两人共同拥有主宰火和创造人类的神力。在赫西俄德《神谱》中,普罗米修斯是人类的施恩者,人类诞生后,他瞒过了宙斯,从奥林匹斯山上偷取了火种赐给人类。这就像是他用一头牛的两个部分(转下页)

5 神话和童话,青少年和冒险行为

受到好奇心驱使的潘多拉打开了宙斯交给她的瓮,想看看里面装着什么东西,却因此把一切灾难与邪恶释放到了人间,只剩下希望依然关在瓮里(Belfiore,2003)。另一种传说则认为,是埃庇米修斯(Epiméthée)娶了潘多拉为妻之后,忘记了兄长普罗米修斯"如果宙斯送你任何东西绝不能接受"的警告,打开了宙斯当结婚礼物送的那只瓮。无论如何,这个故事里有两重反抗:埃庇米修斯没有听从兄长的告诫,他选择了相信宙斯并娶了潘多拉,而潘多拉则屈服于自己的好奇心打开了瓮(或盒子)。

于是,人类的认识和发展都笼罩在死亡和不幸,还有不可分开的善与恶之下。在《创世记》中,夏娃"打开"亚当的眼睛,邀他吃下禁果。因此,人类从束缚他们的愚昧无知中解放出来(柏拉图

(接上页)做供品的一次祭献——把覆盖着诱人的脂肪但实际上只是些骨头和下水的那部分给了宙斯——却把所有覆有牛皮的瘦肉(看上去不那么诱人)给了人类。后来,也是普罗米修斯从洪水中拯救了人类。洪水之后,作为幸存者的丢卡利翁(Deucalion)和妻子皮拉(Pyrrha)听从丢卡利翁之父普罗米修斯的建议造了一艘方舟,并一起乘舟离去。之后,普罗米修斯从宙斯那里得知二人在地上重新繁衍了人类(Belfiore,2003)。他也因此惹怒了宙斯,宙斯为了向他和人类复仇而拒绝再提供火。于是,普罗米修斯将空心芦苇秆偷偷伸到"太阳车轮"(或太阳车)的火焰里点燃,然后带着(闪烁的)火种回到地上。另一种传统说法认为他是从赫菲斯托斯的锻铁炉里偷得的火种。普罗米修斯也可能是人类的直接创造者,他用黏土(波伊俄提亚的帕诺佩黏土)捏了一些泥人,雅典娜向泥人吹了口气,泥人们立刻有了生命,这就是最初的人类。盗取(闪烁的)火种是关键,因为火将为从泥人变过来的肉体注入人类的灵魂,因此可以说是火延绵了人类的生息(Belfiore,2003)。根据这个观点,我们应该把神给人类的恩惠理解成一种暗喻,比喻了知识、数字和字母的学习、艺术的修炼、甚至医学的进步,以及驾驭牲口来分担农活。

"洞穴喻")并得到发展,这个过程就和性别分化[1]及性行为联系在了一起。性行为同样与"性欲之火"的形象相结合。需要指出的是,这里面既有欲望、性欲或对"他人"(不同于自己)的占有欲,也有对知识的渴望。所以,(潘多拉的)好奇心使蒙昧主义上升到了认识主义,甚至认识论。

神话和童话告诉我们的道理

成长过程中不变的故事阶段

我们需要把①神话和童话以及②儿童成长为青少年的过程放在一起来谈,从而明确两者在相同的故事阶段中有哪些相同的问题。没有把本书从头开始读到现在的读者,请看第一章第三节中关于青少年期的五点概述。

以下是神话和童话中不变的故事阶段:

1 故事开篇:在平常的时空之外;
2 童年:父亲或母亲去世和时间性;"充满母爱的"寄养家庭;
3 主人公的品质:固有的内在价值(有时在向青少年期转变之后才会显现);
4 决裂:叛逆、对立和反抗(青少年初期);
5 转变过程中的考验:试验、学习(传授)和身份地位的改变(死亡和重生);

---

[1] 这种分化原理在《神谱》里提到过,天空之神乌拉诺斯(Ouranos)的儿子克洛诺斯(Chronos)在母亲盖亚(Gaia)的指使下,阉割了他的父亲,并把父亲的生殖器扔在了空中;乌拉诺斯生殖器的伤口流出的血像雨点一样落在大地和海面上,孕育出了其他的神(Grimal, 1963, 2007)。

6 社会聚合：在为集体完成任务后凯旋而归；"神圣"联姻和进入成年。

故事的开篇是神话和童话共同的开端。所有的故事都是以"从前……"开始，这就等于给故事设计一个陌生的地点和时间，好让听故事的人脱离自己所在时空的束缚。这有利于听者更好地融入其中，接受故事的教导。比如，诸神的住所奥林匹斯山就被描写成高高在上的宫殿，凡人无法企及。因此，故事发生的空间通常都是一个神奇如仙境般的地方，那里上演着丰功伟业或奇妙冒险的情节。森林往往是主人公通过魔法或超自然力量变身来获得一种新身份的地方。而城堡则一般是升级或社会祝圣的场所。

童年时期是神话和童话故事共同的第二阶段，通常会讲到主人公的父亲或母亲不在人世。这就给时间划定了界限，因为男主人公或女主人公命中注定要自己长大成人。故事讲到这里可能会出现一句话来预告主人公身上将发生的改变："他将娶国王的女儿，然后继承王位"……所以，这个童年时期并不是一个孤立的时间段，而是决裂、考验和转变的预备阶段。如果主人公小时候寄养在别人的家庭里，如俄狄浦斯（OEdipe）、海克力士（Héraclès[1]）……那他的养父母一定具有朴实和真诚的特点。他们代表自然（充满母爱的），并能帮助主人公强化个人品质。童年时期似乎没有冲突，没有危险（远离王宫中的阴谋、算计和邪恶）。正因如此，改变的开始和加速、英雄史诗般地到来、战斗或考验才会显得更加惊心动魄。

主人公固有的品质是他与生俱来的天赋异禀，在童年时期自然平和的环境中得到加强。这些天赋有时是深藏不露的，主人公反而显得体弱、渺小、衰弱或仅仅表现得迟钝、特别笨拙、涉世不

---

[1] 也叫 Herculc。

深、没有能力接受冒险的挑战。但是,他的才能(天赋)会表现得越来越突出;他会越来越远离自己原来的形象,他的转变会更加震撼人心,而他的价值也会更加毋庸置疑。这就是安徒生童话《丑小鸭》(这只除了妈妈不被任何人喜欢的小鸭子,注定要变成美丽的天鹅)要告诉我们的道理。同样,瘸子赫菲斯托斯[1]后来也恢复了地位,并因他在艺术和冶金方面的高超手艺和专业资格而出名。还有"双脚肿胀"(不幸的标志)的俄狄浦斯,等等。这些优良的品质可以由仙女(或教母)赐予,她们俯身在婴儿的摇篮上方,用自己的方式宣告婴儿的辉煌明天。这种父母形象将传递或遗留给孩子一些才能或品质,有时是一种传授。下面所说的也是一种建立亲子关系的方式:父母的遗传或外人的联想,因为有些外人觉得孩子和他的某个亲属(如一位受人喜欢或讨厌甚至正在坐牢的叔叔)身

---

[1] 赫菲斯托斯是宙斯和赫拉的儿子,但其他的传说认为赫拉独自诞育了儿子,而宙斯独自创造了雅典娜(Grimal, 2007)。赫拉生下赫菲斯托斯的事实受到另一个传统的反驳,根据这个传统,宙斯请求他的儿子匠神劈开他的头颅,雅典娜就从宙斯的头颅诞生了(Belfiore, 2003)。赫菲斯托斯被描写成一个跛子,这被看作是一个可怕的残疾。这个残疾可能是由跌伤所致,因为他的父亲宙斯在和他母亲赫拉吵了一架之后,就把他从奥林匹斯山上摔了下去,落到了利姆诺斯(Lemnos 或 Limnos)岛上。相反,《伊利亚特》则把这个残疾介绍成了他与生俱来的缺陷,而他的母亲赫拉也因此感到羞耻,把他藏匿起来。无论如何,接下来,赫菲斯托斯都会在远离奥林匹斯山的地方过上一段日子,他将被海洋女神忒提斯(Téthys)和欧里诺默(Eurynomé)收养,在一个海底岩洞里住上9年。他将学会主宰火和打铁的本领,并为两位女神打造出许多珠宝来感谢她们的养育之恩。为了向母亲报复,赫菲斯托斯将打造一个藏有机关的黄金宝座,谁坐上去都将无法脱身。事实上,他的确把宝座献给了母亲并成功困住了她,接着,无计可施的众神们不得不求助于他,并恢复了他的权利。就这样,他重新获得了在奥林匹斯山的地位。他也因为高超的手艺和精湛的打铁技能而受到了瞩目。

上有相同的特征。最后,还可能存在某些形式的自我分娩或不需双亲同时作用的诞生(如赫菲斯托斯、普罗米修斯、雅典娜、耶稣基督和叽哩咕[1])。也许,我们应该从中看到一种既离奇又有缺憾的降生方式;男性或女性精华的缺乏给孩子后来的生存带来了麻烦——这个麻烦体现在他真正踏入社会的时候。

决裂阶段也指青少年初期,这一时期的叛逆、对立和反抗标志着青少年期的开始。在这一阶段,故事的主人公——未来的英雄开始主动告别过去的自己,来表明自己已经不再是孩子了。叛逆意味着他(暂时)拒绝继续听命于大人,并希望发挥自由意志,开始接受冒险的考验。一次或多次的考验表现出一种强烈的个人意愿:通过接受危险的挑战来为自己和集体争取利益(如普罗米修斯的神话和他与宙斯的关系)。

第五阶段是考验和转变阶段。对男孩或男人而言,他们接受的考验往往表现为一种发生在外部环境中的雄性间的身体对抗,对手有时候是一个充满威胁的父亲形象(食人魔)。这样的对抗表现出二元性:可能会死/可能会赢。一旦接受失败,包括接受自己的失败,行为主体就能得到解脱,变得"圆满"。虽然考验是行为主体获得新身份的必经之路,但也必须以得到社会群体认同为前提。从这一点来说,故事的主人公接受考验,严格意义上也不能算是他个人的意愿。这种认同必须要考虑父亲形象,因为虽然他给主人公带来了威胁,但是没有他的存在[2],男孩就不可能转变成英雄

---

[1]《叽哩咕与女巫》,米歇尔·欧斯洛(Michel Ocelot)撰写并执导的动画电影,上映于1998年。

[2] 在古希腊城市西锡安举行过一场祭祀,人们杀了一头牛,这场祭祀给人类带来了好处,这件事或许可以用来解释这点,因为宙斯在这件事中起了同谋作用(Belfiore, 2003)。

(一个或几个母亲形象在这个过程中起着穿针引线的作用)。因此,一个考验要具有有效性,也必须伴随必要的社会学习过程。对女孩或女人们来说,这就意味着一个双重转变过程,即既有(自然的)"内在转变"和肉体转变,也有伴随生育发生的社会性转变,因为后者将关系到全社会。在转变的过程中,男孩或女孩往往会经由摆脱过去来证明自己的新身份。生命的失去或肉体的残缺[1](对女人来说,表现为在不受社会群体"掌控"和约束的情况下实施生育行为时面临的危险)使得女人被接纳成为女性团体的一分子。这些转变通常表现为一次或若干次死亡和重生,这意味着主人公身份地位的改变,更准确地说,性质的改变(以及开始意识到自己新的品质和才能)。我们将在下文中看到叽哩咕和女巫身上如何发生这种转变,另外,我们也建议您读一读对此有详细描述的小说《黑孩子》(Laye, 1953)[2]。这些变化(如社会地位的提升:成为国王或王子)不仅仅关系到主角,还关系到他(她)未来的另一半

---

[1] 象征性阉割理论(可能伴随着肉体的残缺)导致必须失去儿童时期身体的完整性和全能性(儿童时期的双性别表象)——在这里,这种损失因青春发育期男性或女性身体的变化而变得复杂。个体必须认识到这种缺失(即男性失去女性特征和女性失去男性特征),并在人际交往中寻找用来填补缺失的东西。

[2] 这是一段发生在主人公森林启蒙之旅后的重要故事情节:妈妈!我喊着。妈妈!是因为我不能靠得再近些,不能拥抱我的妈妈吗?是因为我们已经分开了那么久,而且将来还要分开得更久吗?除了喊"妈妈",我不知道自己还能做什么。再次见到妈妈让我欣喜若狂,但随之而来的打击却是那么突然而又陌生。我该怎样解释这种发生在我身上的变化带来的不安?和妈妈分开的时候,我还是个孩子。如今……可我真是个男人吗?……我是个男人!是的,我已经是个男人了!如今,阻隔在我和妈妈之间的,就是这个"男人"!我们的身体只隔了短短几米,而这个"男人"却让我们的心相隔千里。

5 神话和童话，青少年和冒险行为

(双重转变)和故事里的那些心理和身体都产生变化的父亲形象。这种身心变化在科洛迪的小说《木偶奇遇记》中得到了清晰的阐述，小说里面不仅有父亲的转变，还有"母亲"——蓝仙女[1]的转变。

第六阶段也是最后一个阶段，它首先是社会聚合的阶段，即在为集体完成某项任务后回归集体的阶段。亲子关系的力量(无论是生物的、象征性的、情感的还是文化的)驱使着行为主体为他所爱的人挺身而出或保护他所爱的人；他的拯救行为使整个集体得到解放或重生，就像春天周而复始地把自然从冬天"解救"出来。在这过程中的每个环节都是必不可少的。因此，在故事的最后，主人公回到自己的家，受到大家热烈的欢迎，享受凯旋的荣耀。社会聚合能让他的价值得到社会的承认，而个人经历冒险所得到的益处也归于他所融入的集体，比如赫菲斯托斯，他恢复了自己在奥林匹斯山的地位，又向仍然听命于宙斯的普罗米修斯道了歉。赫菲斯托斯和普罗米修斯都为高于个人利益的原因而努力，那就是人类。新社会身份的获得可以表现为不同的形式，比如在《木偶奇遇记》中，匹诺曹学会认字(会读会写)，变成一个聪明好学的普通学生。需要强调的是，关于传统社会的童话故事很可能是与"土地"相关的故事，在这样的故事

---

[1]《匹诺曹》讲的是一个与神话《约拿与鲸鱼》相似的吞没仪式；约拿是上帝在人间的信使。在匹诺曹的故事里，父亲杰佩拖(Gepetto)想要让他的木偶活起来的愿望只有在蓝仙女这个母性形象的帮助下才能实现，所以，蓝仙女就是匹诺曹的母亲。这一点在小说里说得很明白，蓝仙女先是匹诺曹的姐姐(刻在他墓碑上)，然后才是他的母亲。从另一个层面来说，父亲那代表着象征性社会法则的职能只有通过母亲这个媒介才能起作用，又或许，上帝的作用也只有通过圣灵(母性的)降临才能体现出来。

里,四季的地位是神圣的,生命的循环直接关系到播种、饥饿或干旱的基本问题。这让我们联想到所有以泉水枯竭,河水干涸,果树绝收等开篇的故事(如迪士尼的《狮子王》[1])。第六阶段的结尾通常是一个"神圣"联姻("他们有了很多的孩子,过着幸福的生活"),这样的故事结局赋予了主人公夫妇传宗接代的使命(成为未来的主人公的父母),标志着主人公长大成人,也保证了他所在集体的生生不息。

在上述论述中,我们看到神话、童话和冒险行为之间有着密切的关系。青少年身体的青春发育和性别化标志着一个必要的决裂,这个决裂使得青少年摆脱父亲形象的束缚,拥有自己的个性和身份,就像童话故事里讲的主人公与过去的自己诀别,实现他期待已久的光辉未来那样。这种与过去的疏远标志着心理和行为的自主,它将和自由意志、经历和考验的获得一起证明青少年(主人公)的价值,并使他完成转变。以上几个环节只有让青少年最终以新的身份融入原来的集体才算有意义。决裂和冒险行为的出现只是暂时性的。对青少年来说,重要的是把继承自父辈,并由他个人经历丰富过的价值观传承下去。父母亲和身边人也会因此感受到自己的转变。他们也会面对生命的有限性,并试着接受各自的地位和作用。

家庭中的主要角色:父亲和儿子,母亲和女儿

在上文中,我们把青少年期与神话和童话故事中有挑战性的

---

[1]《狮子王》取材于的手冢治虫1951年的作品《森林大帝》和威廉·莎士比亚1603年发表的作品《哈姆雷特》。

环节进行了比较,来找出两者的相近之处。在阅读接下来的这段论述之前,最好先读一读第一章第二节的内容,尤其是与父母的敌对和父母的危机那一部分。我们所谈的儿子和女儿角色,主要指青少年(已届青春发育期的人)而非儿童。我们也会发现,即使主人公(在转变之前)有着儿童的外貌特征,他们的行为实际上已经像"青少年"那样了。

以下是故事中的主要人物和他们的二元形象:
1 男主人公:英雄般的儿子/心理矛盾的儿子;
2 父亲:可怕的父亲——食人魔/慈父;
3 母亲:可怕的母亲/慈母;
4 女主人公:神圣不可侵犯的女人/心理矛盾的女人

英雄般的男主人公形象(1a)是众所周知的,因为人们对这种形象非常熟悉。在上文中,我们也已经提到了好几次。他常常会面临险境,并通过战胜险境成为英雄。即使他没有什么攻克难关的法宝,他天生的善良、可爱也会让他逢凶化吉。传统的男性启蒙表现为一种与强者的对抗,这些强者对主人公构成威胁,但战胜他们也让主人公得到成长。这种启蒙象征着死亡和重生。当主人公遇到他未来的另一半,他往往需要解救她;这是一种把她从过去的处境——也就是父母亲手里夺过来的方式。赫拉克勒斯很好地代表了英雄的形象,因为他是那么富有力量和勇气。

"心理矛盾的儿子"形象(1b)极少被人们提及。这样的例子有普罗米修斯和俄狄浦斯,但我们在此只举一个大家更熟悉的例子:安纳金·天行者。在《星球大战》中,他后来成了黑武士达斯·维达。他既是乔治·卢卡斯星战系列电影(从1977年到2005年一共拍摄了6部)的真正主角,也被一个绝地预言选中,在第6部中,他亲手杀死了帕尔帕庭,实现了这个预言。他代表着一个复杂的人物形象。他本性善良,但一旦受到干扰就会变得咄咄逼人,他听命、臣服于上级,有时却也会表现得野蛮而冲动。在他的身上,正义与邪恶的力量("力量的黑暗面")并存。这一点我们将在下一小节中再谈。

在神话和童话故事中,尤其是在与男主人公正面交锋的情节里,大部分出现的都是可怕的父亲形象,即食人魔,而慈父的形象(2a)却极少出现[1]。"慈父"可能仅仅是个部分的、零碎的或分离的形象(如在远离俄狄浦斯亲生父亲的地方把他抚养长大的波里玻斯)。分离行为人为地分开了主人公儿童时期善良单纯的父亲形象和青少年期以及长大成人过程中变得越来越复杂可怕(食人魔)的父亲形象。

"吃人的"或可怕的父亲(2b),即食人魔的形象,是无所不能、无所不知的。就像上帝一样,什么东西都瞒不过他。如果他甘心受人欺骗或愚弄,那显然是他默许的[2]。他可以直接威胁不听话、叛逆的孩子,甚至吞下孩子来维护自己的地位,比如克罗诺斯[3]就吞吃了自己所有的孩子,只有宙斯被吐了出来,后来取代了父亲的位子。由此我们看出,问题的关键,在于儿子对父亲的取

---

[1] 除了那些被电影屡次解读并最终改编的故事版本(比如迪士尼电影中的故事)以外。即使是圣诞老人,也可能是一个严厉的或抡着鞭子的父亲;见圣尼古拉神话。

[2] 如在《雅克和魔豆》中,食人魔的妻子向丈夫解释说是因为她烧了一只鸡,而食人魔选择了相信。

[3] 即罗马神话里的萨图恩(Saturne)。

代,也就是儿子对父亲形成的威胁。这让我们想到弗洛伊德(Freud,1969)用来阐述他的冲动理论的俄狄浦斯神话。正如我们所知,俄狄浦斯的父亲拉伊俄斯(Laïos,当时的忒拜国王)为了避免"会被自己的儿子杀死"的神谕成真,抛弃了俄狄浦斯。《星球大战》的神话同样也对父子之间的复杂关系做了很好的诠释。安纳金·天行者或达斯·维达——Darth Vader,派生自"黑暗父亲"(Dark father)——与儿子卢克·天行者是敌人,他砍了儿子的右手,使他也像自己一样断了手。他原可以让儿子被杀,但他最终选择了解救儿子,并通过牺牲自己来表达对儿子的爱和让儿子活下去的意愿。他接受了自己的命运(完全实现了绝地预言),让一切力量都恢复了平静。这种"两代人之间的对抗"一直存在,直到父亲接受被孩子"超越"的现实,让生命的循环得以延续。达斯·维达也是一个无所不知的父亲,他能感受到"力量"[1](或者像他儿子那样的力量拥有者)的出现。

慈母的形象(3a)是"引渡者",她让儿子得以面对可怕的父亲。这就是食人魔的妻子。她总是那么热情好客,她让男主人公在食人魔回来之前藏起来或恢复体力。这种回到母亲子宫(regressus ad utérum)的形象比喻,在《木偶奇遇记》中清晰地表现为匹诺曹被母鲸——或其他雌性鱼类吞进肚子。匹诺曹在鲸鱼肚子里看到它巨大的器官……就像孩子在妈妈的身体内观察着一切,直到在分娩时被排出母体。这个"引渡者"母亲就这样维系着父子之间的关系,并让父亲接受其地位的改变。这种改变来自父母亲共同完

---

[1] 就像食人魔闻到了活肉的味道。

成的一个动作——如再次分娩。

可怕的母亲形象(3b)通常是后母的形象,主要对青少年期的女孩或女主人公下手,如《白雪公主》或《灰姑娘》。这样的母性形象也同样是某种形式的剥离的结果,通过剥离[1],故事里面出现了一个反对女儿因青春发育而变得美丽,害怕被女儿取代的母亲。

青少年期女孩——女主人公的形象(4)是最复杂、最有趣的;她是"圣女"或是一个矛盾的女人。我们已经知道,青春期少女的转变既有内在的(身体的),也有社会的。这些变化与自然密不可分,当她身体发生改变时,整个自然也在跟着改变。其中的一个基本要素就是生育能力的获得,但这个生育能力是为社会群体服务的。在女人还是"单身"(青少年、未婚)时,她有着"桀骜不驯"的品性,她是危险的,因为她可以吸引男人们,让他们对自己俯首称臣。

在动画片《叽哩咕与女巫》中,我们清楚地看到卡巴拉(女巫)这个人物实际上代表着自由女性,因为她没有丈夫,当然也没有孩子。她也不像是有祖先的人。就在叽哩咕把毒刺从她背上拔出(象征性阉割的比喻)的那一天,她变了。大地开出了鲜花来庆贺她重获新生,但这是一种"被征服"的重生(在故事中被叽哩咕征服)。从那时起,她就不再危险,而被她奴役的那些男人(吉祥物)也将得到解放。跟她类似的,还有同样以引诱男人,把男人引入歧途的洛丽塔(Lolita),即莉

---

[1] 这让母亲的形象得以保留,而孩子身上消极或挑衅的冲动又将投射到后母的身上(Bettelheim, 1976)。

莉丝(Lilith)[1],或更简单来说:潘多拉和夏娃。

因此,女性启蒙旨在"驯化"(征服)青春发育期女性的矛盾性和危险性。只有中和了她身上的危险元素,才能让她融入集体。这个"手术"可以象征性地表现为隔离、隐居或隐退在一个小茅屋里,远离村民;她在隐居地的生活起居必须受到社会法规准则的制约;她可能会被要求穿上带有宗教仪式色彩的衣服。比如,在刚果的南部——刚果(布)——有一个巴贡果(Bacongo)族群,其下属的巴维利(Bavili)人和玛由贝(Mayombe)人至今仍保留着关于女性成年的习俗 tchikumbi。在这个仪式中,女孩会在月经初潮[2]之后的几周到几个月里被隔离起来。

她们浑身被涂上红色的乳霜[3]。繁殖生命是危险的,必须

---

[1]《洛丽塔》,纳博科夫所著长篇小说(Nabokov, 1955)。洛丽塔的原型是莉莉丝。莉莉丝是亚当的第一个女人,也是夏娃之前的第一个女人。莉莉丝的神话非常古老,代表了典型的矛盾女性形象。后来,莉莉丝变成了一个性感的魔鬼,她的形象与夏娃截然相反:其一,莉莉丝是性感的女魔,具有不可抗拒的魅力,但不生育;其二,夏娃是被男人征服的女人,是男人的理想妻子,而且能生儿育女。从某种程度上来说,夏娃和莉莉丝有着圣女和妓女之间的区别。夏娃的形象,虽然也是一个矛盾综合体,但总体表现出某种单纯和天真。这一点从另一个方面反映了她和洛丽塔的不同,后者兼具美貌和魔鬼的手段(充满邪恶的美貌)。她或许还是撒旦的一个仆人。另外,我们还会发现,借助圣经(比如大量的神话和童话故事中提到的),基督教更多呈现的是善恶分明的形象。比如,父亲的形象就是一个人人顺从的上帝,夏娃和圣母玛丽亚的形象则和耶稣基督一样"圣洁",夏娃受到魔鬼使者蛇的欺骗,耶稣只会以一个善良、甘于牺牲自己奉献他人的形象出现。但他原本是"光之使者"(路西法),后来这种叫法被教会摒弃了,之后这个名字只和撒旦有关。而给予他生命的普罗米修斯的形象始终更为复杂,更加矛盾。

[2](青春发育期)头几次月经的到来。

[3] 这种颜色是由红色紫檀木粉和棕榈油制成的红色乳霜 tukula 的颜色。

遵循一定的规矩。无论男女,当然更重要的是女人,必须在性和饮食上受到严格的束缚,不守礼教的人可能给整个集体(即所有生命体)带来厄运——在集体内,自然和社会的生存法则既互相对立又互为补充(Hagenbucher-Sacripanti,1973)。在 tchikumbi 习俗中,举行性启蒙和生殖仪式的目的是让那些完成发育、达到婚龄的女性纳入集体,并教导她们遵循那些伴随一生的戒律。正如我们在前文中提到的那样,传统的启蒙仪式在于驯化女性的矛盾和危险属性,以及这些属性与自然界各个方面之间的关系:性行为与繁殖,土地和生产,食物和烹饪。女人会把正生命力(生殖能力)转变成负生命力(有传染性的不纯洁因素,其中的经血和尿液包含着一些危险的带菌体)——"生命之血变成了肮脏和污秽之血"(Balandier,1988)。一个不曾生育孩子的处女不能进入圣地。与人发生过性关系的男人不能触摸法器。同样的情况也出现在经济活动中:月经和怀孕期会破坏狩猎和渔猎。这种偏见来自神灵赋予女性的生殖能力,因为女性的生殖能力可能降低其丈夫所从事的经济活动的生产能力(Hagenbucher-Sacripanti,1973,1992)。

即使在今天的法国,人们依然禁止处于行经期的妇女参与葡萄酒的发酵过程[1],也不允许她们靠近正在修建的隧道。当然,我们也可以就这一点和我们所熟悉的那些童话故事做个类比。

一方面,遇到那只假装成外婆(或许是母亲?)的狼,然后被狼吃掉的小红帽,还有逃难到森林的白雪公主吃到的那只有毒的红苹果,都象征着生殖与红色的关系(月经)(Bettelheim,1976)。另一方面,浑身是灰的灰姑娘、森林中的睡美人,还有为了掩盖自己

---

[1] 至少在法国中央大区希农镇的部分地区是这样。

那吸引父亲的美貌而披上动物皮囊的驴皮公主,都是女主人公在青春发育期因为沉睡而隐居一隅或被遗忘在一边的例子。

在进入生育期,和男人的关系发生变化的过程中,这些年轻的女人必须面对"青春发育溢出"(即月经)带来的各种可能的后果。森林显然是一个具有魔力的地方,它远离村庄,远离城堡。在文学作品中,具有矛盾性的女性形象数不胜数,因为她们和女性特征有着不可分割的关系。如阴道长牙、珀尔修斯的神话和蛇发女怪美杜萨的神话——她能石化与她对视的男人。

男性童话或女性童话的分析

男性童话或男性启蒙

上文中,我们已经列出了一系列童话分析的要素,此处只取其中几个来分析一则男性启蒙故事:《魔鬼的三根金发》(Grimm & Grimm,1913)[1]。

> **《魔鬼的三根金发》故事分析**
>
> 在这个故事里,我们很容易就能看出前文中明确过的童话故事的几个主要阶段。但是,我们还是可以讨论一下通过仪式特殊的三部曲模式(Van Gennep,1909):①从主人公出生到他见到国王前的准备阶段,见到国王象征着他与原先生活环境的分离;②一系列的考验,这些考验将使他面对各种各样的变化甚

---

[1] 参见网址:http://www.grimmstories.com/fr/grimm_contes/les_trois_cheveux_d-or_du_diable.

至象征性的死亡;③回到他心爱之人身边并真正成为大人的阶段。这三个阶段,开始前阶段、开始阶段和开始后阶段也可以另称为准备阶段、前后两种身份之间的空白或等待阶段、融入新身份阶段。

　　故事一开始就交代了主人公小时候的家庭背景(出身于贫苦人家的男孩)和他的王者身份象征(生来就"头上有胎膜",即吉星高照)。看见的人都预言他有一个上天注定的命运:和国王的女儿结婚,然后成为国王。国王听说这个生来鸿运当头的孩子后,就做出了想要淹死他的举动。但是,他在大自然仁慈的帮助下,被一对夫妇收养。这对夫妇自己没有孩子,就把他当成亲生儿子悉心照料,他的命运也就继续朝着预先设定的方向发展。他的童年在大自然的怀抱里过得无忧无虑,他身上真正的优良品质越来越突出,他是那么纯朴、正直、真诚、率真和善良。在上天的指引下,国王再一次不得不正视自己的命运,他在重遇这个孩子的时候很快就认出了他。国王决定再次下手,他叫这个孩子替他把一封写在羊皮纸上的信送去城堡,信里写着立即杀掉送信人的命令,因为他不想看到预言成真。于是,主人公带着国王杀害他的企图第一次踏入森林,又在森林里得救:一个强盗头子改了信里密不可告的内容。国王和强盗头子就好比是他的两个父亲,一个要杀他,一个却要救他。而此时出现的一个女人首次扮演了母亲和"引渡者"的双重角色,正是在她的引导下强盗头子修改了信的内容。当然,故事里还有另一些善良的女性也扮演了母亲般的角色:王后和魔鬼的"女主人"。

　　于是,第一次计划失败的国王又想出了第二个点子,好让自已摆脱这个年轻人的阴影(这是第三次下毒手)。他要年轻人去取魔鬼的三根金头发[1]。这次冒险关系着三个待解的谜团[2]。提出前两个谜的是一些卫兵,他们驻守在两个村庄里,这两个村庄曾经也欣欣向荣(一个有口原来会冒出酒如今已经干涸的喷泉,另一个有棵原来会结出金苹果如今什么也不结的苹果树),但如今就像"死亡"或"贫瘠"之地。第三个谜是一个在河上(相当于卢比肯河)摆渡的船夫提出的。带着这三个谜,主人公经历了最后的考验——去见魔鬼。魔鬼所住的洞穴是一个通往地狱的入口(就像希腊神话《俄耳甫斯与欧律狄刻》里的那样)。这就像是一个通往死亡的仪式,又像是一个启蒙仪式,在这个仪式里,主人公将从父亲(魔鬼)那里受到一次教育:得到能够帮他保住性命的三个答案[3]。魔鬼的女主人把主人公变成一只蚂蚁藏在她外衣的褶皱处。

这是一个吞没仪式,如同回到了"母亲的子宫"。她在他父亲的帮助下把他"生下来"。虽然魔鬼有通晓一切的本领(他回到家后立刻就闻到了人肉的气味——他"知道"),但是他

---

[1] 在另一个故事版本《太阳的三根金发》里,指太阳的三束光。这个版本说是三个老妇人(仙女)俯身看着摇篮里的孩子,孩子的母亲刚刚因为生产而死去,她们预言了孩子的锦绣前程,但也表示,只有先经历重重危难成功脱险,成就一番丰功伟业,并和国王的女儿结合预言才能成真。这个故事的配图描绘了孩子的父亲,对面是在森林中避难的国王;两人长得一模一样(父亲的双重形象),只有看他们身上的衣服才能辨认出来。

[2] 只有解开之后才能放主人公继续前进的谜,如狮身人面像之谜。

[3] 在《雅克和魔豆》这个故事里,雅克需要从食人魔那里取得一些宝藏才能过上衣食无忧的生活,更重要的是,只有这样才能获得打开幸运之门的钥匙。

还是心甘情愿地被女主人骗着回答了她的三个问题。

魔鬼的回来能够带给女主人和年轻人想知道的答案,有了这些答案,两个饱受贫瘠和死亡之苦的村庄就能恢复生机。这也是一个季节性的比喻,只有冬天过后春天才能回来,两者不可分割,就像去腐才能生肌,衰退之后才能重新壮大。年轻人代表重生,或更准确地说,新的开始(生命的循环)。故事的主人公准备为此奉献自己。他回到人间,给所有人带去了自由和解放。直到得到父亲(国王)和社会群体的肯定(后来让他当了国王),他的任务才算真的完成。之后,他和公主终于可以结婚,生自己的孩子。魔鬼作为具有潜在威胁的父亲形象,同样允许他的儿子成了真正的男人和自己的接班人。当年轻人从冒险和奇遇中回来,他拥有了新的独特经历,这些经历在故事中被比喻成了物质财富(驮满金子的驴)。这次凯旋可以促成社会融合,也就是说让主人公融入到更高级的身份中去。然而,国王虽然承认了年轻人的成功,也宣布他和公主的婚姻有效(两个年轻人早已认定了对方),却因为贪欲和对女婿的嫉妒而决定踏上自己的寻宝之路。这种对命运的违抗将使他陷入万劫不复。不甘心接受新身份的他最后在日复一日的船夫生涯中如囚徒般消耗完了自己的一生。

女性童话或女性启蒙

关于女性仪式部分,我们选择了一部离现在较近的动画电影《叽哩咕与女巫》,因为这部电影较有名气,也谈到了正义与邪恶相矛盾的女性特征问题。

《叽哩咕与女巫》

影片中，叽哩咕出生在西非的一个村子里，美丽、神秘又凶残的卡拉巴给这个村子带来了厄运：水源枯竭，村子里的男人们都不见了，女人们必须向卡拉巴进贡金饰。

叽哩咕是自己从娘胎里蹦出来的，还在妈妈肚子里的时候他就会说话。出生之后，他决定向卡拉巴发起挑战，无视她的神力和她"吞食"男人的事实。他想拯救村子，还想知道是什么让她如此凶恶。

影片的分析

影片一开始，就上演了一个孩子——叽哩咕的诞生过程，这个孩子一生下来就有了自主能力：他自己从妈妈肚子里蹦出来，自己清洁身体，还自己做了一些决定，表现出他的早熟以及辨别是非和思考的能力。所以，他也不能算是个真正的孩子，虽然在接受启蒙之前他还是个小孩，但他的心智俨然已经达到一个青少年的水平。他个子虽小，却想为自己提出的问题找到答案（求知的欲望或认识世界的欲望），首先，他要找出泉水枯竭的原因。他爬进通过地道插入山里的引流管，杀死了"挡住"水源的动物。为此，他冒了失去生命的风险，村子里的人都坚信他被淹死了，直到看到他被重新喷涌而出的泉水从山里"冲"了出来。这是他第一次真正意义上的出生，而之前的那一次不过是一个人的自我分娩。那时的他看上去像是个死去的新生儿，是他的母亲用温柔的抚摸和呼唤让他起死回生。肺里的水被吐了出来，他恢复了呼吸。这是一次真正的分娩，一次"社会性的诞生"；这个孩子不再属于他母亲一个人，而是一笔造福全村的财富。他因为解除了水源枯竭的诅咒而被村民们奉为英雄。人们赞扬着他的英勇和智慧。这种赞扬也可以说是向后人传达必要价值观的一种方式(口头传达)。

从侍从那里得知这件事的卡拉巴愤怒极了,她开始关注叽哩咕的一举一动。这是整部影片唯一能自然地吸引和诱惑叽哩咕的"女人"。其他的女性角色不是母亲就是小女孩。同样,叽哩咕也是唯一的"男人";剩下的那些男性中除了小男孩,就只有一个老人和他尚年轻的叔叔。卡拉巴浑身上下都是征服男人的法宝,但那些都是有侵略性和危险性的;她那过度的女性化特征使她成为一个雌雄同体的人;她的乳房是尖尖的,而村子里女人们的则是圆圆的。她远离村庄,独自住在一个小屋里,禁止任何人靠近。她有一群被剥夺权利的侍从。虽然故事中并未这样说,但她的确是与世隔绝的。这也是一个爱情故事,故事里的男女主角直到两人都受到启蒙之后才能相遇(在相互为对方做出改变之前,恋爱关系不可能成立)。

当然,叽哩咕也有别的奇遇,他多次冒生命的危险,也无数次证明自己的能力。每一次,他都受到母亲的引导和鼓励。是母亲说他必须去向住在地洞里的祖父求教(父亲形象的代代相传)。已经去世的祖先在故事中出现,让我们想象他照看着村子和自己的家人。经过数次航海旅行,叽哩咕成功接近卡拉巴并摸清她的本事,然后才和她正面交锋。他用自己埋在地下的金子成功吸引了卡拉巴,趁机扑上去拔掉了她背上的毒刺,也只有在如此亲密的接触下才能碰到这根毒刺。这既是结合的情景,也是一种为她解除痛苦的阉割形式。卡巴拉失去了给她带来不幸的法力。她洗心革面，宛如新生；她开始温柔地对待叽哩咕；大自然鲜花盛开（此处暗喻新生命的繁衍）。这次，该轮到她选择叽哩咕并爱上他了。他们互相需要又互为补充。她愿意拥抱他，让他获得自由。他就出落成真正的男人。然后，她为自己和他都穿戴上了金饰，人们将这理解成美丽和青春的象征。

从此，他们成了一对夫妻。但是接纳、名分、性行为和婚姻并非来自个体的选择，而是社会组织活动的一部分（必须由村民来决定）。当他们回村时，叽哩咕已经不再是小孩子，他长成了大男人。人们起初并没认出他们，叽哩咕就向母亲求助，希望母亲能认出自己。这也是一种重生和亲子关系的建立。母亲叫了他"我的儿子"。卡巴拉也必须证明自己已痛改前非，丝毫不会伤害村民。她已经不是那个会吃男人、损人利己的凶女人了。从那时起，她就是一个真正的女人，一个只属于一个男人的可爱妻子。她再次融入了一个社会群体并和她的丈夫一起在那里生活。村子里的男人曾被卡巴拉变成玩偶来服侍她，现在他们终于可以回来了。女人们重新见到了整部影片中直到那时才出现的丈夫（叽哩咕是在一群女人中长大的），孩子们也重新见到了他们的父亲。人们举行庆祝活动，来祝贺两人同时得到集体的接纳，结成能造福集体的合法夫妻。在这对夫妻的帮助下，村庄恢复了往昔的活力，物产重新变得丰富。瞧，庆祝活动开始了！

故事讲完了，最后，我们需要进一步思考的是，神话和童话里男孩女孩之间的差异与现实生活中青少年冒险行为的性别差异究竟有多少相似性。

II 几种行为的精神病理学分析

6	精神兴奋药物的使用和成瘾行为	093
7	冒险性性行为	123
8	青少年期行为障碍和暴力行为	136
9	机动车辆危险驾驶行为	149
10	运动和家庭意外事故	153
11	躯体化障碍和身体疼痛	157
12	自残行为	164
13	"受暴"行为	174
14	进食障碍	179
15	学习心理障碍	187
16	精神病理性行为和冒险行为	197

仅仅简单地介绍少数几种与青少年期冒险行为概念相关的行为必然是不够的。因为一方面，冒险行为概念的解释尚不充分；另一方面，这些行为与更具有普遍意义和可操作性的方法之间的关系也缺乏分析。青少年不一定会意识到自己行为的意义。对每种行为作这样的介绍显然是不完整的。

6
精神兴奋药物的使用和成瘾行为

烟　草

吸烟

精神药物的使用和依赖应该算是一种冒险行为,其危害虽然不是即时性的,却能长期作用于人体。青少年明明知道烟草、酒精和大麻的危害[1],但还是会经常碰这些东西。这些吸食行为能够传递给同伴和父母强有力的信息,证明自己已经长大了。我们会发现,过早开始过重的吸烟行为往往预示着此类冒险行为的开始(Takakura, Ueji, & Sakihara, 2001)。

吸烟行为开始于青少年期(Everett et al., 1999; Harrell, Bangdiwala, Deng, Webb, & Bradley, 1998; Lando et al., 1999)。2008 年的"国防征召日健康及行为调查"(ESCAPAD)[2]

---

[1] 这里我们想到烟盒上出现的法定标识"吸烟祸及生命"。卫生部也颁布法令,允许在烟盒的其中一面贴上有冲击力的照片(如唇癌的照片),而另一面则用来写上已经生效的卫生条例。

[2] 国防征召日健康及行为调查(ESCAPAD)每年举行一次,由法国国务部协办,是一项在国防征召日(JAPD)进行的健康和行为调查,也是针对所有在校和不在校的 17 岁法国人进行的调查。调查的主要内容为健康状况、毒品使用和生活方式。

指出,初次吸烟的平均年龄男孩为 13.4 岁,女孩为 13.7 岁(Legleye, Spilka, Le Nézet, & Laffiteau, 2009)。还有相当一部分未到青少年期的儿童,即 12 岁之前,(O'Loughlin, Paradis, Renaud, & Gomez, 1998)或刚进入青少年期(11—13 岁)就开始吸烟,不过比例有所降低。根据 2006 年在法国举行的"学龄儿童健康行为调查"(HBSC)[1],8%的 11 岁儿童声称自己有吸烟行为(男孩10%,女孩5%),这个比例在 13 岁人群中则是 29%。吸烟行为随着年龄增长迅速增多,但比以前有所降低:55%的 15 岁人群吸烟(Legleye, Spilka, Nézet, Beck, & Godeau, 2008);70.7%的 17 岁人群吸烟(Legleye, Spilka, Le Nézet, & Laffiteau, 2009)。不常吸烟者(声称自己偶尔吸烟)的比例也降低了,在 12—15 岁人群中,从 2000 年的 14.4%降到了 2005 年的 8.6%;在 16—19 岁人群中,则从 2000 年的 43.9%降到了 2005 年的 34.2%(Peretti-Watel, Beck, & Wilquin, 2008)。同样,经常吸烟者的比例也有了明显的降低,在 17 岁人群中,每天吸烟者从 2000 年的 41.1%降到了 2008 年的 28.9%,而重度吸烟者(每天超过 10 支)[2]则从 2000 年的 11.9%降到了 2008 年的 7.7%(Legleye, Spilka, Le Nézet, & Laffiteau, 2009)。"欧洲酒精和其他毒品学校调查项目"(ESPAD)[3]证实了吸烟人数的明显减少,包括

---

[1] 学龄儿童健康行为调查(HBSC)每年在 41 个西方国家或地区举行。2006 年,第二次在全国范围内对 11、13 和 15 岁的法国本土学生的健康状况和使用精神兴奋药物情况进行了调查。

[2] 现有的 12—15 岁男性吸烟者平均每天消耗 6.4 支烟,女性为 3.5 支,16—19 岁的男女分别为 8.4 支和 8.3 支(Peretti-Watel, et al., 2008)。

[3] 欧洲酒精和其他毒品学校调查项目(ESPAD)每两年举行一次,主要观察 35 个欧洲国家 16 岁青少年的酒精和其他药物使用情况,这已经是法国连续第三次参加这项调查。

从1999年到2007年每天吸烟者人数的减少(Legleye, Spilka, Le Nézet, Hassler, & Choquet, 2009)。

2000年,12—17岁的女孩吸烟成瘾的比例高于男孩,分别为26.4%和20.9%,但是到了2005年,这个差距就没有那么明显了(女孩16.7%,男孩15.6%)。2000年和2005年,在18—19岁的人群中,男女比例都基本持平,接下来,男孩开始占多数(Peretti-Watel, et al., 2008)。因此,我们所观察到的青少年吸烟比例的下降主要集中在这一年龄段,且在女孩身上更为明显,而男性人群中吸烟者的比例并不随着年龄增长而降低。

青少年吸烟成瘾的共病因素或诱因

经常吸烟的青少年会把这个习惯延续到成年期,过早吸烟(从童年或少年时期开始)甚至预示着后来的吸烟成瘾(Chabrol et al., 2000; Chassin, Presson, Rose, & Sherman, 1996; Lewinsohn, Rohde, & Brown, 1999; Moolchan, Ernst, & Henningfield, 2000),其他精神兴奋药物(酒精、大麻或其他违禁药品)亦如此(Agrawal & Lynskey, 2008; Jakson, Sher, Cooper, & Wood, 2002; Ledoux, Sizaret, Hassler, & Choquet, 2000)。相反,天天吸烟的情况在晚接触者的身上更为罕见(Legleye, Spilka, Le Nézet, & Laffiteau, 2009)。更广义上说,这反映并遵循着一个普遍模型("入门理论"),即从一开始的服用"合法"药品(如烟草和酒精)逐级递增,直至最后的吸食违禁药品,如海洛因、可卡因等(D. Kandel & Faust, 1975; D. B. Kandel, Yamaguchi, & Chen, 1992)。在吸烟的尝试阶段(最初两年)之后,就会开始无节制地吸烟,直到发展成烟草依赖症。身体上的依赖很可能产生得更早，在开始吸烟的头半年就形成了(Gervais, O'Loughlin, Meshefedjian, Bancej, & Tremblay, 2006)。吸烟习惯的迅速养成和戒烟的困难程度(由犯烟瘾的症状决定)大大增加了将来发展成习惯性吸烟者的可能(Chassin, Presson, Sherman, & Edwards, 1990; Stanton, 1995)。

造成儿童和青少年开始吸烟的因素既取决于行为主体自身的特点，也取决于他(她)所处社会环境的特点。我们首先要强调的是，生物遗传因素也会影响青少年何时开始吸烟，并加大日后患烟草依赖症的风险(Carmelli, Swan, Robinette, & Fabsitz, 1992; Sullivan & Kendler, 1999; True et al., 1999)。在青少年吸烟者，尤其是12—15岁的女孩身上，焦虑和抑郁的情况更为普遍(Peretti-Watel, et al., 2008)。我们也注意到烟草在抗焦虑，防抑郁，放松精神上的作用(Legleye, Spilka, Le Nézet, & Laffiteau, 2009);为数不少的经常吸烟者每当想要排解压力时就会吸烟。在各种因素中，我们发现家庭环境同样起着重要作用。家庭的特点早在童年期就可能引起吸烟的风险，也包括其他的行为障碍(Fleming, Kim, Harachi, & Catalano, 2002)。11—12岁之前，家庭中有人吸烟的情况会诱使孩子接触烟草，而已经有吸烟行为的孩子更是往往来自满是烟鬼的家庭(R.Courtois et al., 2007; Garrigue, Cetre, Khalatbari, Ritter, & Sepetjan, 1993)。越常看到父母吸烟的孩子越容易成为烟民;比起父母不吸烟的孩子，他们对烟草的立场常常更加矛盾，没有那么消极，也就更容易沾染吸烟行为。

家庭成员的互动水平同样被当成年轻人吸烟的预示因素来研究(Bertrand & Abernathy, 1993; Hops, Tildesley, Lichtenstein, Ary, & Sherman, 1990)。教育和行使父母权力的方式也是造成年轻人吸烟成瘾的决定因素(Biglan, Duncan, Ary, & Smolkowski, 1995; R.Courtois, Caudrelier, et al., 2007; Vitaro, Baillargeon, Pelletier, Janosz, & Gagnon, 1996)。在对孩子控制较少或取消情感约束的家庭中,青少年吸烟的情况更为普遍。与消极教育和放任自由型的家庭相反,细心周到的家庭教育似乎能更好地保护青少年免受烟草和其他精神兴奋药物的毒害。家庭关系的破裂,如父母离婚或分居,同样可能导致孩子接触烟草(Glendinning, Shucksmith, & Hendry, 1997; Peretti-Watel, et al., 2008)。

我们知道家庭在决定和预示儿童吸烟行为方面起着重要的作用。但是,在青少年期,家庭对精神类药物使用的影响逐渐削弱,取而代之的是同伴的影响。这时候开始的吸烟行为很大程度上是由同伴中的吸烟者诱发的(Newcomb, Maddahian, & Bentler, 1986)。同伴作用是引发首次吸烟行为的首要因素,男孩女孩均如此(Killen et al., 1997)。它之所以构成开始吸烟的决定因素,是因为同伴的影响造成了一个吸烟成瘾"可以被接受"的环境(Allegrant, O'Rourke, & Tuncalp, 1997; Murray, Swan, Johnson, & Bewley, 1983)。有着大批烟民朋友的青少年极有可能接触烟草。如果最好的朋友吸烟,则自己尝试吸烟的风险会增加到三倍(O'Byrne, Haddock, & Poston, 2002)。10岁之前,这个风险还没有那么高,因为同龄人中很少有人吸烟,尤其是孩子们主要在学校这个严禁吸烟的场所内活动(Garrigue, et al., 1993)。只有在年纪稍大的孩子身上,同伴的作用才会突显出来,即从青少年期开始(Urberg, Shyu, & Liang, 1990)。最近几次全法普查的调查结果需要用相对的眼光予以看待(Legleye, Spilka, Le Nézet, & Laffitcau, 2009)。

青少年期冒险行为

对于青少年来说，还需要考虑平日烦恼和生活琐事的影响（R. Courtois, Réveillère, Paus, Berton, & Jouint, 2007; Réveillère & Courtois, 2007），更广泛地说，与自我建构有关因素的影响。此外，获取烟草的容易性显然也是一个重要参数。2007年，70%的学生认为自己容易获取香烟（Legleye, Spilka, Le Nézet, Hassler, et al., 2009）。还有一些因素也影响着儿童和青少年的吸烟行为，如学业失败和退学，这些可能加大学生脱离社会化、被社会排斥的风险。生活中的不稳定因素加强了求助于精神兴奋药物的欲望（Bello, Toufik, & Gandilhon, 2001; Legleye, Spilka, Le Nézet, & Laffiteau, 2009）。最后，我们还要强调社会刻板印象的力量，社会普遍倾向于认为吸烟能增强男子气概（成熟男人的形象），尤其是吸烟者有着某种自由或独立思想（与成年的表现有关）。

凯文：一个吸烟成瘾和过早饮酒的例子

凯文·P.，九岁半，小学四年级学生，跟着街区里比他大的孩子们闲荡，已经吸了好几次烟，也喝了几次啤酒。他被学校开除了两次，被儿童度假中心开除了一次，原因是他的行为障碍，或更准确地说，伴随着异常危险行为的精神运动型兴奋"危机"。最近一次，他在学校食堂里无缘无故焦躁起来，摔碎了整整一堆碟子。被他"冲撞"的那个女服务员为此还不得不停工了几天。但是，这个男孩在平日和同学的相处中并不引人注目，甚至在班里有些压抑自己，即使有时候他会非常叛逆（他的女老师认为他这是"幼稚的赌气"）。每次学校都急急忙忙地叫来他的父亲，而这位父亲总是埋怨学校对孩子太挑剔，自己从来不苛责孩子的那些行为。他还口口声声说，凯文的母亲两年前"抛弃"了他们父子,从此杳无音信,要是今天她再次出现,他就有权阻止她行使作为家长的权利。最近一次事件中,P先生的情绪如此激动,言行上的威胁如此之大,使得校长不得不叫来警察平息事件。那以后,学监找他谈了话,他保证会尽快联系儿童精神病学服务机构。在这之前,他一直拒绝联系,而且,他也断然反对问题学生特殊援助网(RASED)的介入。这次咨询将很快得出一个司法鉴定结果,并开始进行一项开放环境教育行动(AEMO)。这项行动在对情况做一个更全面调查之后,将会让凯文平静地与母亲重逢,也会让P先生释放自己的痛苦,不再像以前那样对倾听者大喊大叫,说自己是个好父亲,而他的前女友(凯文母亲)则"一文不值"。他还能够表示,自己有经常喝酒的习惯,也希望有人帮忙解决他的人格障碍。

酒　精

饮酒

饮酒是一个文化行为。在青少年期,喝酒是模仿大人的动作,第一杯常常是在和家人一起时喝的。除了尝试一下,追求感官刺激或放松,喝酒也是让自己感觉更加自信,肯定自主能力和地位,否认长辈权威甚至让自己获得同伴认可,让自己和别人一样的一种方式。喝酒也是一种社会黏合剂,是一种庆祝的方式。第一次醉酒可以代表一种通过仪式("成为一个男人""具有男子气概""扛得住酒""不发牢骚地默默忍受",等等)。

2008年,96.2%的17岁青少年已经喝过酒,59.8%的则表示曾经喝醉过（男孩 65.1%，女孩 54.3%）。在 12—14 岁人群中，55.3%的男孩和 49.7%的女孩表示在过去一年里曾偶尔喝酒；每周喝酒的男孩为 4.9%，女孩为 3%；天天喝酒的男孩为 0.4%，女孩为 0.7%。在 15—19 岁人群中，偶尔喝酒的男孩为 51.3%，女孩为 61.6%；每周喝酒的男孩为 27.9%，女孩为 10.6%；天天喝酒的男孩为 1.4%，女孩为 0.6%（Legleye & Beck，2008）。每到周末，喝酒尤为普遍，且喝得更多的是啤酒、烈酒或预调鸡尾酒[1]。

2003 年以来，尝试喝酒的人数比例比较稳定，但是醉酒的人数比例却增大了（Legleye, Spilka, Le Nézet, & Laffiteau, 2009）。酒精的接触似乎开始得非常早，因为 59%的 11 岁少年表示喝过酒，而只有刚到 8%的 11 岁少年表示吸过烟。在这个年龄，6%的人试过喝醉（男孩 9%、女孩 4%）；13 岁时这个数据是 16%（男孩 17%、女孩 14%），到了 15 岁是 41%（男孩 44%、女孩 38%）（Legleye, Spilka, et al., 2008）。2008 年，第一次醉酒的平均年龄是男孩 14.9 岁，女孩 15.3 岁（Legleye, Spilka, Le Nézet, & Laffiteau, 2009）。2005 年的《健康晴雨表》数据为以上结果做了补充，在 12—14 岁青少年中，2.4%的男孩和 3.3%的女孩表示在过去的一年内曾经喝醉过酒，而在 15—19 岁青少年中，这两个数值就变成了 32.4%和 19%（Legleye & Beck, 2008）。

我们发现，虽然在 11 岁的人群中，有醉酒经历的男孩比例明

---

[1] 预调鸡尾酒（又叫 alcopops）是烈酒（比如朗姆酒或伏特加酒）和苏打水或果汁的混合饮料，这样的酒更受年轻人（和女性）的欢迎。而且，酒里面的糖分能让酒精更快被吸收。这些预调鸡尾酒通常装在瓷嘴饮料瓶或 20 到 33 厘升的酒瓶里，酒精度在 5°到 8°之间。15—19 岁的年轻人中，45.5%的男孩和 32.8%的女孩喝过这种酒（Legleye & Beck, 2008）。

显高于女孩,但到了 13—15 岁,两性之间的差距缩小了。15 岁青少年中,至少一个月喝醉一次的人数占 16%(男孩 20%、女孩 12%),性别比为 1.7(Legleye, Spilka, et al., 2008)。16 岁青少年中经常醉酒(一年超过 10 次)的性别比几乎与 15 岁的相同,为 1.6:总数占 3.5%,男孩和女孩分别为 4.2% 和 2.7%(Legleye, Spilka, Le Nézet, Hassler, et al., 2009)。之后,性别差异随着年龄增长逐渐扩大,到了 17 岁,12.4% 的男孩和 4.6% 的女孩有经常醉酒的习惯(性别比 2.7)。不过,经常醉酒的情况从 2005 年到 2008 年有所减少:17 岁男孩和女孩中的比例分别是 9.7% 和 8.6%(Legleye, Spilka, Le Nézet, & Laffiteau, 2009)。因此,我们有理由认为,在喝酒这件事上,男孩醉酒的情况较严重,但两性之间的差异变小了。所以,在 2003—2007 年期间,醉酒的人数适度增加,虽然从 1999 年到 2007 年百分比一直比较稳定。此外,从 1999 年到 2007 年,经常喝酒(每个月超过 10 次)人数的比例也有所增加,从 8% 上升到了 13%,这就意味着大约每 8 名学生中就有一人经常喝酒(Legleye, Spilka, Le Nézet, Hassler, et al., 2009)。

最后,严重嗜酒者的数量并未下降。这样的人喜欢狂饮(binge-drinking,也叫"过度饮酒"),也就是在很短的时间内喝下大量的酒。"狂饮"的概念在字面上没有明确的定义,不过我们认为,它是指在同一时段或同一场合一次性喝下 4 到 6 杯酒[1](McCormick et al., 2007)。2005 年,在 12—14 岁青少年中,

---

[1] 这里说的一杯没有"固定的平均值",但装酒的容器是根据所装酒的类型变化的(5.5°的啤酒用 25 厘升的杯子;12°的葡萄酒用 12.5 厘升的杯子;像威士忌这样 40°的烈酒用 3.5 厘升的杯子,等等)。每杯大约包含 10 到 11 克的纯酒精(Legleye & Beck, 2008)。

4.9%的男孩和4.8%的女孩表示曾在过去的一年内至少有一次在同一场合喝6杯或以上的经历。15—19岁青少年中,男女的比例分别是48.3%和27.5%。不过,一个月至少狂饮一次的12—14岁男孩和女孩只占2.1%和1.3%,15—19岁的也只有25.4%和9.2%(Legleye & Beck,2008)。

青少年饮酒的共病因素或诱因

正如前文对过早吸烟的描述,过早饮酒和过早吸食大麻同样决定甚至预示着后来的过度依赖酒精和大麻(Colte & Zucker,2008;Grant & Dawson,1997;Kokkevi,Gabhainn,& Spyropoulou,2006)。以酒精为例,15岁之前就喝酒的人将来嗜酒的风险将增加到四倍。此外,吸烟和喝酒也有着并发性:年轻人中,吸烟者经常喝酒的概率是不吸烟者的三倍(Guilbert,Gautier,Baudier,& Trugeon,2004)。过早吸烟会刺激其他精神兴奋药物的使用,其中就包括喝酒(K.M.Jackson,Sher,Cooper,& Wood,2002)。

突然开始喝酒或嗑药的行为既取决于个人因素(心理的、精神病学的和生物学的),也取决于人际关系或环境因素(社会文化的、家庭内部关系或同伴关系……)(Bailly,2000;Inserm. Expertise collective,2001a)。

和吸烟一样,家庭特点(单亲、重组、社会不稳定性、与家庭氛围相关的变量、家庭团结以及父母对饮酒的一致态度)对青少年饮酒行为也起着重要作用(Choquet & Ledoux,1994;IREB,1996)。教育方法同样对青少年饮酒有影响(R.Courtois,Caudrelier,et al.,2007;Foxcroft & Lowe,1995),比起细心周到的家庭教育环境（所谓的"支持型"家庭），放任不管或过分严厉、过分专制的家庭中的孩子饮酒的概率较大。此外，缺乏关爱和家庭成员间的对立关系也会诱发青少年饮酒行为（Brook, Nomura, & Cohen, 1989）。

家庭成员中有人嗜酒同样是导致过早饮酒的一个不可忽视的因素（P.R.Finn, Sharkansky, Brandt, & Turcotte, 2000），尤其是父母都嗜酒的家庭更是容易让年轻人对酒精产生依赖。父亲的嗜酒习惯会使孩子无法适应而出现一连串的问题：行为障碍、犯罪、毒瘾、学业困难和退学、焦虑、抑郁、精神因素生理病变，等等（Vitaro, et al., 1999）。因此，家庭饮酒史极大地增加青少年嗜酒的概率，尤其是当一个家庭中有多个与青少年亲族关系较近的成员都有酒瘾时（Limosin, Gorwood, & Adès, 1996）。伯曼、西格瓦德森和克洛宁格（Bohman, Sigvardsson & Cloninger, 1981）还指出，青少年遗传到的不仅是嗜酒的恶习，更重要的是一种饮酒习惯（过早开始过度饮酒）以及与此相关的一些因素，如追求感官和精神上新的刺激，喜欢做出反社会行为。

同伴作用和从众心理似乎也大大影响青少年期孩子过早又过度的饮酒行为，这一时期，同伴的认同比父母更加重要。舒伦伯格等人（Schulenberg et al., 1999）把这种影响分成两条轴线："暴露"（暴露在同伴们或高或低的饮酒量面前）和"易感性"（个体对同伴影响或多或少的易感性）。然而，只有极少数受访的青少年表示自己嗜酒是因为想要模仿同伴。但实际上，喝酒的确与同伴间的集体性和社交性有关（Legleye, Spilka, Le Nézet, & Laffiteau, 2009）。每当有庆祝活动的时候难免要喝酒，喝酒能让人"放松自己"（失去控制）和愉悦身心（"人们可以大声欢笑，尽情玩乐……"），而且想喝的时候就可以喝到（Legleye，Spilka，Le Nézet，Hassler，et al.，2009）。

个体的心理因素（自我评价，精神病理学要素）比起人际关系因素（同伴或家庭影响），更能预示青少年的吸烟或饮酒行为（Ledoux，et al.，2000）。其中，有对感官享受、新鲜事物和冲动气质的追求，这些追求会诱使青少年饮酒和渴望醉酒的感觉（Fergusson & Lynskey，1996；IREB，1996；Justus，et al.，2000；Sarramon，Versoux，Schmitt，& Bourgeoi，1999；Vitaro，et al.，1999）。其他的人格特质也与青少年嗜酒有关：外倾、好斗、多动、抗挫折能力差。这些人格特质更多集中在男孩身上。此外，**精神疾病**（青少年期心理病态、精神病初期、边缘状态、情绪病态……）也可能起一定的作用。青少年的焦虑障碍和情绪障碍史会增加其嗜酒过度的风险，更笼统地说，会增加滥用各种精神兴奋药物的风险（Burke，Burke，& Rae，1994；Michel，Carton，Perez-Diaz，Mouren-Siméoni，& Jouvent，1998；Wilens，Biederman，Abrantes，& Spencer，1997）。

另外，过早出现的社会适应障碍（儿童时期的逃学、学业失败、离家出走、疾病、意外事故……）总体上也会影响到青少年，令他们更大量地使用精神兴奋药物（Choquet & Ledoux，1994），虽然这种情况有时会有细微变化，需要进一步明确指出产生这种影响的原因。儿童或青少年时期的社会适应障碍和行为障碍可能由多种风险因素导致，其中最主要是上文所说的家庭因素，如单亲家庭或家庭纠纷、双亲酗酒、家庭监管缺失，等等。（Vitaro，et al.，1999）除了儿童或青少年时期的这些障碍，退学、过低的受教育程度或过短的受教育时间都会导致更多饮酒和吸食大麻行为（Ledoux，et al., 2000)。最后,我们还可以想到性别因素:男孩比女孩喝得更多,而一旦女孩喝酒,受到的伤害会比男孩更大,更容易出现自杀倾向(Choquet & Com-Ruelle,2002)。

最后,我们需要强调的是,喝酒是一种冒险行为或者可能引起其他冒险行为。因此,它可能会导致危害道路交通安全行为("受酒精影响"下的驾驶、交通事故),自我攻击或攻击他人行为(自杀企图、袭击、伤害),违法行为,消极怠学行为,冒险性性行为(不采取安全措施的性行为、过早性行为、性暴力),等等(Assailly,1997;Currie et al.,2004;Fergusson, et al.,1994;Tubman, et al.,1996)。

桑德拉的例子

桑德拉·K. 今年13岁。从她开始进入青少年期的一两年,一切都变得很复杂,她觉得父母亲的相处方式很暴力。她的父亲告诉她:"是你打碎了我们家庭的平静。"她记得父亲可从来没有那么对待过她那17岁的哥哥,那时哥哥也有过学业问题,还吸了好几年大麻。她的母亲什么都操心,一点都不放心她。她一刻不停地看着女儿,甚至乱翻女儿的东西。桑德拉的父亲非常专制,总是不看好自己的女儿。她知道自己有酒精依赖的问题。这还是从学年初开始的。每天早上,只要她最后一个出门,她就会喝上一小杯酒,一般是茴香酒。这是一种无法抑制的迫切需求。但这样偷偷摸摸地喝酒让她心里惴惴不安,她总是觉得父亲或母亲会回来,然后突然冲进她喝酒的客厅。从那以后,她换了喝酒的地方,一旦觉得自己不喝一杯自己调制的混合饮料(三杯茴香酒倒进一瓶矿泉水中)就去不了学校,她就会在自己

> 房间里锁起门来喝。她的母亲也喝茴香酒,这让她觉得自己心安理得了不少。无论如何,她的父母看起来并不知道这件事,或者没有对她说起过。桑德拉从小就有耳疾,她的鼓膜接受了好几次外科手术,每次住院都意味着她和母亲痛苦的分离。这些身体上的病痛本来已经隐去,但一到青少年期就重新变成了她的头等困扰。她说,喝酒能让自己获得平静和安心,不仅如此,只要喝起酒来她就不会觉得自己那么难受和无法承受耳疾的折磨了。

大 麻

吸食大麻

吸烟能促使人开始尝试吸食大麻(Agrawal & Lynskey, 2008)这种更晚发生的行为(Choquet, Ledoux, & Hassler, 2002; Legleye, Nézet, Spilka, & Beck, 2008):2008年,首次吸食大麻的平均年龄男孩是15.1岁,女孩是15.3岁(Legleye, Spilka, Le Nézet, & Laffiteau, 2009)。导致这种现象的主要原因在于用药和吸入的方式;有过吸烟经历的青少年更容易尝试、滥用直至依赖大麻。当然,吸食大麻对吸烟也有着反作用,因为吸食大麻更能使人对尼古丁上瘾(人们把大麻混在烟草里来吸食)(Patton, Coffey, Carlin, Sawyer, & Lynskey, 2005)。所以,吸烟和吸大麻往往有很高的并发性(Coffey, Carlin, Lynskey, Li, & Patton, 2003; Patton, Coffey, Carlin, Sawyer, & Wakefield, 2006)。

11岁时,只有1%的少年开始吸食大麻,13岁时为5%,到了

15岁增加到了28%(男孩30%、女孩25%)。11—15岁,吸食大麻的人数比例有了明显的上升(Legleye, Spilka, et al., 2008)。然后,这个迅速增长的比例开始下降:31%的16岁青少年表示吸过大麻(男孩35%,女孩27%);17岁青少年中,这个比例是42.2%(男孩46.3%、女孩37.9%)(Legleye, Spilka, Le Nézet, Hassler, et al., 2009; Legleye, Spilka, Le Nézet, & Laffiteau, 2009)。15—19岁的青少年,38%的男孩和24.3%的女孩有吸大麻经历,而31.9%的男孩和18.4%的女孩则表示在过去一年内吸过大麻(Beck, Legleye, & Spilka, 2008a)。从2005年到2008年,吸大麻的人数比例降低了15%。经常吸食(每月超过10次)和天天吸食(每月超过30次)的人数比例下降得尤为明显,平均分别从2005年的10.8%和5.2%下降到2008年的7.3%和3.2%(即32%和37%的下降幅度)(Legleye, Spilka, Le Nézet, & Laffiteau, 2009)。

大麻在青少年使用的精神兴奋药物中排名第三(Currie, et al., 2004),吸食者中男孩比女孩稍微多些。不过,我们也发现,大部分的年轻人到了将近24岁的时候都会主动戒除大麻(Von Sydow et al., 2001)。开始进入工作似乎是停止吸食大麻的契机,而失业和无所事事则相反,会让年轻人继续吸食大麻(Beck, Legleye, et al., 2008a)。吸大麻会导致一种无动机综合征,让人失去活力,继而吸得更厉害。

青少年吸食大麻的共病因素或诱因

和前面一样,吸食大麻的行为由个人因素和环境因素两方面决定。学校教育(尤其是学业失败的风险和社会职业的不确定性)与吸食大麻的关系特别密切,尤其是当青少年被卷入非法毒品交易这个重要营生的时候(Ballion，1999)。但是，与儿童或青少年时期的行为障碍有关的学业失败和退学或降级也会扩大青少年脱离社会或被社会排斥的风险，从而增加使用精神兴奋药物，特别是大麻的概率(Bello, et al., 2001；Ledoux, et al., 2000)。社会和家庭环境也和精神兴奋药物的使用有着脱不开的关系(Legleye, Spilka, Le Nézet, & Laffiteau, 2009)。

  吸大麻的动机还和庆祝活动有关，比起酒精，人们显然更追求大麻带来的沉醉感——比喝酒的人多出38%(Legleye, Spilka, Le Nézet, & Laffiteau, 2009)。此外，容易获取也是吸食大麻的一个促进因素(Legleye, Spilka, Le Nézet, Hassler, et al., 2009)。当然，我们要想到，大麻是一种违禁药品这个事实容易滋生有意识的违法活动。如果适量吸食，它还能与正常的社会秩序并存。相反，如果过量(经常或天天吸食)，那它就很容易导致一些内在化的行为(焦虑和抑郁)，更可怕的是，它会导致一些外显行为或违法行为，比如"贩卖"大麻来为自己提供毒资、使用其他违禁药品、暴力行为、犯罪、卖淫，等等(Currie, et al., 2004)。

其他麻醉剂

其他违禁药品

  在青少年期，除了大麻(吸食人数最多的违禁药品)，极少人使用其他违禁药品。在15岁青少年中尝试人数最多的是：吸入型药剂(胶合剂、溶剂)，使用者5%；可卡因或快克可卡因，使用者3%；安非他明、海洛因和LSD(麦角酸二乙基酰胺)，使用者不到1%(Legleye, Spilka, et al., 2008)。17岁青少年中，试验者人数最多的是:poppers[1](作为兴奋剂使用的异丁基硝酸盐毒品),使用者13.7%;吸入型药剂,使用者5.5%;致幻蘑菇,使用者3.5%;可卡因,使用者3.3%;"灵魂出窍"迷幻药,使用者2.9%;安非他明,使用者2.7%;LSD,使用者1.2%;海洛因,使用者1.1%;快克可卡因,使用者1%;开他敏[2],使用者0.6%;丁丙喏啡[3],使用者0.5%,以及GHB[4](丙种羟基丁酸盐),使用者0.4%。不难发现,poppers的尝试者比例大大超过"灵魂出窍"迷幻药,而"灵魂出窍"迷幻药也不像可卡因那么流行。2000—2008年,除大麻以外的非法精神兴奋药品的使用人数有所增加。2003年以来,特别是2005年后,poppers的使用者大幅增加。吸入型药剂、可卡因、安非他明、海洛因、快克可卡因和GHB的使用者也变多了。青少年首次尝试这些违禁药品的平均年龄稳定在16岁左右(Legleye, Spilka, Le Nézet, & Laffiteau, 2009)。

违禁药品的使用者多数为男孩(除精神药物外)。性别比依次为poppers和吸入型药剂1.2和1.3,可卡因和"灵魂出窍"迷幻药

---

[1] poppers(作为兴奋剂使用的异丁基硝酸盐毒品)是一些硝化衍生物溶剂,具有(急促并强烈)扩张血管的作用,因此能让吸入者产生一阵阵眩晕感、强烈的灼热感及心跳加速的感觉而得到抑制解除的快感,人们吸入poppers是为了追求它所带来的放松、兴奋、惬意和强烈的情欲。从2007年11月起这种兴奋剂被禁止销售。

[2] 开他敏是一种常见的麻醉剂和镇静剂,主要用于外科和兽医治疗。

[3] 丁丙喏啡(burprénorphine)主要用于帮助戒除含阿片药剂毒瘾的替代疗法。虽然它的处方受到严格控制,但仍可能会被当成毒品来使用。

[4] 丙种羟基丁酸盐(Gamma Hydroxy Butyrate)是一种中枢神经系统抑制剂,曾经作为麻醉剂被医疗界广泛使用。它还被称为"液体型灵魂出窍迷幻药"或"迷奸药"。它的镇静作用能使性抑制得到解除,特别是在酒精的同时作用下,它那令人忘却一切的麻醉效果会大大增强。

1.7，安非他明和海洛因1.9，开他敏2.1，丁丙喏啡2.5。由于这些药品的非法性，单纯地使用它们会带来一系列问题（尤其是因为这些产品有抑制解除作用）。

药剂和其他被不正当使用的合法麻醉剂

不正当使用合法药剂的行为还在一个合理的范围内：15岁人群中大约有2%，16—17岁人群中大约有13%—15%（Legleye, Spilka, Le Nézet, Hassler, et al., 2009; Legleye, Spilka, Le Nézet, & Laffiteau, 2009; Legleye, Spilka, et al., 2008）。这类行为主要发生在女孩身上：15岁青少年里，男孩1%，女孩3%；17岁青少年里，13.9%的男孩和23.1%的女孩不正当使用安定药，12.1%的男孩和17.1%的女孩不正当使用安眠药，而4.8%的男孩和9.6%的女孩不正当使用抗抑郁药。2005年的《健康晴雨表》指出，15—19岁的青少年中，4.2%的女孩和2.2%的男孩表示在过去一年内吃过安眠药或催眠剂（Beck, Léon, & Léger, 2008）。这类精神类药物可以开处方，也可以不开处方（到家庭药房或黑市[1]上购买）。或许，我们应该说，男孩更倾向于改变这些药剂的正常用途（因为药剂和酒精的关系，还容易发生危害道路交通安全的行为和冒险性性行为）。

---

[1] 在一次针对法国和刚果高中生的比较研究中，我们深入了解了黑市交易药品的特殊情况（街头或市镇市场交易）。一个年轻的刚果人和我们谈到了"vala-vala"（"罗氏"药品）的使用，他用这种药品配制了一些强毒性毒品。实际上，vala-vala的分子式是苯甲二氮䓬，苯并二氮䓬，它有个更响亮的商标名字：罗氏安定片（Valium®Roche）（R.Courtois, El-Hage, Moussiessi, & Mullet, 2004）。

多重用药

肖凯和勒杜(Choquet & Ledoux, 1994)做的全国普查突出了精神兴奋药物的多重使用(烟、酒和大麻),经常吸烟的青少年更容易嗜酒,经常喝酒的青少年吸烟更加频繁,而既爱吸烟又爱喝酒的青少年则更容易碰违禁药品(特别是大麻)。这个对合并用药的观察结果总体上是可靠的。2007年,16岁的青少年中有31%表示只喝过酒,2%只抽过烟,但有27%两样都有,将近三分之一(29%)表示三样都有。最后,只有0.7%的年轻人表示只吸过烟和大麻,不到1.2%的年轻人表示只喝过酒和吸过大麻。那些有多重用药习惯的青少年中,主要是烟+酒(27%)或烟+酒+大麻(29%)(Legleye, Spilka, Le Nézet, Hassler, et al., 2009)。从1999年起,这三种精神兴奋药物多重使用的情况稍有减少(从36%降到了29%)。

虽然多重用药看起来比较常见,但还不是经常性的。16岁青少年里,大约有17%的人经常吸烟(每天超过一支),13%的人经常喝酒(每月超过10次),其中3.5%的人经常喝醉(每年超过10次),3.4%的人经常吸大麻(每月超过10次),但只有7%的人经常多重用药(3.4%的人经常喝酒吸烟,1.5%的人经常吸烟和大麻,1.4%的人经常吸烟喝酒和吸大麻)[1]。经常喝酒和吸大麻(不吸烟)的情况极为罕见(只占受访学生总数的0.3%)。单纯天天吸烟者的比例下降了(从23%下降到10%),但是单纯经常饮酒者的比

---

[1] 2005年《健康晴雨表》调查得到的15—19岁青少年多重用药比例与此接近:6.8%的人经常多重用药(组合形式不限)。不过,经常吸烟和大麻的有4.4%,经常喝酒吸烟的有1.5%,经常吸烟喝酒和吸大麻的占0.8%,而经常喝酒和吸大麻的只有0.1%(Beck, Legleye, & Spilka, 2008b)。

例却上升了(从3%上升到8%)(Legleye, Spilka, Le Nézet, Hassler, et al., 2009)。

使用其他违禁药品和多重用药的共病因素或诱因

正如我们在前文里讲到的那样,这些精神兴奋药物的使用情况反映并遵循着一个普遍模型("入门理论"),即从一开始的服用"合法"药品(如烟草和酒精)逐级递增,直至最后的吸食违禁药品(如海洛因、可卡因等)(D. Kandel & Faust, 1975; D. B. Kandel, Yamaguchi, & Chen, 1992)。过早且过度接触这些药物(尤其是大麻)是造成日后滥用这些早期接触过的药物以及后来的其他药物的重要因素(Von Sydow et al., 2001)。然而,我们在做出上述结论时必须保持谨慎的态度,因为,虽然大麻的吸食程度和其他违禁药品的使用程度之间有着密切的联系,但这不一定能证明经常吸食大麻者容易更多地使用其他违禁药品,更何况这样的人只在少数(Beck, Legleye, et al., 2008b)。相反,因为其他因素(个人和社会的)也会促进这种多重用药的产生和发展,所以,这种方便毒品("入门毒品")的模型也不能完全解释其他违禁药品的使用和多重用药(Lynskey, Fergusson, & Horwood, 2000)。

至此,我们可以说,精神兴奋药物的累加使用更多地标志着女孩们遭受的精神折磨。此类药物的多重尝试还要和冒险行为之间的结合倾向联系起来。有一个古老的观察结果突出强调在青少年时期,"成问题的"行为容易相互关联,而不仅仅表现为一系列独立行为(Biglan, et al., 1990; Donovan & Jessor, 1985)。显然,我们要解决的问题,就是搞清楚这种关联究竟是一种因果关系,还是一种简单的并现或共病关系。比如,多重用药也许可以证明潜在的抑郁症状(关系到过去有过的自杀企图、逃课、偷窃、施暴或受暴等,见 Choquet & Ledoux, 1994)。

不碰精神兴奋药物者

41%的 11 岁青少年表示从未碰过精神兴奋药物(烟、酒或大麻),15 岁的青少年中这个比例只剩 13%(Legleye, Spilka, et al., 2008)。16 岁人中的比例是 9%,17 岁人中的比例是 5%(Legleye, Spilka, Le Nézet, Hassler, et al., 2009;Legleye, Spilka, Le Nézet, & Laffiteau, 2009)。不碰精神兴奋药物者的比例有上升的趋势,不经常使用任何一种此类药物者也是如此(从 1999 年的 65%上升到 2007 年的 76%)。表示自己最近不碰精神兴奋药物(接受调查时的上一个月内)的青少年解释说,自己对此类药物已经失去兴趣,而且他们也担心身体受到伤害,担心自己会上瘾(Legleye, Spilka, Le Nézet, & Laffiteau, 2009)。

瘾

患病率

2007 年,六分之一的青少年有天天吸烟的习惯,不分性别。更准确地说,就像我们之前所说的,在 16 岁青少年里,大约有 17%的人经常吸烟(一天超过一支),13%的人经常喝酒(每月超过 10 次),3.4%的人经常吸大麻(每月超过 10 次)(Legleye, Spilka, Le Nézet, Hassler, et al., 2009)。这种经常吸烟、喝酒和吸大麻者的比例从 2005 年开始有所下降(Legleye，Spilka，Le Nézet，& Laffiteau，2009)。

理论概念

一切事物的理论概念都会变化，本章节所谈的毒瘾[1](或非毒品依赖的毒瘾[2])和瘾的概念也不例外，因为过去主流的精神分析理论已渐渐被与依赖症相关的神经生物学理论和认知行为理论所取代(Fortané，2010)。这一理论发展的大背景是，在心理健康和疾病描述领域中，精神分析范例作用的削弱(《精神障碍诊断与统计手册》，简称 DSM)和认知科学、神经科学作用的增强。

乔伊斯·麦克杜格尔(Joyce McDougall，1978)是第一个使用"瘾"(addition)一词来和法国精神分析理论划清界限的人。在英语中，to be addict to 的意思是"醉心于，沉湎于"，和"依赖"的概念相差甚远，后者有被动、放任和毒瘾(字面上应翻译为"服毒"成癖)的含义。从词源学上说，addition(addictus)与"被奴役状态"和"身体债务"有关。主体是自己的奴隶，也被他的行为或成瘾客体所奴役。但麦克杜格尔(McDougall，2004)想要特别强调在这一成瘾客体上的投入是有益和令人愉快的，因为可以减轻情感痛苦(或过度的兴奋程度)。她认为，成瘾行为的目的是迅速摆脱内在或外在精神压力。这就好像是主体用行为来回应一个"心理求助"(如同把这种"心理求助"理解成一种身体需求)。只要(肉体-精神)

---

[1] 该概念由克洛德·奥利文斯坦(Claude Olievenstein)等人在 1933—2008 年期间发展而来。

[2] 该概念由奥托·费尼切尔(Otto Fenichel，1897—1946)在 1949 年首次提出。

6 精神兴奋药物的使用和成瘾行为

成瘾行为不是解决困难的唯一方式,就应该不会造成什么问题。我们可以在感到过度紧张、悲伤或激动的时候喝上一杯、想要吃东西、吃点药,甚至发生一些性行为来做补偿。但是,当成瘾行为过度,以至于变成一种强迫症,成为主体用来摆脱(现有的和与过去有关的)精神痛苦的唯一手段时,它就具有实实在在的逃避性,同时排斥一切积极的疏导方式。这样一种"幼稚的"自我治疗企图只能是徒劳,并终将使人走入绝境。我们会发现,乔伊斯·麦克杜格尔的理论概念并非完全不同于古德曼(Goodman),因为她也强调以缓解内在不安为目的的成瘾行为具有强迫性的特点,但前提也是麦克杜格尔的"愉快"理论。此处我们将不一一列举所有的精神分析方法,但是不妨让我们借用菲利普·雅麦(Philippe Jeammet)的理论来做个概括。总体上,精神分析方法都认为,主体在经历母亲客体内化(吸收最初的客体关系)的失败后,就会一时因自恋而认为自己无能(Jeammet,1994,2005)。求助外在客体(上瘾)可以弥补内在客体的缺失,并通过一种否定困难和情感的形式来忍受精神痛苦。成瘾行为因此具有包容和安抚的功效,以及加强主体个性的作用。

神意裁判模型(Charles-Nicolas & Valleur,1992)注意到,人们通过重复实施冒险行为来与死亡进行较量,这就像是一种让自己掌握生死的方式(如同与过去、与依赖症彻底决裂而获得第二次生命),某种形式的自我生殖。这一点,我们会在后面的冒险行为解释模型(第二十章)中再谈。皮尔(Peele,1985)的模型则特别关注社会、行为和认知因素。面对困境(处境危急,又孤立无援),有成瘾癖的人因无法满足自己的需要,而做出一些成瘾行为,好让自己主观地暂时应付困难,也在行为开始时给自己带来一些心理满足。然后,随着困难越来越大,成瘾行为也就越来越频繁。关于成瘾的解释也可以参考一些气质模型,如祖科曼的感官追求模型。在这个生物—心理—社会学研究方法中,人们为提高激活水平而产生的高感官刺激需求或许可以用来解释成瘾行为的形成。关于这一模型,我们已经在冒险行为的概念和定义那一章中做了阐述。此外,高感官刺激需求和瘾都可以理解为神经递质(如多巴胺)影响下的人格和行为这样一个生物学概念。

古德曼(1990)提出的"成瘾障碍"(addictive disorder)[1]这一操作性定义可称得上是关于瘾的理论和概念研究方法上的一个重大突破。古德曼的研究方法的独特之处在于把理论研究延伸到临床实践,用综合的视角来解释瘾的概念。他注意到,在获得愉快感和缓解内在不适的理念驱使下,主体重复成瘾行为,其最大特点是,在已经看到消极后果的情况下依然把持不住自己—犯再犯。他所发展的描述性标准(依赖、追求积极行动、很难改变行为方式、逃避平淡乏味、侵入精神生活,等等)对理论概念进行了实际运用,并发展出了判断成瘾的两大要素:依赖性(需要满足冲动)和强迫性(显然是指内心的紧张感)。此外,瘾的概念还涉及精神兴奋药物成瘾(烟草、酒精、大麻)、进食障碍(精神性厌食和食欲过剩)、网瘾、病态赌博、性瘾、屡次自杀未遂,等等。

---

[1] 根据《精神障碍诊断与统计手册》第 4 版(APA,1996),依赖综合征总体上由两大类构成:(a)心理综合征(无法管理自己的成瘾行为;伴随失控的反复接触成瘾物的强迫性需求;所花时间越来越多;减少或放弃社会、职业或娱乐活动;明知后果严重而继续执迷不悟)和(b)生理综合征(身体耐受性和戒断综合征)。《精神障碍诊断与统计手册》将依赖症患者做了有生理依赖和无生理依赖的区分。

> **古德曼(1990)成瘾行为诊断标准**
>
> A. 不能抑制做出此类行为的冲动。
> B. 越接近行为开始时间,紧张感越强烈。
> C. 行为期间感到愉快和放松。
> D. 行为期间感到失控。
> E. 以下九条标准中至少占五条:
> 1. 经常专注于行为主题及其准备工作;
> 2. 行为强度和时长常常超过预期;
> 3. 反复尝试减少、控制或放弃此类行为却失败;
> 4. 花费大量时间来准备、实施行为和事后恢复平静;
> 5. 经常在面对需要履行的职业、学业或大学、家庭或社会义务时临时做出此类行为;
> 6. 为了此类行为而大大牺牲社会关系、工作或娱乐活动;
> 7. 行为具有持续性,即使主体明知该行为会持续、反复或加重社会、金钱、心理或精神问题;
> 8. 显著的耐受性:需要增加强度或频率来获得预期效果,否则,效果会减弱。
> F. 一旦不能继续沉浸于此,就会感到烦躁不安。

成瘾行为的共病性因素

成瘾行为和其他心理障碍如情绪、人格障碍或精神分裂症之间,有着明显的共病性(Liraud & Verdoux, 2000)。其中,人格障碍(反社会、边缘化、哗众取宠、自恋和逃避)与成瘾行为的共病性尤其明显(Movalli, Madeddu, Fossati, & Maffei, 1996)。然而,成瘾行为可能对行为主体适应环境和未来发展造成严重影响。

网瘾和电子游戏成瘾

电子游戏娱乐的演变

今天,新技术[1]已经成为青少年生活的一部分。2007年,82%的学生表示每周至少上网冲浪一次(交流信息、玩游戏、听音乐)。每天上网的人数比例是57%,要知道在2003年,这个比例只有23%(Legleye, Spilka, Le Nézet, Hassler, et al., 2009)。虽然体育运动依然是每周的首选娱乐项目,但是紧随其后的就是电子游戏。网络民主化、高信息流量、电子游戏及其载体的发展——个人电脑、智能手机、便携式游戏机(DS, PSP)或游戏沙龙(PS3, X-Box360, Wii)等——极大地改变了人们的娱乐方式。

2003年,青少年在周末或学校假期里平均每天玩游戏41分钟(Blanpain & Daniel, 2004)。2005年的《健康晴雨表》显示,调查前一天,15—24岁的年轻人中,男孩和女孩分别平均花47分钟和64分钟来阅读,91分钟和82分钟来看电视,102分钟和76分钟来玩电脑(Escalon, Vuillemin, Erpelding, & Oppert, 2008)。据法国电子游戏协会(AFJV)官网2006年公布的一份法国泰勒尼尔逊-索福瑞民调机构(TNS-SOFRES)的调查报告显示,当年法国游戏玩家平均每周玩5小时45分钟(但一半以上少于3小时)。过度游戏沉迷者每周超过20小时玩同一款游戏(Wan & Chiou, 2006)。我们或许可以把每周玩10小时以上说成游戏上瘾,尤其当电子游戏成为其最主要的爱好,这会让人减少其他方面的感情投入,如

---

[1] 即信息与通信新技术(NTIC)。

6 精神兴奋药物的使用和成瘾行为

人际关系(Craipeau & Seys, 2005; Griffiths & Hunt, 1998)。

电子游戏种类繁多：对战游戏、动作游戏/探险游戏和沉浸式游戏、"角色扮演游戏"(RPG)或角色游戏、平台游戏、障碍游戏、体育游戏、竞速游戏、策略游戏或思维游戏、模拟游戏和其他游戏(音乐、舞蹈等)。要给这些游戏具体分类很难，特别是现在开发的许多游戏都兼具各种类型。技术进步带来的仿真效果和高品质画面更是吸引了无数玩家。青少年们更喜欢团队射击游戏，因为这既能锻炼他们的反应力和技能，又能增进团结，学会运用战术，此外，他们也喜欢玩一些减压游戏。那些有启蒙场景的游戏(动作/探险游戏，平台游戏，角色扮演游戏等)也很受欢迎。但是，当玩家打通了游戏的所有关卡，他们就不想玩了(Chapelier, 2004; Hayez, 2006)。网络游戏主要是角色扮演游戏，极易令人上瘾(Chou, 2001; Craipeau & Seys, 2005; Griffiths & Hunt, 1998; Hayez, 2006; Rau, Peng, & Yang, 2006; Valleur, 2006; Wang & Chu, 2007)。

大型多人线上角色扮演游戏

大型多人线上角色扮演游戏(MMORPG)或大型多人角色游戏是电子游戏中与角色扮演游戏(RPG)和线上游戏有关的几种。游戏中，玩家一直在一个始终存在的虚拟世界里成长，也就是说，即使玩家暂时不在线，这个虚拟世界也会继续发展。因为环境永存和需要投入大量精力，资深玩家间会产生一些"社会"关系(成立玩家虚拟社群)，也带来了巨大的成瘾风险。游戏玩家被假想成一个神的化身，玩家自己创造这个化身，并通过自己的努力让它活下去并变得强大，在虚拟世界里代替自己(往往是魔幻、科幻人物甚至超级英雄)。每天玩、和其他玩家互动、有自己的重要性(和其他玩家一起为共同的目标而奋斗)、自己不玩就会损害团队其他成员和自己的利益,以上种种都会加剧游戏成瘾。这类玩家平均每周至少有超过 20 个小时扑在同一款游戏上(Wan & Chiou, 2006),几乎把这当成了唯一的消遣。有些人甚至把游戏带到了现实中(Hayez, 2006; Rau, et al., 2006; Wan & Chiou, 2006)。另外,还需要强调游戏发行者的责任,因为一旦玩家的装备使用率没有达到最低标准(即不在线),客服人员就会通过手机发出警告。大型多人线上角色扮演游戏的玩家每月需要支付 10 到 20 欧元不等来订购游戏,所有这些都是为了把他们和游戏牢牢绑在一起。

此类虚拟空间有着好几个功能:

1 过渡功能——上瘾的玩家处在人生的过渡期内(Tisseron, 2007; Valleur, 2006);
2 学习和模仿功能;
3 精神发泄功能——在这个虚拟空间里,现实生活中不可能实现的事情可以实现,不可能违抗的事情可以违抗。

在大型线上多人角色扮演游戏中,网络成瘾甚至可能会表现为放弃其他一切社会活动和情感投入,专注玩游戏的极端疯狂现象(Vallerand et al., 2003; Valleur, 2006)。

人们把对游戏的"痴迷"程度分为两种形式:

1 "和谐的痴迷",不会影响在其他方面的投入;
2 "强迫性痴迷",玩家"被游戏所束缚",无法专注于其他事情。

这种与电子游戏的相处方式预言着游戏的强制性和玩家的网络成瘾(Wang & Chu, 2007)。克雷波和塞斯(Craipeau & Seys, 2005)、蒂斯龙(Tisseron, 1999)认为,真实世界和想象或虚拟空间的混淆可能是电子游戏的两大危害之一,虽然瓦勒尔(Valler)2006年研究发现,玩家看起来似乎能够很好地将这两者区分开来。

这里还有一个自我封闭的风险,以及在青少年发展过程中造成的阻碍,因为玩家更喜欢虚拟空间,包括在那里借由自己所扮演的角色化身进行人际交往,甚至把一部分人际交往局限在角色身上(Tisseron,2007)。

此外,电子游戏同样可以是一个启蒙仪式的载体(Chapelier,2004;Tisseron,2007;Valleur,2006)。

网络依赖症

网络依赖症是无节制地花费大量时间和精力在因特网上玩游戏或做其他事,一切以游戏为中心,以致严重影响个人社会、智力和情感机能的一种心理障碍(Valleur,2006)。

这一概念与海耶兹(Hayez,2006)的重复、顽固、带有侵略性地"追求乐趣"的概念有关,他将之定义为兴奋感和惬意感,特别是消灭或麻痹不快感(生活空虚、挫折、抑郁情绪、现实生活中的心理障碍或至少是无法解决的心理问题)的混合物。长期的网络依赖成为主体的生活中心,并出现失控状态。

古德曼(Goodman,1990)的标准具有较强的操作性:在开始游戏前,有一个强烈的欲望迫使主体提前想象游戏场景;在游戏中,上瘾的玩家希望游戏永远不要停止,他们虽然知道后果严重,也不断提醒自己该停下来,却从不付诸行动;在睡觉或上学时,他们会想着游戏,而因上瘾所致的对游戏的念念不忘让他们已经开始预想下一次,并为下一次的漂亮战绩做准备。

显然,网络依赖症不利于学业、与家长和同伴的关系、性格和行为发展、睡眠,等等。过分投入网络游戏也可能是为了获得游戏的回报(成为某个活动或比赛的冠军),有时也为了能组成年轻人团队,和其他玩家们共同热衷于游戏这一唯一爱好。

这种"有领袖的团队"能够加深玩家对游戏的依赖程度,也加速资深玩家与其他青少年(新成员或新手)的剥离,因为他们认为自己已经是专家,甚至可以在一个完全陌生的语言环境中游刃有余。

"骨灰级"玩家对新手容忍度更低,更容易对他们发火,因为他们看不起这些新手,根本不想和他们交流,并试图完全或尽可能彻底地脱离真实生活。

加布里埃尔的例子

年轻的加布里埃尔今年17岁。他一天中有6—8小时扑在电脑上,几乎日夜颠倒(白天睡觉,晚上玩在线游戏)。他的姐姐看不下去,想要拔掉电脑的电源线,结果遭到了他的暴力和死亡恐吓。这种暴力碎物狂行为把他送进了精神病院。去年,他因为和同学打架被退学了。

加布里埃尔和他的母亲、姐姐住在一起,父亲在他4岁那年就去世了。童年时期,他饱受哮喘病的折磨,一直是个孤独的孩子。

入学之初,他适应得不好。他和其他孩子相处起来从来都不容易,他常常觉得自己受人欺负,很容易就冲别人发火,对母亲和姐姐也看不顺眼。他说自己在家什么都干不了。他对自己的评价很糟糕,几乎是妄自菲薄。他承认自己在学习和就业上遇到了绝境,却找不到任何出路。去年,他的睡眠开始出现问题,晚上总是反复地想烦心事,凌晨四点就早早地醒来。为了打发"失眠"的时间,他渐渐开始玩电脑。

7
冒险性性行为

青少年期性行为的发展

除了青春期发育,青少年还要在身体"性别化"的过程中,面对大量的改变,这些改变将逐步使青少年的身份特征产生深刻变化。其中最主要的就是因幼年双性别化的消失,肉体、心理情感和社会的表征,以及新限制导致的带有性别特征的身体的出现。在分离与个体化过程中,与父母的分化将伴随着新乐趣的发现和同伴作用的增强。因此,个体会更重视他人对自己的评价、自己的魅力,或简单来说,追求自我确认,也就是证实自己的价值。在青少年期,性行为处在人际关系的中心:从单纯地和同伴出去玩直到发生亲密的肉体关系。性行为把青少年领入了与生殖有关的领域(根据社会性别划分男女、亲子关系、有生育和传宗接代的能力,等等)并成为他们人生最基本的意义(Breakwell, 1997; R.Courtois, 1998)。

青少年期性行为的发展与童年期和成年期的性别发展有着不可分割的联系,其理论依据可能是某种"心理性别发展梯度"。根据这一说法,性行为的发展是一个有序排列的连续体(一连串的行为阶段),从早期的出去约会,直到生殖器性交或其他形式的性行为;从最广义的范围来说,这个发展得益于青少年在家庭中逐步实现自主并投身于同伴团体和亲密关系(S. Jackson, 1997; Narring, Michaud, Wydler, Davatz, & Villaret, 1997)。因此,我们可以从三个不同的维度来分析性行为的发展:(对性行为和勾搭行为产生)兴趣,感情(爱情、忠贞),关系(开始实际的性行为)(R.Courtois, Mullet, Bariaud, & Malvy, 1998; R.Courtois, Potard, Réveillère, & Moltrecht, In press)。这三个维度具有特别重要的意义,并根据社会性别和所属的青少年阶段发生变化:青少年初期(12—15岁)或"青少年后期"(15—18岁)。

性 行 为

青少年初期的发展认知水平,具有对自己和他人身体及两者关系逐渐深入探索的特点(O'Sullivan & Brooks-Gunn, 2005)。第一次接吻总体上发生在14岁左右,第一次性关系平均发生在17岁左右,男孩女孩之间的差异不明显(Bajos, Bozon, Beltzer, & Godelier, 2008; Lagrange & Lhomond, 1997)。2005年,53.9%的15—19岁青少年和46%的青春期女孩表示自己有过性行为。在15岁人群中,男孩是17.7%,女孩是15.8%(Moreau, Lydié, Warszawski, & Bajos, 2008)——但在2005—2006年的"学龄儿童健康行为调查"中,有性行为的男孩女孩的比例分别为33%和23%,而在2001—2002年,还只有26.1%和18.3%(Currie et al.，2008；Currie，et al.，2004)[1]。我们需要验证，青少年性行为是否有提早发生的趋势(尤其是女孩)。

然而，青少年期的男孩和女孩在对待性行为和恋爱关系的态度上有着明显不同(Gonzaga，Turner，Keltner，Campos，& Altemus，2006)。男孩的性行为比女孩更加具有试验性和探索性——表现出自己的好奇心和证明自己是个成熟男性的需要，喜欢探索自己和性伴侣的身体(Bajos，et al.，2008；Breakwell & Millward，1997；Carroll，Volk，& Hyde，1985；Gonzaga，et al.，2006)。

青少年期冒险性性行为

性关系可以是许多冒险行为的温床，风险既可能出现在避孕和保护措施——避免患上通过性接触传播的传染病(IST)——的使用中，也可能出现在性伴侣的选择、性伴侣的数量上，以及把性行为和喝酒或吸毒(大麻、"灵魂出窍"迷幻药、海洛因等)、施暴和受暴或违法行为联系起来的过程中。

通过性接触传播的传染病

谈到通过性接触传播的传染病，在15—19岁的青少年中，

---

[1] 在瑞士举行的2005—2006年"学龄儿童健康行为调查"中，有性行为的男孩和女孩的比例分别为23%和18%。根据不同年龄得出的具体数据为：12岁之前的女孩中有性行为的不到1.5%，13岁之前的3.5%，14岁之前的不到10%，15岁之前的大约15%。12岁之前的男孩中有性行为的不到2.5%，13岁之前的5.5%，14岁之前的大约15%，15岁之前的大约20%(Kuntsche & Windlin，2009)。

0.2%的男孩和1.5%的女孩声称在过去五年内曾患上过此类疾病（通过性接触传播的传染病，IST）[1]（Moreau, et al., 2008）。艾滋病的患病率很难估算，除了事后统计这一种办法。到2003年，估计有9.7万（6.1万—17.7万）人被传染，其中包括了近几年因使用抗逆转录病毒药物而明显增加的存活人数（Desenclos, Costagliola, Commenges, & Lellouch, 2005）。法国国家卫生监察所（InVS, 2007）给出了一份略有不同的评估报告，称到2005年底感染者约为13.4万人（10万—17万），占法国总人口的0.21%[2]。

但是，有一部分年轻成年人并不知道自己已经染上了IST，且很可能是在青少年期被传染的。2003—2004年，将近二分之一接受艾滋病毒诊断的成年人，并不知道自己的艾滋病毒血清检验呈阳性（Moreau, et al., 2008）[3]。通过性接触传播的传染病大多没有症状，人们所搜集到的病人自我报告的最近既往病史并不能真实反映患病率。如此低的患病率提醒我们，应该建立一个系统性的检测机制，就像欧洲其他国家对某些疾病（如沙眼衣原体）所做的那样。衣原体感染是最常见的细菌性传染病，发病初期往往没有症状或症状很少，但病情发展到中后期则会出现严重的后果：盆腔炎症、子宫内膜炎、输卵管炎、宫外孕和输卵管性不孕。30岁

---

[1] IST可能由细菌、病毒、寄生虫、真菌引起，主要包括：沙眼衣原体，乙肝病毒，乙型疱疹病毒，产生乳头瘤的病毒，如湿疣病毒、艾滋病毒、密螺旋体（梅毒）、淋球菌、性病性淋巴肉芽肿和软下疳（法国医疗健康署，2005）。

[2] 这让我们想到非洲撒哈拉沙漠以南的许多国家有更高的艾滋病患病率（育龄人口患病的比例从3%到14%不等）。

[3] 在《健康晴雨表》调查前的一年内，性行为频繁的青少年中，只有10.2%的男孩和19.5%的女孩接受过艾滋病毒检测。

以前的年轻人尤其容易受到衣原体感染(InVS，2007)。2001年，有人针对有IST感染风险的人常去或不常去的各种医疗机构做了研究,结果表明15—19岁青少年经常受感染,且在性病门诊所(DAV)和免费匿名疾病普查机构(CDAG)中的阳性检出率特别高。其中,沙眼衣原体送检样本的阳性比率为:性病门诊所检出结果为男孩14.9%,女孩12.8%;免费匿名疾病普查机构检出结果为男孩10.8%,女孩10%;私人妇科诊所和医院检出的女孩感染率分别为6%和6.7%,而家庭教育与家庭计划中心(CPEF)检出的感染率则只有3.5%(Georges, Laurant, Goulet, InVS, & biologistes du réseau Rénachla, 2004)。

青少年的年龄特点很可能不允许他们做出负责任的避孕行为,因为这需要有强烈的风险意识和思考性行为(即事前设想和计划性行为的度以及可能产生的后果)的能力。相反,他们的性行为往往是临时的,也就无法预料。他们可能觉得自己对性行为的风险可以完全免疫,也不大愿意和父母或其他可信之人说起这些。

避孕套或口服避孕药的使用

2005年,在15—19岁有频繁性行为的青少年中,57.7%的男孩和75.8%的女孩将口服避孕药(避孕丸)作为发生性关系时的主要避孕手段,42.6%的男孩和22.5%的女孩则选择了避孕套(Moreau, et al., 2008)。2005—2006年,在有频繁性行为的15岁青少年中,88%的男孩和80%的女孩在最近一次性关系中使用过避孕套;而在2001—2002年,这两个比例分别是87%和77%(Currie et al., 2008; Currie, et al., 2004)。

首次发生性关系时避孕套的使用率取决于突然发生这次性关系的年龄。首次性关系发生的时间越晚,避孕套的使用率就越低。

我们观察到,当首次性关系发生在15岁或之前,93%的男性和95%的女性使用了避孕套,而它发生在20岁或更晚时,则只有71.6%的男性和49%的女性使用。首次性关系中避孕套的使用率也和宗教习俗有关,有宗教信仰者报告的使用率较低,尤其是女性(Moreau, et al., 2008)。此外,避孕套的使用还跟年龄和学校层次有关。年纪较大的人比年纪较轻的人更懂得保护自己。职业技术学校的学生相对缺少每次使用避孕套的习惯(Lagrange & Lhomond, 1997),早早辍学的年轻人亦如此。受教育程度较低的年轻女性也在首次发生性关系时较少使用避孕套,但男性却不是这样。几乎所有的15—19岁青少年都知道"紧急口服避孕药"的存在(98.6%的男孩和100%的女孩),他们中却很少有人知道这种药必须在发生关系后72小时内服用才有效(男孩9.4%、女孩23.6%)。在15—19岁青少年中,有20.5%的男孩和30.3%的女孩表示用到过这种"隔日避孕丸"。这些人中有将近61%的人只用过一次,将近30%的人用过两次,9%多一点的人使用超过两次(Moreau, et al., 2008)。

多性伙伴

自觉在性关系中使用避孕或保护措施的情况并不乐观,此外,我们还应考虑到其他可以帮助我们判断高风险行为或模式的风险指数。其中,(过去一年内)性伙伴的数量可考虑在内。

如果和每个性伙伴发生关系时都采取保护措施,那这就不能称为冒险行为,不过多性伙伴仍是一个危险信号。多性伙伴往往与过早性行为和无保护措施的性关系有关(Bozon，1993；Fergusson & Lynskey，1996；Moreau，et al.，2008)。目前，多性伙伴是指，在最近一年内至少有过两个性伙伴。三分之二的男孩和二分之一的女孩在过去一年内有过不止一个性伙伴。

只有一个性伙伴的情况在女孩身上更为常见[1]。在15—19岁青少年中，男孩和女孩在过去一年内性伙伴的平均数量分别为2.1人和1.4人(Moreau，et al.，2008)。

过早性行为和精神兴奋药物的使用

过早性行为和冒险行为（如喝酒、吸大麻、更严重的酗酒和更多的学业障碍）有关（Godeau et al.，2008；Pitts，ARCSHS，Rosenthal，& Keys，2006）。它会加速感情生活和性行为的分化变异，伴随着出现"繁殖"性关系和在成年时期更频繁更换性伙伴的趋势(Bozon，1993；Lagrange & Lhomond，1997)。

性"早熟"的青少年通常也是在青春期发育过早的青少年，因此，他们也会结交年纪较大的同伴（与他们的生理发育年龄相仿）并发展出一些与他们程度相似的行为，比如性行为（R.Courtois，Bariaud，& Turbat，2000；Stattin & Magnusson，1990）和精神兴奋药物的使用（Ge et al.，2006；Westling，Andrews，Hampson，& Peterson，2008）。

我们发现在15岁青少年中，性活动频繁的人经常吸烟的比例

---

[1] 在15—19岁青少年中，18.5%的人表示在过去一年内节欲，46.6%的人表示只有过一个性伙伴，还有34.9%的人表示有过多个性伙伴(Moreau，et al.，2008)。

高达 40%，而在从未有过性行为的人群中，这个比例只有 10%（Kuntsche & Windlin, 2009）。出现这个情况的原因或许在于，这两种行为①通常在同一个发育阶段开始出现，或②与这个阶段的青春发育可能对青少年的成长和社会化发展产生的影响有关。

肛交和同性恋性行为

布雷克韦尔和费夫-肖（Breakwell & Fife-Schaw, 1992）研究了他们认为总体上更有风险的性行为，如同性恋肛交行为。这种性习惯往往和其他冒险行为相结合：喝酒、嗑药、极易感染艾滋病和其他性病的生活方式（Erickson et al., 1995）。

纯粹的同性恋关系在青少年中极为罕见（1% 到 3%），即使这些青少年"性经验"更加丰富（Lagrange & Lhomond, 1997; Schmidt, Klusmann, Zeitzschel, & Lange, 1994）。有同性恋倾向的男孩显得更容易受到伤害，因为他们的性行为会带来许多风险：面对性行为的秘密性和负罪感、遭遇年纪更大、性经历更复杂的性伙伴；无保护措施的肛交行为，大量的性经验对某些人来说总体上会导致更大的被感染风险（Athéa & Alvin, 1997; Frappier, Girard, Meilleur, & Ryan, 1997）。

声称自己在过去一年内有过同性恋或双性恋而非异性恋性关系的人，他们有双倍的可能性在这一年内出现特征明显的抑郁或生出自杀的念头，还有三倍的可能性至少有过一次自杀企图（Jouvin, Beaulieu-Prévost, & Julien, 2008）。这些人同样有着更高的吸烟、使用违禁药品、酒精依赖和心理障碍发生率。此外，同性恋者被强迫发生性关系的概率也远高于他人，在童年和成年时期遭受身体暴力的概率也更高。

青少年期怀孕和主动终止妊娠

怀孕是青少年性行为的主要风险之一,因为它常常会影响青少年身心的健康发育。怀孕问题关系到孩子的心理发育。突然怀孕在某些女孩身上激活了因为幼年时期和母亲(过于亲密或缺乏母爱)的关系而导致的恋母情结出现前的心理冲突。

2005年,13.7%的15—19岁性活动频繁的女孩已经有过一次主动终止妊娠(IVG),2000年是6.3%(Moreau, et al., 2008)[1]。拉格朗日和洛蒙德(Lagrange & Lhomond, 1997)的研究指出,在3.3%的怀孕女孩中,72%主动终止妊娠过一次,16%流产过一次,还有12%生过一个孩子。

青少年期怀孕更多地发生在出身自经济条件差和机能不全家庭的女孩身上,她们常常被寄养在别的家庭,受教育程度整体较低,甚至脱离社会,这些增加了过早怀孕的风险。出身越低,主动终止妊娠的概率就越低。但是我们也要注意到,青少年期生育可能会增加或暴露出一些同一层次的心理和社会风险:上学时间更短、就业更少、收入更低、家庭成就感更低,等等(Deschamps & Alvin, 1997)。

对这些处于青少年期的女孩的心理研究表明,她们的自我评价较低,因为她们认为自己的价值正在降低,无法掌握自己的人生,对突发状况也无能为力(Boden & Hordwood, 2006; Breakwell & Millward, 1997)。这种控制感的减弱(控制点或内在控制点)使得这她们更趋向于做出无法承受又不负责任的冒险行为。这些女孩觉得自己的个人作用和在性行为中的能力较弱,

---

[1] 性活动频繁的女性中有过一次主动终止妊娠经验的平均比例为21%。

总体上不受社会支持,也认为自己不循规蹈矩。因而,她们更有可能表现出一些抑郁障碍(Morvan et al.,2008)。

青少年期怀孕可以有好几个意义。首先,它可以证明身体功能"运行"正常,因而也可以让女孩获得一个性别身份。这时候怀孕极少为了生孩子。其次,它可以是女孩被父母认可为大人的唯一方式。最后,对女孩来说,它可以是对自己身体的一种侵犯,和对自己青少年期的一种谋杀。

维奥莱特想要一个孩子

维奥莱特·B.是个16岁的女孩。她因为在15天内两次药物中毒而入院治疗,原因是失恋和父母宣告分手。她曾经数次割腕自杀未遂,到现在我们还能看到留在她前臂上的疤痕。在与医生谈话时,她情绪非常低落。

她告诉我们,自己从14岁开始就渴望怀孕。她想证明自己可以怀孩子,因为这是证明她活得成功的唯一途径,但是她现在的男朋友不愿意。她曾在13岁半的时候意外地首次怀孕,她本想生下孩子,只可惜后来自然流产了。她说自己在童年时期有过两次性接触。13岁那年她和一个年龄较大的男孩有了第一次性关系。她总是有意识地迅速投入每一段感情关系。

性虐待和性暴力

我们在此单独探讨性虐待。之所以不把它看作冒险行为,是因为它首先并不是青少年专属的行为,且往往导致其他冒险行为,包括冒险性性行为。我们不妨以肖凯和勒杜(Choquet & Ledoux, 1994)的理论为例,他们二人曾经强调在受暴和施暴之间有着强烈的联系,或者,类似自杀未遂这样的自我攻击行为和过往性暴力史有关。后来,这些联系又多次得到证实(Michel, Aquaviva, Aubron, & Purper-Ouakil, 2008)。其他研究者指出,儿童时期或青少年期的性虐待与反社会行为、本人或周围人的社会经济条件差,以及包括性交易在内的成人冒险行为有着一定关系(Gordon & Gilgun, 1987; Stiffman, Dore, Cunningham, & Earls, 1995)。此外,个人因素如对情况(控制点)的知觉也起着一定的作用(Jordan, Price, Telljohann, & Chesney, 1998)。

冒险性性行为的共病因素或诱因

在前面几节中,我们已经讲到了冒险行为的一些诱因,以下是一些补充的思考。

以爱为主和以性为主

目前最常见的两性关系研究方法之一把性行为区分为爱情关系(以"爱情"为主)和性关系(以"性"或"生殖"为主,即以性欲为主导,多少没有考虑到感情因素)。这么区分的原因是为了能够更好地研究两者之间的相互关系(Gonzaga, et al., 2006),并找到两者之间的平衡点(Arnett, 2000)。

浪漫的爱情会让两性关系变得稳固,让性行为也更有责任感(Boyce, Maryanne, Fortin, & MacKinnon, 2003)。相反,以性为主导的关系则更容易出现冒险性性行为。

正如我们前面讲到的,过早性行为会加速感情生活和性行为的分化变异,伴随着出现"繁殖"性关系和在成年时期更频繁更换性伙伴的趋势(Bozon, 1993; Lagrange & Lhomond, 1997),涉及的往往是那些青春发育过早、上学时间较短、家庭环境较复杂的年轻人。

短暂的纯粹"性"关系与过早性行为有关,也与精神兴奋药物的使用和对通过性接触传播的传染病的预防意识薄弱有关。有这类性关系的青少年可能有过更多性伙伴和更丰富的性经验,在性关系中对自己也更放心(Fife-Schaw & Breakwell,1992)。

过早性行为和相关因素

性行为可能具有一定的风险性,具体体现在不使用有效的避孕和保护措施、性伙伴的选择、性伙伴的数量和使用精神兴奋药物上。塔佩尔等人的一项研究证实了这一点(Tapert, Aarons, Sedlar, & Brown, 2001),他把伴随喝酒和使用其他药物发生的首次和初期性行为强调为青少年常见的冒险行为。

过早性行为也与其他行为有关,如犯罪和其他性活动迹象。

伴随过早使用精神兴奋药物出现的冒险性性行为(更早开始、更频繁、无保护措施的性行为)和社会行为障碍(包括既往社会适应障碍和童年时期的家庭关系障碍)之间的相互关联已被反复强调(Canterbury et al., 1995; Fergusson & Lynskey, 1996; Tubman, et al., 1996)。但导致冒险性性行为的首要因素应该是反社会行为的过早出现(脱离家庭监护行为、犯罪行为,等等)和精神兴奋药物的使用(Fergusson, et al., 1994)。有此类行为的女孩总体上面临更大的风险。

贾斯特斯等人(Justus et al., 2000)的研究结果表明,人格特质(如冲动、追求感官刺激、社会行为障碍)与冒险性性行为之间存在一定的联系。在此类人格特质驱使下的冒险性性行为往往表现为不常采取避孕措施和对自己更放心(所以也有低估风险的可能)。

追求性的感官享受、嗜好刺激和喜欢新鲜感似乎是性行为探索的媒介(Kalichman et al.，1994)。喝酒增加了对感官享受的追求,也干扰了避孕套的使用(Cooper & Orcutt，2000)。它会导致青少年对避孕套持更加否定的态度,并减少使用避孕套(Gordon & Gilgun，1987)。

同伴影响和自我评价

在人际关系因素中,同伴影响尤为重要。当青少年发现同伴们性活动频繁,且极少采取保护措施,就更容易参与性行为,也更倾向于选择只顾眼前的冒险或其他形式的冒险行为(Currie, et al.，2004；Potard, Courtois, & Rusch，2008；Sieving, Eisenberg, Pettingell, & Skay，2006)。当青少年依赖于别人时,这个影响会变得更加明显(Salazar et al.，2004)。不过,也许这个影响是相互的,且选择与哪些同伴为伍也是由自己在性行为中的定位所决定。

那些自我评价低的青少年主体更多地参与冒险性性行为,对避孕套持否定态度,不使用避孕套,有过早性行为,有多个性伙伴,而且意外怀孕的风险也更大(Boden & Horwood，2006；Diclemente et al.，2006；Ethier et al.，2006；Gullette & Lyons，2006；Salazar, et al.，2004；Wild, Flisher, Bhana, & Lombard，2004)。

尽管如此,自我评价低和怀孕或感染 IST 的风险之间并非总是有必然联系(Ethier, et al.，2006；Salazar et al.，2005)。虽然自我评价高的人可能较晚发生性关系(Ethier, et al.，2006；Salazar et al.，2004；Whitbeck, Yoder, Hoyt, & Conger，1999),但是另一些研究表明,他们也可能过早发生性行为(Wild, et al.，2004)。

8
青少年期行为障碍和暴力行为

外显行为和内隐行为的区别

我们将会用接下来的几章(第八至十五章)来介绍其他冒险行为(或易出现冒险趋势的行为),首先是所谓的外显行为障碍。

外显行为

说起外显行为,我们会想到大量所谓"可见"的自我攻击或攻击他人的行为和冒险行为;外显行为一词援引自《儿童行为量表》(CBCL,Achenbach,1991)。我们也可以讨论一下《精神障碍诊断与统计手册》第4版(DSM-IV,APA,1996)中的"干扰行为"类别。所谓外显行为障碍可以包括:①行为障碍和②伴有注意力缺失的多动。我们将在第八章中详细介绍这些外显行为障碍(不过,在第二十八章中也会介绍这些行为障碍的预前和预后发展)。

内隐行为

所谓内隐行为障碍可以包括:①伴有抑郁情绪和躯体化障碍

的抑郁障碍;②焦虑障碍。情绪障碍和躯体化障碍将在第十一章——躯体化障碍和身体疼痛——中做介绍(第二十八章中也有相关介绍)。

行为实施和区分行为的困难

青少年的行为方式多种多样,其中就有自我攻击或攻击他人的行为。这就提到了把矛盾冲突外显化的问题(也就是说把内在的困难转移到外界中去)。这些主动行为可以表现为冒险行为的形式;有时会伴随打碎物品行为的暴怒;对他人,尤其是对家人的暴力行为;常常以团伙形式实施的暴力破坏财产和文物行为(捣乱行为很少发生在单一个体身上,一旦发生则可能引起更严重的后果);通常只有划痕的自我攻击、自杀或自残行为;(暂时)离家出走;盗窃家庭和他人财产或其他犯罪行为等。

青少年期行为障碍

行为障碍

《精神障碍诊断与统计手册》第 4 版(APA,1996)规定,行为障碍特指那些反复或持续的行为方式,包括损害他人的基本权利和破坏与当事人年龄相符的社会规范和准则[1]。这些障碍可能发生在家庭、学校或其他地方,我们可以将它们分成以下四个主要类别:

---

[1] 对于18岁以上的成年人,只有在无反社会型人格障碍判断标准的情况下,才能做出行为障碍的诊断。

1 伤害或威胁人或动物身体完整性的攻击行为；
2 损坏或毁坏物质财产，但不攻击他人身体的行为；
3 欺骗或偷窃；
4 严重违反法规行为——有此类行为的儿童或青少年常常以暴力攻击的方式来对他人做出反应，并有极度贬低自己的行为和态度的倾向，因此，也更容易产生社交功能障碍。

根据行为障碍开始出现的年龄，我们又将它分为两种亚型；这两种亚型也随着不同性别的异常行为性质、预后以及患病率发生变化：

1 始于儿童期的行为障碍，即在10岁以前出现至少一种符合行为障碍诊断标准的行为。患者以男孩为主，他们有身体攻击行为，和同伴关系处得不好。他们可能在幼儿时期有过对立违抗性障碍，并通常在青春发育期之前就出现行为障碍的所有症状。许多这类过早出现行为障碍的儿童还可能同时伴有注意力缺失和多动的情况。最后，他们更容易表现出持续的行为障碍，以及在成年期发展成反社会型人格障碍；

2 始于青少年期的行为障碍，即在10岁之前无任何符合行为障碍诊断标准的行为。这类患者攻击行为较少，且更加短暂，与同伴的关系总体较好，成年后发展出反社会型人格障碍的可能性较低。男孩的占比优势不如第一种亚型明显。

行为障碍患者具有不同的症状，其中就有：对他人缺乏同情和关怀，常常把别人的意图误解为针对自己的敌对和威胁，对自己的行为没有负罪感和内疚感，自我评价低，受挫能力差，狂躁易怒、轻率冒失，经常出事，有过早性行为，喝酒、吸烟、服用其他违禁药品，以及其他冒险行为。他们出现持续行为障碍的风险较低，也较少在成年后发展出反社会型人格障碍。

行为障碍的症状会根据年龄和性别有所不同(如在暴力行为和霸凌现象中)。年龄小点的喜欢说谎,偷货架上的商品或打架斗殴。年龄大点的喜欢破坏性盗窃或抢劫。我们发现,男孩比较不守纪律,他们更多地抢劫、打架或破坏文物,而女孩则更多地说谎、(暂时)离家出走、逃学甚至滥用精神类药物或卖淫。我们可以设定一个严重程度标准,来区分轻度、中度和重度行为障碍。比如,重度行为障碍表现为严重超出诊断标准,或对他人造成严重损害的行为(强奸、抢劫、入室盗窃、使用武器、身体暴力,等等)。但是,(伴有与年龄相符行为的)行为障碍的过早出现依然是标准的下限。根据大量研究,行为障碍的患病率在1‰到10%不等,男孩的患病率高于女孩(HAS,2005)。

《精神障碍诊断与统计手册》第4版和《国际疾病分类》第10版(CIM-10)中关于行为障碍的诊断标准十分相近,但是《法国儿童与青少年精神障碍分类》(CFTMEA)更多地提到一系列相当多样的行为障碍:运动功能亢进;进食障碍;自杀企图;因嗑药或喝酒引起的行动障碍;分离性焦虑障碍;性身份和性行为障碍;学校恐惧症和其他特征明显的行为障碍(Mise & Quemada,2002)。

注意缺陷多动障碍

注意缺陷多动障碍(TDAH)[1]的定义是"一种比一般的同

---

[1] TDAH 为注意缺陷多动障碍的法文缩写,全称为 Trouble Déficitaire de l'Attention et Hyperactivité,读者可能更熟悉其英文缩写 ADHD(全称 Attention Deficit Hyperactivity Disorder)。——译者注

龄或发育水平相同的儿童或青少年更频繁、更严重的持续不专注和/或过动/冲动"。此类疾病需根据《精神障碍诊断与统计手册》第 4 版(APA, 1996)的标准来诊断,并分为三种形式:

1　注意力障碍;
2　过动和冲动;
3　两种都有。

注意缺陷多动障碍的特点是无法完成一项任务,经常忘记,注意力不能集中,拒绝或避免接受需要持久集中精神的任务。过动即运动机能亢进则表现为身体不停运动、无法在需要的时候安静地呆着(尤其在学校里)以及无序又无效的活动。行为冲动的具体表现是不能乖乖等候、喜欢主动出手和具有打断他人的倾向。

尽管注意缺陷多动障碍在发展和心理动态方面的研究并不突出,我们还是可以提出这种研究取向,并强调(a)分离—分化、象征化及社会化过程的重要性和(b)在自我中心化过程中,自我理想化、理想化自我和超我之间的差异作用(R. Courtois, Champion, Lamy, & Bréchon, 2007)。

据此,我们可以将多动症的临床类型分为两种:

1　伴有由分离引起的过早出现行为障碍的多动症;
2　伴有由自我中心化引起的过动、焦虑、学业困难的注意力障碍。

以上两种临床类型与注意缺陷多动障碍的分类形式相符(按《精神障碍诊断与统计手册》第 4 版标准):

1　过动和冲动;
2　注意力障碍和其他(能让人注意到有焦虑表现的多动症区别于无焦虑表现的多动症的特征,或者某种形式的"行为"或"认知"类型的特征)的行为障碍。

根据《精神障碍诊断与统计手册》第 4 版的标准,注意缺陷多动障碍的估计患病率为 5％到 10％,但根据《国际疾病分类》第 10 版的标准,患病率明显较低,只有 2％(Inserm. Expertise collective, 2001b),其中,男孩的患病率是女孩的 3 到 4 倍(即男孩为 3％—4％,女孩为 1％)。随着年龄增大,患病率下降,甚至在青少年期病症就消失,但是注意力缺失的亚型症状持续更久。

行为障碍的共病因素和诱因

大部分行为障碍在成年后会消失。患行为障碍的青少年也可能有学习心理障碍,并更容易把这类问题发展成后来的焦虑障碍或情绪障碍、躯体形式障碍或滥用精神类药物。同时,出现自杀意念或自杀企图的概率似乎也更高。行为障碍也可能与过早性行为、喝酒、吸烟、使用违禁药品、经常出事和其他冒险行为有关。我们已经认识到行为障碍与使用精神兴奋药物之间的共病性(Neighbors, Kempton, & Forehand, 1992)。家庭和环境因素很重要(被父母遗弃、家教严厉、身体虐待或性虐待、遭受各种暴力、监管缺失或总体无能、监护方式改变、过早入学和反复转学,等等),但我们也应该注意到遗传、人格(气质)、与同伴关系(被排挤)等因素的作用。

正如我们之前所强调的,有行为障碍的青少年通常更容易有注意缺陷多动症和离经叛道的行为表现。这些行为障碍主要发生在男孩身上。儿童时期的注意缺陷多动障碍既预示着青少年期行为障碍,也预示着青少年期过度饮酒和过度吸烟行为。然而,注意缺陷多动障碍只有在与社会适应问题结合时才会诱发精神兴奋药物的使用。过动症和使用精神兴奋药物之间的联系也许可以解释为一种对自我调节的追求(精神类药物对情绪的作用)。

> **维多琳**
>
> 维多琳是个 15 岁的女孩,因为吞下(随身携带的镜子)玻璃碎片自杀未遂而入院治疗。
>
> 在住院恢复期间,她很难有序组织自己的行为,很容易就反复实施此类行为(再次吞食玻璃碎片和图钉),这让医护人员很是震惊。她很快就能投入到和其他青少年的关系中,并表现出一种抑郁症状以及特别害怕被抛弃的担忧。
>
> 维多琳告诉医生,自己和父母(离异)的关系很糟糕,并说自己有身体暴力倾向。她还记得曾经在快 10 岁的时候参加过(全国)柔道锦标赛和当她决定放弃柔道时父亲那失望的表情。

青少年期暴力行为

暴力的定义

暴力原本就存在于生活中,并与生活密不可分。(极端的)独断包含一定的攻击性。如果没有攻击性,那是因为得到了有效抑制,也常常与自我评价过低有关。社会上更多地把好斗当作一种正面行为来鼓励。作为应受惩罚的暴力行为很难定义,因为需要考虑特定时期下社会文化环境中社会和道德的相互作用。因此,世界卫生组织(2002)指出,在上一辈,人们习惯于用棍子打孩子屁股,英国的学校常常用打腿和手来惩罚不守纪律者,而如今,体罚学生的老师可能会受到起诉。此外,世界卫生组织(1999)把暴力定义为"蓄意运用躯体的力量或权力,对自身、他人、群体或社会进行威胁或伤害,造成或极有可能造成损伤、死亡、精神伤害、发育障碍或权益的剥夺。"

世界卫生组织(2002)将暴力分为以下三类：
1 针对自身的暴力；
2 集团暴力；
3 个人间的暴力。

个人间的暴力又分为两种：
- 家庭暴力或伴侣间的暴力(虐待儿童、伴侣间暴力、虐待老人)；
- 家庭外暴力(年轻人暴力、丧失理智的暴力行为、性侵犯、社区暴力)。

除了暴力带来的心理、身体和社会后果,我们还应该考虑到,暴力的实施者本身常常曾遭受过暴力,并/或可能有如人格障碍等精神障碍。

青少年期暴力行为的发生率

2005年,在15—19岁青少年中,有6.1%的人表示在过去一年内受到过身体袭击或伤害,其中男孩9%、女孩2.6%。在过去一年内曾诉诸暴力的比率为6.6%,其中男孩8.8%、女孩2.9%(Léon & Lamboy, 2006)。在青少年期,暴力、违抗、不文明或犯罪行为相对比较少见(要看具体情况而定)。此类行为多为男孩所有,从1999年开始调查以来发生率一直比较稳定。已经有过此类行为的青少年中有一半的人表示只做过一次(Legleye, Spilka, Le Nézet, Hassler, et al., 2009)。在11—15岁年龄较小的青少年中,10%的人至少参加过一次打架斗殴。在这一年龄段中,35%的人从来没有过暴力行为,10%的人遭受过暴力,大约14%的人打过架,还有 8%的人爱刁难人。最后,9%的人既爱刁难人又爱打架,24%的人三者都有,即既被人打,也爱打人和刁难人(Currie, et al., 2004)。

我们选择把暴力受害者放在第十三章的校园霸凌及其受害人那一部分来讲。暴力的实施者和承受者、实施的暴力和遭受的暴力、攻击者和受害者之间的区分是人为的,一是因为暴力的实施者往往也是暴力的承受者,二是因为"攻击者"或"攻击—受害者"比别人表现出更多的心理创伤迹象,尤其是自我评价降低、焦虑和抑郁障碍和更频繁出现的自杀意图和自杀未遂(Crawford, 2002; Michel, et al., 2008)。

暴力的发展性观点

从遗传或发展角度来看,暴力与生活不可分割,是生活的一个基本组成部分(好斗的冲动)。学习阶段(2—3 岁)是好斗冲动的疏通管理阶段,因为在这一时期,孩子开始学习(游戏)规则、"控制",同时它也是澄清机制的生成阶段(疏导和驱散冲动)。进入语言学习(进入符号体系的最后阶段)有利于控制好斗冲动(但当诉诸暴力标志着"象征化"失败时,情况恰恰相反)。青少年期暴力行为会引起好斗冲动突然重新出现的问题(或好斗冲动的表现)。"青春发育期"会在主体身上施加内在暴力(Gutton, 1991),也可能让主体产生内在的不安全感,这种不安全感有时会伴有"偏执狂"型心理防御。准确来说,这显然不是人格障碍,而只是以自我为中心的生活体验,里面有着对自我的"低估"和受到"外部威胁"的感觉,虽然有这种受威胁的感觉属于正常,但有时也会被无限放大。最后,青少年期差别化的敌对和违抗行为,以及必要的自我肯定行为能够为问题行为和暴力行为提供表现的机会。这些行为也可以让青少年找回对生活的掌控力,甚至帮助那些最敏感的男孩们驱散常常让他们无法忍受的消极感。

青少年期问题行为和反社会行为

R. 杰索尔和 S. L. 杰索尔(Jessor & Jessor,1977)已经强调过发生在青少年期,并可能属于集体脆弱性的一系列"问题"行为集合体。多诺万和杰索尔(Donovan & Jessor,1985)后来又提出了一个更广义的反社会概念。青少年通过暴力或犯罪行为来测试父母权威及一切在社会生活中可以代表父母权威的人和事物。这种违反社会准则或反社会倾向可能在个人因素和环境因素的影响下愈演愈烈。

青少年期暴力行为的共病因素和诱因

首先,我们应该考虑到暴力情况的各项因素:
- 施暴者;
- 受害者;
- 施暴者和受害者之间的互动,包括暴力行为发生前的关系;
- 暴力行为发生的背景。

因此,受害者可能曾经是施暴者(受害者/攻击者或被动/主动主体),或常常当"替罪羊",并准备保持沉默不告发种种令人无法接受的暴力行为,甚至反而在本不应该定性为暴力的行为前倒下。发生在班级里的暴力可能来源于在另一个班级里产生的过节。

我们还应该注意到青少年对自己实施和遭受的暴力所赋予的意义以及知觉方式。在生活中，暴力几乎总是被看成别人的事，跟自己无关，且主体也未意识到自己曾有过实施暴力或参与其中的可能。暴力可以是用来应对过分紧张的人际关系、不可能的分离、不对等关系的一个手段。我们需要不断思考它的意义，即它究竟是主要由男孩因不良或夸张的分化过程发起的"一般"暴力（外显行为），还是在这个年龄更加罕见的一些精神病理现象。矛盾的是，暴力可以是为了摆脱现有生活困境，在绝境和个人发展失败面前为了重新创造时间而发出的一种求助信号。

在个人因素方面，我们主要谈谈心理因素，如人格特质（如冲动）、过动、难以控制感情和行为，更笼统地说，对逆境做出反应的能力（适应和压力管理）。受暴是施暴的一个重要诱因。暴力可以是与主体的生活经历相互作用的应激反应，或为达到某种违法犯罪目的的主动行为。

同伴影响对暴力行为具有显著作用，这个作用体现在青少年受到同伴排挤或需要通过实施暴力行为来证明自己和被同伴接纳等情况下。

群体内部所认同的价值（心理价值、衣着品位……）与外界的价值相对立，从而在加强群体身份认同感的同时，伴有群体自我封闭的风险。危险的是，群体内部成员不仅会把他们以外的人看成异类，还会认为这些人无能。在某些情况下，群体身份似乎会掩盖个人身份，群体意志似乎能取代个人自由意志。某些有焦虑感或不安全感的青少年只有在群体中才觉得自己能干。

家庭因素可以包括抛弃、虐待或其他各种形式的教育问题（甚至包括在有些家庭里，当孩子有类似孩童般"无所不能"的行为和性格障碍时,父母亲因为担心自己不再被孩子所爱而不敢约束这种看似不起眼的问题)、对父母的不安全型依恋、社会学习和模仿复制(经常与有犯罪行为的同伴来往)、不遵守或不够遵守象征性法律……

当孩子没能理解父母的失职和暴力时,他们只能等待自己变得比父母更强壮,好让自己像"古兰戴萨[1]"对抗"古兰戴萨"那样与他们对抗。这是一种以实现平等为目标的超越,它会阻碍青少年进入所有个体、青少年和成人都要经历的象征化或"象征性阉割"过程。社会—经济地位或家庭经济水平、居住地点、对某一社会集体的归属感也是引起暴力行为的因素。

社会因素可能来自媒体影响(如电视剧中常见的未经过滤的暴力镜头、计算机工作台和其他计算机信息载体的大量普及、电子游戏的发展所带来的暴力信息)、失去定位、分离困难,等等。但最主要的影响来自主体所在社区的人口数、迁居情况和底层结构,以及一切有利于或不利于日常生活质量提高的因素。

学校也可以成为一个滋生暴力的系统;学生的问题行为或冒险行为能够证明学校教育整体的机能不良,如同在一个企业里,居高不下的请病假人数能够证明集体的精疲力竭。在这些情况下,个体遭受的压力无法像在一个由讲究实际又有同情心的人领导的团结集体中那样被听见、倾听和认可。这就导致学校教育起不了什么大作用。

某些暴力行为表现为针对自身的冒险行为(使用违禁药品、荒

---

[1] 古兰戴萨(Goldorak)为日本动画片《UFO魔神古兰戴萨》中的机器人角色。——译者注

废学业、脱离社会、无保护措施的性关系,等等)。其他行为则因其反复性和持久性而具有一定的风险(如吸烟、喝酒)。最后,我们还需要强调冒险行为之间的结合和相互增强作用(Irwin, 1993; Jessor, 1992)。此外,我们也强调过青少年期施暴行为和自杀企图之间的因果关系(Michel, et al., 2008)。

手里拿着刀的贝特朗

年轻的贝特朗只有16岁,他因为用刀暴力袭击他人而入院治疗。他从4岁开始被人领养。

他在自助商店里用刀恐吓过一个同学,然后又威胁了赶来制止的老师,还装出把刀转向老师的样子。当天上午他还袭击了他唯一要好的同学,想要掐死他。前一晚,他在Facebook上给他俩共同的女性朋友留言说自己打算干点蠢事。他还说要找一个武器备用。所有这些行为最终导致他几天后彻底被学校开除。

在住院恢复期间,我们发现这个男孩有严重心理障碍,他很压抑、和别人处不好关系、常常"受到伤害",看上去像是被邻居虐待过身体或"滥用弱点",因他曾在这位邻居的虐待下(毫无根据地)匿名举报了自己的父母。贝特朗待在这位邻居家的时间越来越长,连他父母都阻止不了。

我们把他的暴力行为理解成一种想要摆脱这种生活困境的求助行为。

9
机动车辆危险驾驶行为

临 床 描 述

　　道路交通危险行为(机动车辆危险驾驶行为)包括超速、不小心驾驶、摩托车或汽车非法飙车、合法或非法精神兴奋药物刺激下的驾驶行为(血液酒精浓度超标或吸食大麻)、不系安全带或不戴头盔、不遵守道路交通规则(Coslin, 2003)。

　　意外事故的定义是一个突然发生的偶然或意外事件(Assailly, 1997),因此,事件发生与否不以受害者的意志为转移。意外事故在12—25岁年轻人中发生概率最高。道路交通事故则是15—24岁年轻人的头号杀手,甚至超过自杀。这一年龄段发生意外事故的概率是其他年龄段的两倍。2000年,该年龄段人口占总人口的13%,但占道路交通死亡人数的26%和重伤人数的31%(Assailly, 2001)。男孩的道路交通死亡率是女孩的3到4倍。男孩有更多的冒险行为。2005年,在15—19岁青少年中,18%的男孩和13.2%的女孩表示在过去一年内发生过至少一起必须就医或入院治疗的交通事故[1]。摩托车交通事故是 15—19 岁男孩发生频率最高的交通事故(男孩 8.9%、女孩 1.8%)。我们还注意到,55% 该年龄段的男孩在过去一年内驾驶过摩托车,而女孩则只有 35.5% (Bourdessol & Thélot, 2008)[2]。女性在汽车交通事故中的受害人数更多,而男性一般则是摩托车、轻便摩托车或低座小摩托车交通事故的主要受害者。

青少年期机动车辆危险驾驶行为的共病因素和诱因

青少年和年轻成年人突发的交通意外事故由许多相互作用的因素所导致:缺少驾驶经验、车辆有安全隐患或超载、超速、疲劳驾驶、新手司机夜间行驶、不按交通规则行驶(即不保持限定车距、不按交通指示牌行驶)、不系安全带,还有酒驾、毒驾(吸食大麻或其他违禁药品),特别是在夜晚狂欢之后。因此,《健康晴雨表》调查显示,高达两成的交通事故受害者表示,在过去一年内自己至少有过一次醉驾。但是,导致交通意外事故的原因不仅仅是喝酒,还有使用精神类药物(Bourdessol & Thélot, 2008)。

绝大部分交通事故都是人为因素导致的。重点是,我们需要

---

[1] 我们也知道,交通事故的发生率统计并不全面,因为受访者存在记忆误差,且家庭来电调查的形式不能涵盖尚在医院接受治疗或在交通安全再教育中心接受再教育的那部分人。

[2] 该年龄段的受访者最近几次有报告的意外事故主要由运动和休闲娱乐所致(超过 42%),然后是摩托车交通事故(将近 19%)、汽车交通事故(7%)、家庭意外事故(10%)和工作中发生的意外事故(12%)。

知道某些(定义为意外的)交通事故是否存在某种冒险因素。也许,我们应该将交通事故分为:①由不可避免的错误或原因导致的交通事故,②驾驶员行为(不小心驾驶、疏忽驾驶)导致的交通事故,以及③有预谋的危险驾驶行为导致的交通事故(Michel,et al.,2002)。虽然我们并不考虑为数不多的可能引发第三类交通事故的年轻人,需要强调的是,有相当一部分共同心理因素会增加交通事故风险:以追求自我肯定为目的的冒险行为、追求极限和违抗、在横冲直撞中追求速度但通常又觉得自己能够保持控制、否认一切风险或过分相信自己的驾驶技术——那些青少年认为自己发生交通事故的风险低于同伴(Finn & Braggs,1986)。摩托车或汽车已经成为一种新的自主象征,这一事实能够强化这一背景,并加强控制感、独立感和全能感[1]。形成这种汽车驾驶中的无懈可击感的因素还有驾驶人的主动性,驾驶人似乎能决定一切并是唯一的操控者(Peretti-Watel,2000),而乘客知觉到的危险总是明显高于驾驶人,因为他们的生命完全由驾驶人及其态度来掌控。

因此,我们需要区分:

- (有意识的)冒险行为,这类行为否认一切风险(相信自己可以操控一切,无所不能),因为追求自我增值而变得义无反顾,因为自信和对突发事件的盲目乐观而更加决然;
- 未知或被否认的风险(Pérez-Diaz,2002)。在这种情况下,主体完全要碰运气,因为他们无法预知客观风险,但这些客观风

---

[1] 这让我们想到那首由让·德雅克(Jean Dréjac)创作,艾迪特·皮雅芙(Edith Piaf)演唱的著名歌曲《骑摩托的男子》,甚至塞日·甘斯布(Serge Gainsbourg)的那首《骑着我的哈雷戴维森,我不需要任何人》。

险可能已经存在。

最后，我们还应该考虑到自残或自杀因素（Granboulan，1997），这两种因素可能与潜在的病态心理障碍或精神疾病（如抑郁症）有关。某些交通事故可能是一些变相自杀行为。

10

运动和家庭意外事故

日常生活意外事故

临床描述

日常生活中的意外事故虽然有所减少,但依然相对频繁:15—19岁青少年中,18%的男孩和13.2%的女孩表示,在过去一年内曾经至少有过一次必须就医或入院治疗的意外事故。此类事故既包括发生在家里或家附近的突发事件(家庭意外事故),也包括运动和休闲意外事故、工作场所意外事故、实习期意外事故或机动车辆交通事故。15—19岁男孩最常见的意外事故有:摩托车交通意外(8.9%);运动和休闲意外(7.4%);工作或车间意外(7.1%);家庭意外(1.2%);自行车交通意外(1.2%)和汽车交通意外(0.7%)事故等。15—19岁女孩最常见的意外事故有:运动和休闲意外(5.8%);家庭意外(2%);摩托车交通意外(1.8%);工作意外(1.7%)和自行车交通意外(1.2%)事故(Bourdessol & Thélot, 2008)。在2000年和2005年的两次《健康晴雨表》调查期间,运动和休闲意外事故有所减少,同样减少的还有摩托车交通事故,相反,汽车、自行车交通事故和家庭意外事故均保持了原来的发生率。(男孩的)道路交通安全事故常常与喝酒和吸毒有关。

日常生活意外事故的共病因素和诱因

虽然日常生活意外事故不一定属于冒险行为,但是我们仍要特别强调,反复发生的意外事故可能具有它们的意向性和诱因(比如与父母关系的好坏或潜在情绪障碍)。同时,有些意外事故会突然发生在某个特定的背景下,该背景不禁让人想到意外事故的突然发生不仅不是件坏事,反而可能是让青少年绝处逢生的契机。

运动意外事故

身体消耗

在青少年期,由青春期转变造成的特殊问题可以用来解释针对身体的自残行为。的确,青少年因为需要重新适应自己那出现第二性征的身体,所以必然会有冲动产生和身体变化。身体既是消耗的对象,也是强烈的自恋投注和行为幻想发生的场所,当语言不足以表达全新感受和感情的强烈程度时,它还是与外界交流的工具。参加一项运动是适应身体变化的可能途径之一。它的动机可以是追求快乐、学习新技能和渴望合群(Field & Steinhardt, 1992; Weiss & Chaumeton, 1992)。它是获得即时经验的一个途径,也能满足青少年期特有的对强烈刺激感的需要。这也是对处在变化中的身体运动机能的运用,即既要继续保持儿童时的运动机能,又企图重新掌控身体;这一点也可能引起"运动机能亢进",

即过度透支体力,而过度的身体控制训练也可能导致身体机能的退化。然而,即使表面上看起来不消耗身体,造成这种抑制的原因也可能是身体透支。最后,运动似乎也是保护主体不受焦虑和抑郁影响的一个因素(Choquet & Arvers, 2003; Choquet, Bourdessol, Arvers, Guilbert, & Peretti, 2001; Raglin, 1990)。它有利于促进个体发展、提高自我评价、降低自杀倾向,总的来说,有助于青少年更好地融入社会(Duret & Augustini, 1993; Melnick & Mookerjee, 1991)。

运动意外事故的临床描述

总的来说,15—72岁的人群中大约有一半(45.7%)参加有益健康的运动(Escalon, et al., 2008)。青少年基本上都参与其中,至少在体育课上。体育运动是造成青少年身心伤害的一个不可忽视因素(大约有三分之一的青少年在过去一年内有过因运动而身心受创的经历)。这些创伤大多发生在男孩身上,且多为身体外伤(骨折、扭伤、挫伤),在有活动范围限定的运动中,意外事故通常出现在体育设施的使用过程中。可能是体育比赛中出现的危险(为了追求超越自我?),也可能是日常运动中出现的意外事故。

有些运动本来就有一定危险性(如高空跳伞、海上跳水、赛车)。每种运动都有一系列的动作规则,遵守这些规则能保障运动时的安全,而违反则会产生必然的风险。然而,有些所谓的"危险"(或具有很大的偶然性风险的)运动对某些青少年或年轻的成年人来说,可以是一种寻求强烈感官刺激的手段,即使他们冲动地反复进行这项运动会大大增加发生危险的可能性（Michel，et al.，2002）。为此，我们不妨再次以蹦极或高空跳伞为例（Adès & Lejoyeux，2004）。

青少年运动意外事故的共病因素和诱因

反复意外事故对主体与环境的相互作用提出了同样的问题，因为环境已不完全是造成意外发生的偶然因素，这里可能包括了主体想要通过冒险自我增值的成分，具体表现为寻求认同、追求挑战和同伴间竞争、想要得到赞许和高估或追求自己无懈可击的感觉。家庭因素（如家庭关系好坏）或个人因素（如合法和违禁药品的使用）也可以是造成意外事故的诱因。

11
躯体化障碍和身体疼痛

焦虑抑郁症

临床描述

(伴有躯体主诉的)焦虑抑郁症是一种内在障碍。焦虑障碍和情绪障碍有着很强的共病性,焦虑障碍甚至可以是情绪障碍的一个既往史。畏缩、行为抑制和心理社会能力不足可能导致焦虑抑郁症。

通常,抑郁的发作具有以下特点:

- 特有标准(抑郁情绪、丧失活动兴趣或乐趣、自我贬值感、过度或不恰当的内疚感、反复出现自杀念头);
- 非特有标准(睡眠障碍、精神运动性激越或迟缓、食欲障碍、注意力不集中、疲劳或乏力),此类标准会出现相当长的一段时间(DSM-IV;APA,1996)。

青少年期抑郁障碍的症状可以部分参考成人的临床表现,同时也要考虑到些特殊的临床症状,因为青少年期具有特定的行为障碍、自我评价降低(自我贬值)、躯体主诉、自杀企图和幻觉

(Inserm. Expertise collective，2001b)。精神抑郁常常和重度抑郁症关联在一起，它本身的发病频率很难估算。

在15—19岁青少年中，4.1%的男孩和9.9%的女孩有过一次特征明显的抑郁发作(EDC)即人们所称的重度抑郁发作(EDM)。女孩比男孩更常受到复发性、长期性抑郁症的困扰：3.3%的男孩仅发作过一次，0.8%的男孩复发过一次；5.1%的女孩仅发作过一次，4.2%的女孩复发过一次，0.7%的女孩则长期抑郁。女孩的抑郁症更多表现为综合征，相反，男孩的抑郁症则更多呈现单一症状(Morvan, et al., 2008)。人们对亚综合征或轻度抑郁症做的虽然是副诊断，但它们也会引发显著的自杀倾向(自杀念头和/或自杀企图)。是否就医治疗同样取决于性别因素。在15—19岁有抑郁障碍的青少年中，女孩的治疗率明显较高，为54.4%，而男孩的治疗率只勉强达到18.2%(通过看医生来得到帮助，治疗形式不限)。比起女孩，男孩更希望通过自己的努力走出抑郁障碍，他们不太把抑郁当回事，对专业医护人员也不太信任，得到的治疗也就更少。然而，这样做的风险很高，因为抑郁是诱发青少年特别是年轻成年人自杀的主要精神病学诱因。抑郁发作对有"临床症状"的人影响更为严重。在接受儿童精神病学治疗的青少年中，大概有40%的人有抑郁主诉，其中大约10%的人有过一次特征明显的抑郁发作(Marcelli, 1990)。

情绪障碍的共病因素和诱因

焦虑症、甚至引起焦虑的恐惧症和强迫症、情绪障碍都会诱发精神兴奋药物的使用(特别是酒精和大麻这两种能够暂时缓解情绪障碍影响的药物)。在焦虑症和捣乱行为之间有着很强的共病性。同样地,重度抑郁症也和自杀意念和自杀率有着密切的联系。自杀意念的强烈程度取决于抑郁发作的严重程度。那些已遂的自杀行为往往具有精神病学诱因,其中就包括抑郁症。比起男孩,女孩更容易受到影响,也更多地表现出自杀意念甚至付诸行动。她们的特别之处在于更频繁地出现负罪感、疲倦感,也更容易感受到身体不安或出现自我贬值,甚至妄自菲薄(Olsson & Von Knorring,1997)。这里面还可能产生身体的病理性反应,如进食障碍。对男孩子来说,还应该关注他们的喝酒、吸毒行为及其与行为障碍之间的关系(Lewinsohn, Rohde, & Seeley, 1996;Michel, Purper-Ouakil, & Mouren-Siméoni, 2001)。他们较不善于反省,也不轻易说出自己的问题以获得帮助[1],因此针对他们的心理诊断也就很难进行。

此外,我们也应该注意到,家庭的焦虑和/或抑郁障碍也会诱发青少年的焦虑抑郁症。抑郁障碍在儿童时期的过早出现可能导致长大后更频繁的人际关系、情感和行动障碍。家庭内部缺乏沟通或成员关系障碍都会增加青少年患抑郁症的可能。社会能力缺陷往往会引起自我低估。最后,抑郁障碍也可能与B类群人格障碍有关(反社会型人格、边缘人格、表演型人格、自恋型人格)(Inserm. Expertise collective,2001b)。

扬——焦虑障碍和人格障碍

扬是个快满19岁的男孩。他因为焦虑危机在父亲的陪同下来看医生。目前的危机不太寻常,已经持续了大约3周时间。

---

[1] 俗话说得好:女孩爱哭,男孩爱闹。

他有时会手脚抽搐，但这不是问题的关键。他的危机总是表现为肚子疼。"这是我唯一的软肋"，他说。

主治医生问他去年是否有抑郁症的表现，但实际上，他的这些危机从三年前在意大利的一次修学旅行就开始了，那时他刚上高中。扬解释道："那次修学旅行我本不该去的，但我那时觉得自己可以。""我必须告诉您，小时候，我参加过一些高水平的体育比赛，后来我不得不放弃了，因为我和我的俱乐部没能去参加一个在突尼斯举行的国际比赛，也就没能去巴黎培训。我那时十四五岁，在国内水平拔尖，但我知道自己走不了更远。从那以后，我总是担心自己肚子疼，这让我烦恼极了。"

他的父亲说："我不知道是不是跟那件事有关。五年前，我发生了心肌梗死，不得不靠一个冠状动脉血管成形术抢回了命。从那以后，我就很难恢复工作，并开始时不时喝点酒。我的妻子为此还和我闹翻了。"他接着说："扬，你也该说说两年前发生的事情。"扬接过父亲的话，说："17岁那年，我有五六个星期没能去上学。我觉得大家都在欺负我，学校里的每个人都在看我。甚至在草坪上也有人跟着我。我觉得自己遇到了危险。这种情况大约持续了一个月。当然，现在早就好了。"扬的父亲是个社会工作者，他认为自己和儿子的关系很亲密。但他自己的心理也不甚健康。在许多方面，扬都让他想到自己的青少年期。扬的母亲有时还会叫儿子"我的宝贝"；她不会对第二个人这么叫。扬坚信自己为了不让父母分开付出了很多。

他从未有过其他的严重危机。只是偶尔在感到精神紧张时，到花园里吼上几声来排解不适。他已经上高三了，也在上辅

11 躯体化障碍和身体疼痛

导班,但成绩不太理想。高中会考对他来说就是个必将到来的最后期限,给他带来"压力"(他说),"尽管我实在不想升学"。未来让他感到害怕,他不愿意去想。"您知道,我是喜欢过一天算一天的人。"

随着谈话深入,扬对医生更加信任,他谈起了自己很重视的一段恋爱关系。他自认为能吸引女孩,特别是那些遇到困难的女孩,他觉得自己有这方面的"天赋"。有人甚至让他干脆改名为"拯救者扬"。他的前任女友和之前那位一样,都在童年时期经受过性虐待。人们说她是个随便的女孩,总是和许多男孩出去约会,然而,是他改变了她。当这段恋爱关系结束时,他简直不敢相信。"她会回来的,她是那么的需要我"——他总是这样想着。可是,当他意识到她也许再也不会回来,就把火气都撒在了她留下的那些本该拿回去的东西上。

他现在的女友洛尔刚刚向他提出了分手。扬对此感到非常惊讶,根本无法理解。"我不明白,为什么她离开了我,她的兄弟和父母明明都很喜欢我。我本该成为他们的乘龙快婿。哦,他们一定失望极了!"过了一会,他又说:"我是个变色龙,别人想让我怎么样我就能变成怎么样。"

当他再次见到洛尔时,他心想着她已经回心转意,并意识到他们走在街上迎面遇见的那些女孩都只把眼光投向他。如果他愿意,他本还可以随心所欲地从中挑一个或一些出去约会。只可惜,洛尔最后还是选择和他继续做朋友。"我们俩是天生一对,她承认了这一点。"扬说。他的一个男友对他说洛尔这么对他,让他那么痛苦,简直就像个婊子。无论如何,她都本该在分手

> 之前留点时间让扬找到新女友的。
>
> 　　隔了一段时间再来谈这次分手,扬还能想起这段关系结束前他和洛尔最后的相处情景:"有一个周末,她痛经而我肚子疼。做个女人应该也不会难倒我。我理解她们,她们身上有能够吸引我的美好。"
>
> 　　他也思考过洛尔对他的指责,那就是他总是让其他女孩欠他情债,对他有愧。

躯 体 主 诉

临床描述

　　躯体主诉是青少年期(甚至青少年初期),尤其是女孩中常见的一种心理障碍表达途径(Jacquin, 2002)。它可以表现为真实或主观臆想的身体疼痛,但主要用来表达由不满、不完整感转化而来的痛苦的真实生活体验,以及对他人的情感需求。这也是一种带有某些自恋成分的渴望被照顾、被关注,甚至回归(母亲怀抱)的诉求。

　　这类躯体主诉往往表现为一些所谓的"功能性"障碍(与器质性疾病相对)。有时,我们甚至把它称为"小毛小病"(头疼、肚子疼、恶心呕吐、轻度晕厥或失去知觉,等等)来强调这类障碍的轻微性(虽然有时可能会形成更严重的病理)。然而,躯体主诉又更常见于去校医务室的青少年,特别是女孩(Choquet, Pommereaux, et al., 2001),她们更愿意说出抑郁症对自己的影响,也更多地希望使用抗精神病药物来治疗自己。她们对自己的身体也有更多的不满。

性别的作用在这一类青少年精神障碍中非常明显(Jacquin, 2002; Le Breton, 2005; Tursz, 1993)。正如我们之前所强调的,躯体化障碍(和内隐行为)或某种程度上的后撤和退缩行为都是女孩们的专利,而男孩们则更多地表现出决裂行为,采用的方式也更加激进和暴力,并带有反社会色彩,也就是攻击和违抗行为。

躯体主诉的共病因素和诱因

虽然暂时或持续的躯体主诉并不一定就是冒险,但它仍然是一种人际关系模式,表达对受人照顾或发生改变的期待。它也是女性特有的一种表达方式。躯体主诉还与抑郁障碍、自我贬值感,以及频繁的自杀意念和自杀企图有关(Choquet, Pommereaux, et al., 2001)。

12
自残行为

划痕和自残

临床描述

像留下划痕(即表面切口)这一类的自残行为是指无自杀意念的故意行为。自残行为可以是短暂的,也可以在一个规定仪式般的背景下或在冲动的驱使下反复发生。大部分情况下,它是紧张、失望或与旁人发生冲突时的冲动行为。这些自残后留下的(皮肤)划痕具有多种功能:

- 引起大人的注意;
- 释放压力,通过感受身体痛苦来停止精神煎熬(将压力影响转化为具体的外在表现);
- 调节内心紧张;
- 试图通过与现有处境决裂重新为自己争取时间;
- 更笼统地说,获得一种别处无法施展的控制感。

划痕涉及的青少年数量不容忽视,且仍在增长:女孩10%到15%不等,男孩5%。通常划痕留在手背、手腕、前臂(身体的可见部位)上,而极少出现在大腿、腹部、颈部、胸部或生殖器官上——这些非典型区域上的划痕标志着自残行为达到了严重的程度(Duverger, 2006; Le Breton, 2006; Nock & Prinstein, 2005; Pattison & Kahan, 1983; Pommereau, 2006b; B.Richard, 2005)。

划痕和自残的共病因素和诱因

这些划痕让人想到自我贬值、冲动和缺乏充分准备的问题。划痕和自残与焦虑抑郁症、成瘾行为(如进食障碍)和边缘型人格障碍有着很强的共病性(Kernberg, 1992; Zlotnick, Mattia, & Zimmerman, 1999)。过往身体创伤,如童年时受到的性虐待,是自残行为的诱因(Romans, Martin, Anderson, Herbison, & Mullen, 1995; Zlotnick, et al., 1999)。性虐待开始得过早和童年时期的粗心大意都可能有力地预示着自残行为的突然发生及其严重性(Van der Kolk, Perry, & Herman, 1991),而青少年时期受到的性虐待似乎更容易导致行为障碍,如滥用精神类药物、酒精依赖和鲁莽的冒险行为。

自 杀 行 为

自杀观念的形成和自杀企图

15—19岁青少年在过去一年内产生过自杀想法的比率比其他年龄段都来得高,为8.5%,而其他的年龄段的比率为(20—25岁5.3%,55—64岁5.4%)男性5.9%,女性11.4%(Michel, et al., 2008)。我们也知道,自杀想法在青少年群体中十分常见,因为他们开始进入生命的有限周期(至少开始更强烈地意识到自己和父母都会死,也开始思考有关人生意义的生存问题)。有意识的死亡欲望也很常见,但可惜,即使这些欲望真的化作行动,最后的结果也只能是死亡。世界卫生组织给自杀企图下的定义是:"一切旨在完成针对自身的暴力行为(割脉、跳楼、上吊、开枪自杀、煤气中毒)或超治疗剂量吃下一种毒药或药片(精神类药物和对乙酰氨基酚衍生物)的故意行为"(Krug, Dahlberg, Mercy, Zwi, & Lozano-Ascencio, 2002)。除割脉以外,其他行为,如酗酒和吸毒、"异常"行为或重复事故,也相当于间接自杀。

15—19岁青少年在过去一年内出现自杀企图的比率最高(0.9%,其中女孩的比率高于男孩,分别为1.3%和0.5%)。这个百分比随着年龄的增长逐渐下降,直到75岁时变为零(Michel, et al., 2008)。自出生以来产生过自杀企图的青少年(女孩7.5%、男孩1.8%)也同样证实了女孩在这一行为上的绝对占比[1]。有自杀行为(自杀意念和自杀企图)的青少年更需要得到治疗(Movan, et al., 2008)。

自杀企图的共病因素和诱因

当青少年觉得自己已经陷入绝境,又没有其他办法来求得身边人的帮助时,他唯有用冒险行为来传达一个求助信号,并试图就此脱离自己目前的困境。一般来说,冒险举动更严重的青少年,往往

---

[1] 在2005年《健康晴雨表》调查的所有受访者中,有5%表示有生以来曾经有过一次自杀企图(人约2.9%的男性和7.1%的女性)。其中,将近三分之二的受访者还曾在自杀未遂后被送入医院。

已经有过冒险尝试(如自杀企图过往史),并表现出个体的精神脆弱性和家庭功能不良:口头暴力、屡次冲突、对家庭的负面看法、父亲或母亲酗酒或有精神病(抑郁、有过自杀未遂),过往遭受过身体或性暴力(Bonnet, Raynaud, Chabrol, Benesteau, & Morin, 1994; Choquet & Granboulan, 2004; Choquet & Ledoux, 1994)。

我们已经知道,自杀意念的强度取决于抑郁发作的严重程度,但这很少会导致真正的自杀风险。焦虑障碍和抑郁障碍(及其严重性)的双重作用会大大增加产生自杀企图的可能性(Michel, et al., 2008)。另外,在没有医生处方的情况下大剂量地服用精神类药物也会造成一过性的抑郁症,从而引发自杀企图。人格特质,如冲动,也是自杀行为的一个诱因。此外,生活事件可能会加快自杀行为的实施,而自我评价低和过早又长期的人际关系障碍则会使青少年更易产生抑郁。至此,我们可以把自杀企图的共病因素和诱因分为:

- 原有的脆弱因素,如过早失去亲人的不幸、童年时期受到的虐待(性虐待和身体暴力);
- 后来的诱导因素,如自杀企图前的人际冲突(法国医疗健康署,2005)。

最后,我们还注意到,过往的自杀未遂史和抑郁症一样,也是保持自杀意念(及其强度)的促进因素。

此外,有自杀企图的青少年也可能更嗜好喝酒(这样做同样有解除抑制的作用,从而促使自杀行为的发生)或使用其他合法或非法药物(大麻),更经常逃学或做出其他捣乱行为。这些共病因素很可能标志着能导致自杀企图的心理障碍(Michel, et al., 2008)。我们还发现,过往的离家出走史也和自杀企图有着一定的联系。

最后，我们或许可以提提相当一部分等同于自杀的冒险行为（Adès & Lejoyeux，2004），即那些或多或少具有明显特征的自我破坏行为或情形，如某些过量饮酒和/或反复醉酒、吸毒、高危险性行为、某些受社会排挤的情形、重度进食障碍、不配合某项性命攸关的治疗，等等（Granboulan & Alvin，1997；Marcelli & Braconnier，2008）。

自杀企图、多次自杀企图和既成自杀

既成自杀主要发生在年龄较大的青年或成年人身上，以男性居多，且几乎总是和某个潜在的精神疾病相关（约90%的案例）：

- 大约60%的案例与抑郁症有关；
- 其他的案例也可能涉及慢性精神病理、精神官能性抑郁症、酒精依赖或重度残疾（Choquet & Granboulan，2004；Shaffer et al.，1996）。

既成自杀行为一般使用更加孤注一掷的方法，如跳窗、上吊、开枪自杀、卧轨（火车、地铁）。

而自杀企图则主要发生在年龄较小的青少年身上，以女孩居多，一年内复发率为20%到50%不等，如发生在首次自杀企图后的头两年。死亡意向通常较弱，这就可以解释死亡率较低这个现象。因为青少年期的多次自杀企图可能导致死亡率的增加，所以发展下去的结果更加堪忧。针对初次自杀者和多次自杀者的对比研究非常少。有多次自杀企图的青少年似乎有更多的抑郁障碍或更严重的心理障碍，其社会和家庭特征通常也更不乐观（Choquet & Granboulan，2004）。

阿迈尔的案例

阿迈尔在16岁半的时候幸运地再次见到了6年前曾经随访过他，后来又一直在成人精神病学领域工作的那位心理医生。这一次，他是因为跳窗自杀未遂而被送院急救。

大约10岁那年，阿迈尔曾经接受过几个月的心理随访治疗，那时他的母亲和继父因为继父嗜酒和夫妻家庭暴力而分居。他同母异父的妹妹吉赛尔当时只有1岁。阿迈尔不知道父母亲为什么在他3岁时就分居了，但他把这件事归因于外祖母的去世。他的父亲马丁·R. 先生今年44岁，和一位女友住在一起，阿迈尔虽然挺喜欢她，却还是无论如何都很难接受她。他的母亲科琳娜·B. 今年38岁，从那时起就独自一人带着他和妹妹吉赛尔生活。关于6年前的这一次随访，阿迈尔没有任何记忆，但在精神卫生中心（CMP）接受的最初几次治疗却给他留下了深刻的印象。那时，他用橡皮泥捏着小雕像，几乎没说什么话。他还记得那阵子妈妈身体不好，妹妹每晚都要把他们哭醒。他成了家里唯一的男人，几乎见不到他的父亲，与对他怀恨在心的继父也再没有任何联系。

当6年前的那位心理医生再次见到阿迈尔时，不禁被他提出的让父母重新在一起的幼稚要求震惊了。从某种角度来说，他认为成功把父母一起叫来医院陪他就意味着重新为他们建立了类似夫妻的关系。他并非存心彻底惹恼母亲，尽管母亲不太赞同前夫的介入，尤其不想让前夫主动参与儿子的事情。

自从第一次谈话之后，阿迈尔就又表现出了与6年前随访治疗时相同的病症：因恋母情结和妹妹争夺母爱（至今仍有发生），和母亲相处时更加形影不离和兴奋不已。他仍然在抱怨和母亲同睡一张床这件事，甚至要求医生作为第三方出面调停结束这件事。B女士向医生解释说自己不得不跟儿子挤一张床，因为他们租住的公寓户型结构不好，而且只有一个卧室；阿迈尔和她在客厅里搭了床，而吉赛尔就睡自己的房间。眼看这种局面无法再维持下去，B女士很快就找到了解决问题的办法。她同意搬到一个没有窗户的小间里，只不过里面什么都没有，只能睡个觉。心理医生顺着第一次谈话的内容，讲到6年前的阿迈尔在继父离开之后就已经变成他母亲身边的一个"男人"了。这在那时无疑让他更加觉得自己无所不能。如今，他看上去是那么焦虑和不自信。他认为母亲太过关心妹妹，而妹妹仗着母亲的宠爱净给他惹麻烦。"她简直就是个小婊子"，阿迈尔说。

重新接受随访治疗的一年后，情况并没有多大改观。阿迈尔最后不跟妹妹说话了，有时几乎不把吉赛尔当妹妹，有时又在吉赛尔面前过分以兄长自居，甚至动手打妹妹，企图掌控兄妹俩之间的关系。他对学习和工作的那些雄心壮志看上去越来越不可能实现。事实上，阿迈尔已经因为学习困难转读了职业教育高中（LEP），打算考取餐饮业职业教育证书（BEP）。一开始，他很喜欢这个学业上的变动，对他的医生也很信任，他看上去似乎对自己恢复了一点信心，也能够重新计划自己的将来。然而，事实却是刚好相反，入读职业高中没多久，他就开始出现和老师对着干、喜欢批评别人的行为障碍。他还和一两个（跟他一样不合群的）学生打起了交道。接着，一件很快会造成问题、妨碍学习进度的事情发生了。阿迈尔偷了他仅有的两个朋友之一的钱，因为这位朋友曾吹牛说自己的父母有一幢豪华别墅。他为自己在衣帽间里堂而皇之地偷来10欧元这件事辩称道："他不是说自己丢点钱也没关系，反正家里有的是钱嘛……"让事态更严重的是，阿迈尔明明被人看见"手伸进包里"，还要否认这一点，并拒绝和解。那位同学的父母对他很是不满。从那一刻起，阿迈尔就开始无缘无故或者用各种蹩脚的理由来逃学。比如"我不去上学，是因为我和那位同学在烹饪课上是个两人小组，我可不知道自己会不会打他"。

这个逃学问题在第一次实习严重失败之后又忽然出现了。阿迈尔因为和接待他的老板相处时感到不舒服而突然停止了他必修的实习课。在被职业教育高中开除后的第二年，他进入了学徒培训中心(CFA)学习，但是依然于事无补，因为同样的一幕又一次上演了：在每段实习期间或和每位将来的老板相处的过程中，他总是表现出一种不可辩驳的姿态，虽然一开始还好，但后来总会在谁都预想不到的情况下撒手不干，每次他给出的理由都是和老板处不好关系，偶尔也会有在周围生活圈子感到情感失落这样的理由。在停止在CFA的学习和开始接受社会融入综合措施(DAQUI)之后，阿迈尔很难融入学习和工作这个情况就越来越明显了。经过让每个人都饱受摧残折腾的两年后，事情出现了转机。阿迈尔好几次表达了自己的"善意"。可惜每当他隐约看见自己未来的希望时，就会发生一件事情，然后一切又回到了原点。该一次，母亲在家附近又租了一套小公寓，打算让他一个人住，但是这个"自以为是"的计划显然非常不切实际。

这让阿迈尔回忆起了自己那"险象环生的童年",但是,如果从父母亲的全力以赴和明显的好意这方面来看,这个说法也许就不那么客观了。心理医生曾经试过让不同的家庭成员来陪他,并以此强调了他那相对固定的家庭特征。B女士当然改变了很多,她自己也在接受随访治疗。可是,她变得不再执着于母子俩亲密无间的关系和自相矛盾的请求,而是要求和儿子保持距离,这当然有点矛盾,但却是出自真心。R先生已经准备好在儿子的工作计划和工作过程中支持他,所以在儿子"休假"或停工时很不适应,也可能没办法长期应对儿子的沉默寡言和他自己的暴力。

　　阿迈尔在不同学校和工作场所的停学和停工更清晰地勾勒出了他的人格特征,同时也为他母亲和他自己带来了许多间接的好处。B女士在处理儿子的问题时感到既苦恼又有一些兴奋。她就是CFA老师所说的"值勤消防员"。

　　还需要强调的是,心理医生注意到,在最初几次的逃学期间,阿迈尔有着深深的"厌烦感",这种感觉足以引起注意。这种对厌烦情绪的表达首先被理解为一种正常的成熟表现,然后就导致他必须通过看医生来开抗抑郁药,好纾解厌烦情绪带来的苦闷。在失去疗效前增加和调整治疗引起了阿迈尔的轻躁狂。这让人联想到了他父亲身上可能具有的循环交替性精神病人格。同时,伴随无趣和厌烦的"辍学"也不禁让人担心可能出现的早期精神障碍。两次自残行为(先是因服药引起的自杀企图,后是"跳窗"企图)都可以支持这个假设,更何况还有另一件令人不安的事:阿迈尔曾经在母亲的公寓里把A4纸贴满了所有的墙,上面写着"我要自杀""都结束了"……但也有"我爱你们"。他后来只能用某种形式的"精神紧张"来解释这一切。

最后,几天前,阿迈尔终于可以说出:"我觉得我很难做到大家想让我做到的事情,这让我害怕极了。"

几年后,阿迈尔离开他的母亲,和父亲住在一起,并在那里"安顿下来"。他没有毕业,但时不时临时做几个月厨师。他的父亲发现所有可能让儿子获得自主能力的计划都会失败,他不禁纳闷自己的儿子会不会是另一个"唐吉"[1]?

---

[1] 唐吉是法国电影《超龄孝子》(*Tanguy*,2001)中的角色。——译者注

13
"受暴"行为

校园霸凌和伤害

临床描述

"霸凌"[1]这个概念在20世纪80年代末由奥尔维斯首次提出(Olweus,1993,1997)。它指的是各种形式的(身体、口头和心理)重复暴力,其中包含一个作为施暴者的学生和一个被迫成为受暴者的学生。有时候也存在一个所谓的混合身份:既是施暴者也是受暴者(通常是年龄较大的青年)。两者之间的互动形式一般为支配/被支配型,施暴者有意伤害受暴者,给对方带来身体和精神的伤害,羞辱对方并想方设法使对方受社会团体的排挤和拒绝。施暴者所用的策略可以是直接的(身体攻击、口头嘲笑),也可以是间接的(造谣、传谣、逐出团体……)。(Fontaine, 2003; Fontaine & Réveillère, 2004; Olweus, 1993, 1997; Rigby, 2003; Slee,

---

[1] 许多相近的概念与儿童和青少年在学校里的重复暴力关系有关:霸凌、学校暴力伤害、威吓、骚扰、侮辱、纠缠。

1993；P.K.Smith & Thompson, 1991）。

学校霸凌的发生率在15%到30%之间（如果算上各种累加的霸凌形式）。受暴的学生通常比承认曾经施暴或正在施暴的学生来得多，而间接施暴也远比直接施暴来得少（Nansel et al., 2001；Olweus, 1993）。2001—2002年的"学龄儿童健康行为调查"结果指出，在15岁青少年中，大约有18%的男孩和8%的女孩表示曾经在接受调查前的两个月内"刁难"、"纠缠"或"挑衅"过别人；11%不到的男孩和8.5%的女孩则表示在过去两个月里被欺负过两三次（Currie, et al., 2004）。

年龄和性别影响着霸凌现象。直到初中，直接施暴行为一直增加，从高中开始减少，除了那些口头暴力以外。间接施暴行为因为需要更多的精细考虑，所以其实施者多数是年龄较大的青年学生。施暴者通常是男孩（Charah, Pelper, & Ziegler, 1995；Eisenberg & Aalsma, 2005；Lagerspetz, Björkqvist, & Peltonen, 1988；Olweus, 1997；Siann, Callaghan, Lockhart, & Rawson, 1994），但受暴者既有男孩也有女孩（Barone, 1997；Craig & Pelper, 1996；Eisenberg & Aalsma, 2005；Kumpulaien, Räsänen & Henttonen, 1999；Perry, Kusel, & Perry, 1988；Rivers & Smith, 1994）。最后，男孩更喜欢使用（直接）身体暴力的霸凌行为，而女孩则更喜欢间接的人际关系方式——逐出团体、歧视、谣言……（Crick & Bigbee, 1998；Eisenberg & Aalsma, 2005；Kumpulainen, et al., 1999；Maccoby & Jacklin, 1974；Nansel, et al., 2001）

霸凌行为的共病因素和诱因

受暴的青少年表现出行为和心理困扰的概率比较高：不安全

感、焦虑抑郁症、创伤后应激障碍、自我评价低(Beale & Scott, 2001; Bernstein & Waton, 1997; Craig, 1998; Eisenberg & Aalsma, 2005; Fontaine & Réveillère, 2004; Kaltiala-Heino, Rimpelä, Rantanen, & Rimpelä, 2000; Olweus, 1993; Rigby, 2003; Rigby & Slee, 1999; Salmon, James, & Smith, 1998)。但实际上,有混合身份的学生(有时候施暴,有时候受暴)比单纯的施暴者或受暴者体验到更多的抑郁和焦虑感(Crawford, 2002)。他们也容易产生更多的自杀意念,表现出更高的自杀企图风险。无论是施暴者还是受暴者,都会比其他青少年更容易产生自杀意念,自杀企图的风险也更高(Michel, et al., 2008)。

性 虐 待

临床描述

性虐待在文献中经常出现,虽然数据收集的不同方法(根据成年人对过去的回顾、儿童和青少年的自填问卷,等等)使得我们在下这个结论时需要保持谨慎。青少年受性骚扰的比率已经从2000年的19.7%降到了2005年的11.6%。在15—19岁青少年中,被迫与人发生性关系的男孩比率为1.1%,女孩则为2%[1]。但是,随着年龄增大,女性受性侵的比率逐渐升高,从20—25岁的3.6%,26—34岁的4.2%到35—44岁和45—54岁的5.3%(Léon

---

[1] 这些数据可能还不全面,因为2006年由全国健康与医疗研究所(Inserm)和全国人口研究所(INED)举行的《法国性行为背景调查》(CSF)结果显示,将近10%的女性和3%的男性在成年前至少受到过一次强奸或强奸未遂(HAS, 2009)。

& Lamboy, 2006)。

儿童和青少年期的性暴力,特别是发生在家庭内的性暴力,对身体健康有着短期和长期的影响。性暴力就像是对自我真正的"破门而入"一样给身体带来严重创伤。这种深刻的身体伤害迫使主体运用或多或少有效的应激防御机制,如羞愧和负罪感、剥离、否认、投射、投射性认同、认同施暴者、自我态度反转(De Clercq & Lebigot, 2001; Ferenczi, 1982; Gortais, 1995)。性暴力会使主体产生自我贬值感,因为觉得自己被玷污损坏而不再爱惜自己的身体,甚至因为负罪感而开始伤害自己的身体,以身涉险(Feiring, Taska, & Lewis, 1996; Haesevoets, 1997; Halpérin, Bouvier, & Wicky, 1997)。

性虐待的共病因素和诱因

性虐待引起的自我贬值、舒适感降低和抑郁症状会伴随更多的自杀意念形成和自杀企图发生(J. Brown, Cohen, Johnson, & Smailes, 1999; Feiring, Taska, & Lewis, 1999; Lazartigues, Perard, Lisandre, & Pailleux, 1989; Léon & Lamboy, 2006)。自我毁灭行为与性虐待、性行为障碍、冒险性性行为、反复躯体主诉、逃避行为和反社会行为有着强烈的共病性(Beitchman et al., 1992; Fergusson, Horwood, & Lynskey, 1997; Haesevoets, 1997; Stiffman, et al., 1995)。性虐待的共病因素和诱因总体上与身体受暴相同(Michel, et al., 2008)。

家庭暴力常常是由家庭与外界的恶劣关系甚至完全孤立诱发的。有些家庭变成一个封闭的、"整体"的空间,家庭成员组成的团体自我闭锁,这就给长时间持续的暴力行为提供了滋生的土壤

(Neuburger，2001)。诱发这些异常现象的机制是威胁、同谋关系、自相矛盾的团结、特别是混淆视听(此处以安徒生童话《皇帝的新装》为例)。更笼统地说,家庭关系障碍、分居和离婚、社会和经济不稳定、父母酗酒、母亲过于年轻等都会造成家庭暴力风险(Michel, et al., 2008)。在临床上,我们也常常会发现,特别在有女孩受到性虐待的家庭中,母亲也曾遭受过性虐待。

14
进食障碍

精神性厌食症

临床描述

进食障碍(TCA)突然出现在青少年期的第二阶段(青少年后期)或更晚:厌食症为16—17岁,贪食症为19—20岁。

精神性厌食症(又称"神经性厌食症")的定义是:

- 拒绝将体重维持在其年龄和身高应有的最低正常水平或以上(例如体重下降导致低于预期体重85%以下;或在成长阶段,体重无法达到预期水平,低于预期体重85%以下)[1];
- 即使体重已经过轻,仍然强烈害怕增重或变胖;
- 对自己的体重、身材认知失调,自我评价被身材、体重不当影响,或否认目前过低体重的严重性;
- 月经初潮已经来过的女孩出现至少连续三个月经周期的闭经

---

[1] 详见法国医疗健康署关于精神性厌食症定位的实用建议概述(HAS, 2010a)。

(DSM-Ⅳ；APA，1996)。

精神性厌食症可以分为：

- 禁食型(即在目前的精神性厌食期内,主体严格节制饮食,但未出现经常性的贪食症危机,也不采取催吐或服用泻药的方式来控制体重)；
- 贪食症,催吐或服用泻药型(暴食/清除型),在所有精神性厌食症病例中大约占50%。

精神性厌食症的临床描述按照传统可表现为由三"A"组成的三段式：

1　过度消瘦(Amaigrissement)或在成长阶段无体重增加；

2　厌食症(Anorexie),实际上是自愿禁食而非缺乏食欲(至少开始时是这样)；

3　闭经(Aménorrhée),原发性闭经或继发性闭经(在20%到30%的病例中出现在精神性厌食症之前,在使用口服避孕药之后症状消失)。

青少年期(15—19岁)精神性厌食症的患病率为0.5%,女性和男性的性别比为8—10比1(Corcos，Agman，Bochereau，Chambry，& Jeammet，2002；Godart，Lamas，Nicolas，& Corcos，2010)。也有一些青春前期的精神性厌食症和迟发性厌食症(患者为育有一个或多个孩子的已婚妇女或成年妇女),但流行病学资料不足以给出具体的患病率。最后,男性的精神性厌食症患病率有增加的趋势,男女性别比也变成6比10(Inserm. Expertise collective，2001b)。在西方国家,人们热烈追捧苗条或"有控制"的身材,这无疑变成了青少年的一种理想,精神性厌食症因而更加多发。在受访的女孩中,有一半的人表示想要减重或喜欢自己变得更苗条[1],精神性厌食症也更常发生在那些需要严格控制体形的职业群体中(模特、舞者、专业运动员,等等)。

精神性厌食症的共病因素和诱因

和绝大多数的精神障碍一样,精神性厌食症的致病因素是多元化的:生物遗传因素、个体心理因素及与其相互作用的环境因素,如家庭关系、生活事件或触发因素等(Inserm. Expertise collective, 2001b)。

带有抑制和抑郁倾向的内在因素(遗传脆弱性)更多地关系到单纯禁食型精神性厌食症,而受到即时环境影响的边缘型人格障碍和滥用药物则更多地导致暴食/清除型精神性厌食症。说到厌食症,我们会想到焦虑障碍和分离性焦虑障碍与抑郁症、自我贬值和过分追求完美之间的同源性。追求理想化(在家庭中的理想自我,以及引起问题的自恋)和控制感在厌食者的父母身上也更常见。我们还能发现,在某些家庭里有进食障碍、焦虑症和抑郁症的既往史。长期精神性厌食形同于慢性自杀,其后果是巨大的死亡威胁(Corcos, et al., 2002; Godart, et al., 2010; Inserm. Expertise collective, 2001b)。

在20%到50%的病例里,存在性虐待史。儿童时期的性虐待如果发生在家庭内部,其产生的创伤就会更严重地影响自我评价、身体形象、性心理发展、和人际关系(Inserm. Expertise collective,

---

[1] 这种又高又瘦,几乎男女不分的理想身材到处都在宣传:电视上、杂志里、海报上,甚至食品包装上。根据2005年的《健康晴雨表》调查,大约9%的15—24岁年轻人超重,其中1.5%的男孩和1.4%的女孩有肥胖症(Escalon, et al., 2008)。

2001b）。单纯的厌食症比起厌食—贪食症表现出较少的人格障碍，其中以 C 类群人格障碍（回避型人格、依赖型人格、强迫型人格、被动攻击型人格）为主，边缘型人格障碍（B 类群人格障碍）则很少或从不出现。

因此，虽然说焦虑、抑郁、自我贬值或自恋型人格特质可以代表厌食症的决定性因素，但是，我们还是要强调，上瘾模型也许是用来解释精神性厌食症的一个特别贴切的方法，即把它理解成一种管理抑郁情绪（或总体上的负面情绪）的企图。进食行为和所有成瘾行为一样，都有通过初始的控制、对控制感的追求以及最终通向仪式化自我调节的倾向，直至逃避一切情绪表现。在主体身上，分离带来的哀伤不会有明显的表现（避免以后可能突然出现的抑郁代偿失调）。与饥饿的斗争也可以让主体在迅速瘦身成功的同时（除了让身边人刮目相看以外还）产生一种婴幼儿般无所不能的感觉。青少年期的自我防御机制，如理智化和禁欲主义，将加重厌食行为。精神分析法提出了一些机制。处于青少年期的女孩想象自己可以凝固时间，保留对自己身体的掌控能力，通过减重使自己回到男女不分的小时候，并因此否认分离和分化，性别特征和长大成人这条必经之路。对抗焦虑症惯用的（"神经官能症的"）防御机制就被普遍的依靠否认、分离和不成熟的幻想等所取代。最后，父母对"生病"女儿的过分溺爱也会使她持续地像孩童般依赖家庭。

贪 食 症

临床描述

贪食症（又名"神经性贪食症"）在临床描述中的定义如下：

- 反复发生食欲过剩("暴食")行为,在一段有限的时间内(如不到两小时),吃下的食物量远超大多数人在类似时间段内、类似情境下所能吃的食物量,感觉在这期间对进食行为失去自我控制;
- 一再出现不当补偿行为,以避免体重增加(催吐、过量使用泻药、利尿剂、灌肠或其他药物、禁食或过度运动);
- 在长达三个月的时间内每周至少同时发生两次暴食及不当补偿行为;
- 自我评价受到身材和体重的严重影响;
- 贪食症不单单在精神性厌食症时出现(DSM-IV;APA,1996),贪食症的患病率很难准确估算,大约为1%。

贪食症的共病因素和诱因

患有贪食症的年轻女人表现出更多的冲动型人格特质,常有滥用精神兴奋药物(酒精、"自己给自己开的"精神病药……),如偷窃或偷窃癖这样的病态行为和自杀表现。她们大多具有B类群人格障碍(边缘型人格、表演型人格、自恋型人格和反社会型人格)。从她们的病例中也能更多地发现一些家庭成员有精神障碍既往史,如抑郁症、酒精依赖和滥用非法药物(Inserm. Expertise collective,2001b)。

比起厌食症,外部环境因素对贪食症的影响更明显。其中,有必要强调推崇节食或苗条的家庭观念所造成的影响……在一个特别注重体形,更常常给出一些负面评论而让孩子对自己的身材更加不满的家庭坏境里(尤其是母亲),青春发育过程的开始似乎更容易引起问题(过早发育、超重或在以前超重的基础上再加重)。

负面影响、情绪亢奋或许会导致自我反省能力不足。最后，有些家庭可能是混乱型的，甚至可能存在某些形式的**不安全**型依恋。此外，过往的性虐待史可能导致过早"性别化"，从而使得有性别的身体无法好好完成心灵整合。

贪食症及其相关的行为障碍可以是一种尝试掌控自身与环境关系的方式，但掌控失败也会加强此类进食障碍。贪食症患者可能存在与社会隔离和较少与同伴情感交流的现象。另外，贪食症也许还代表了青少年与很难"心理承受"的潜在抑郁倾向所进行的斗争，其目的是为了避免与之正面接触（对冲突的知觉过于痛苦）。

阿莉西亚的案例

阿莉西亚今年 15 岁半，在父母的陪同下来看医生，准备重新开始接受心理治疗。精神科医生为两个月没看到她而感到惋惜，因为她来得很没有规律，治疗最好固定时间间隔；现在这样，就耽误了心理治疗的时间。他想起阿莉西亚还是儿科专家转给他的病号，她的父母也被要求参与治疗。阿莉西亚的沉默不语使得医生对她很难进行进食障碍诊断。她之所以会来看医生，完全是因为在短短一个圣诞节假期里她就迅速地瘦了 4 公斤。但是阿莉西亚在得知自己要来看医生之后很快增重了 3 公斤。

精神科医生还记得她是个孤独的女孩，没有一个朋友，刚刚退出她曾经认真参加过的那个合唱团。她的学习成绩不甚理想。

阿莉西亚的家庭背景看上去并不复杂。她的父母 N 先生和 N 太太有一天一时兴起，决定离开位于法国南部（下普罗旺斯—阿尔卑斯省)的家,来到图尔乡村一个距离其他居民 3 公里的旧农场——位于利格伊(Ligueil)和德斯卡尔泰(Descartes)之间——定居。他们在照片上看到这座修缮完成的房子后就被它深深吸引,之后就下定决心无论多贵都要买下它,甚至都没亲自实地考察过。就在他们略显仓促地搬入新家不久,他们三人之间原本就不多的家人和朋友般的联系就越来越少了,最后导致了父母的分居。

N 太太可能是因此受伤最深的一个。她现在一个人住在一间脏兮兮的(临时)木板房里,养了 20 只猫和一些鸭子。这些动物有时也住在房子里,浴室是专门给它们用的。N 太太还在住处附近的一家野营餐厅干活。她随时准备招待客人(不分昼夜),有时还负责餐厅维修。父母分居之后,阿莉西亚和父亲一起生活,当她去母亲那里过周末时,她宁愿独自睡在一辆野营挂车上,也不愿意和那些把房子当窝的猫和鸭子挤在一个房间里。看着这简陋不堪的房子,她不敢告诉母亲自己需要她的照顾。母亲形容消瘦,比以前瘦了许多,干活干得筋疲力尽。也许有人会说她实在是有点太过了,阿莉西亚说。但是,当医生想要跟 N 太太说些什么时,她选择了保持沉默。她看上去对"未来的前夫"擅作主张来看医生感到很生气,就像她不满他的其他方面一样。

N 先生刚刚接受了一个癌症手术,那是他几个月前刚退休时查出来的,接下来要做局部化疗。但是,他看上去精神不错。他今年 60 岁,比妻子大了 18 岁。23 年前,两人在工作的同一家企业认识,那时,N 先生是代理推销员,他妻子则是工人。在那之前，N先生已经有过一段婚史，并育有一个女儿，这个大女儿如今已经37岁了。

阿莉西亚和父亲一起住，为父亲做饭并操持家务。而她的父亲N先生则负责采购和照料花园。15岁半时，阿莉西亚就在父亲的引导下开始做一些决定（主要是物质上的决定），这让她显得有点过分成熟，更准确地说，是有点"不成熟"。每当阿莉西亚因为自己选择了和父亲生活而觉得有愧于母亲，想试着和母亲住上几天时，她的父亲就会认为自己"被抛弃了"。在母亲那里，她吃得很少。而且，母亲除了给野营餐厅里的客人做饭，也不愿意在别的地方下厨。在父亲那里，情况就复杂多了，因为橱柜里装满了曲奇饼、美味的蛋糕、糖果、巧克力薄片和其他甜食。有时候，她会不停地吃直到觉得难受为止，然后就去自主催吐。她喜欢这种饱腹感，尽管她很快就需要面临恶心反胃和缓慢的身体恢复。

阿莉西亚是家中三姐妹里最小的那一个。她的大姐，21岁的阿黛莉娅，和父母闹翻了脸，独自在奥地利生活。二姐奥菲利亚19岁，在图尔念大学。她因为酒精和大麻依赖正在接受随访治疗。当她们三姐妹聚在一起时，她们从来都说不清楚家到底是什么。

15
学习心理障碍

辍 学

临床描述

"辍学"的字面意思是,"学生在获得文凭前中途停止规定学业的行为"。这个定义虽然准确,却不能反映出其中的复杂性:学生及其家庭的教育动员和投资;学生在学校接受教育的经历(智力效能、所获知识的水平、学会假说演绎推理、动机、留级或被开除);与学校运作和学校环境相关的参考因素;家庭关系;个体心理因素(学生的人格特质)和环境因素(父母的育儿计划、社会-经济因素……);精神兴奋药物的使用或其他问题行为,等等(Janosz, 2000; Janosz & Le Blanc, 1997; Potin et al., 1999; Rumberger, 1995)。经常逃学的学生有着很大的辍学可能性(Weitzman, Klerman, Lamb, Menary, & Alpert, 1982)。

关于辍学者的类型及其相关精神病理学因素的研究也具有相当重要的意义,因为这可以帮助我们定位那些潜在的辍学者,从而避免他们的辍学行为(Fortin, Marcotte, Potvin, Royer, & Joly,

2006)。根据现有的对辍学者特征的描述,我们提出三个推荐类型:①"解除约束"和"表现不够出色";②潜在的辍学者(或"放弃"低效的学习,经常逃学)和"不适应"性辍学者(因为在学校里有适应性障碍和行为障碍,常与同学老师发生冲突或暴力,总的来说受到学校的排斥,近乎于被学校"开除"),这些学生会成为学校纪律委员会的关注对象,被学校屡次停课或彻底开除(Janosz, 2000);③对上学几乎没有动力,也不感兴趣的辍学者、在学校里有行为障碍或学习困难的辍学者、有反社会行为障碍的学生和有抑郁障碍的学生(Fortin, et al., 2006)。

辍学的共病因素和诱因

我们需要强调过早出现的家庭机能严重不良和社会-经济地位不稳定(Langouët & Observatoire de l'enfance, France, 2003; Orthner & Randolph, 1999)。消极的家庭教育也容易引起辍学风险(Baumrind, 1978),而民主的家庭教育、家长参与、家长调控和鼓励孩子独立则会让孩子有更好的学业表现(Deslandes & Potvin, 1998; Lamborn, Dornbusch, &Darling, 1992; Rumberger, 1995)。

父母参与学校文化和孩子参加课外活动可以降低青少年期反社会行为的发生率,使青少年更好地适应学校环境,也能增强青少年心理和情感上的舒适度(Mahoney, Schweder, & Stattin, 2002)。相反,自我低估、焦虑障碍和情绪障碍、躯体主诉(一切所谓的"内化"障碍)则会导致经常缺课、学习效率低下、学习参与度低、对学校环境持否定态度(Roeser, Eccles, & Sameroff, 2000)。抑郁症也是辍学的一个先兆(Fortin, Marcotte, Potvin, Royer,

& Joly, 2001; Janosz, Le Blanc, Boulerice, & Tremblay, 2000; Quiroga, Janosz, & Marcotte, 2006)。最后,与辍学相关的因素还有合法或非法药物的使用和违法犯罪行为(Fagan & Pabon, 1990; Rumberger, 1995)。

辍学首先从过早出现的认知失调开始(Battin-Pearson et al., 2000; Bautier, 2003; Broccolichi & Ben-Ayed, 1999; Lieury & Fenouillet, 1996)。事实上,从一开始有苗头到最终辍学往往是一个相当漫长的过程,而学习心理障碍通常也很早就开始出现(从小学开始),即使学生那时不一定能真实感受到与学校的糟糕关系(Bautier, 2003; Chariot, Bautier, & Rochex, 1992)。刚上初中的时候常常会出现学习成绩差的情况,然后学生就开始逃学。跟不上学习进度和个人学习效率差的感觉(Bandura, 1997)会导致学生失去学习动力,觉得自己再也不能获得好成绩——明显感到自己付出的努力和期望获得的理想成绩并不挂钩;就好像他们的学习成绩完全要靠运气和听天由命(Janosz, 2000; Janosz & Le Blanc, 1997; Lieury & Fenouillet, 1996)。厌倦、无动力,甚至缺乏动机和自我贬低也强烈预示着辍学行为的发生(Blaya & Hayden, 2003; Kaplan, Peck, & Kaplan, 1995; Legault, Green-Demers, & Pelletier, 2006)。

巴蒂斯特的案例

巴蒂斯特·D. 在读初二,去年留级了一次。他13岁半,他的母亲已经在担心他今年还能不能读下去了,因为过去他还只在学年末的时候偶尔逃课,可现在已经变成一开学就开始逃课了(第一季度累积逃课30天)。D太太先后见了学校的教育总参赞(CPE)和校长,从他们那里得知了她一直怀疑的事情:她的儿子经常吸大麻。他在学校里明显是个惹人注目的家伙,就像他本来就想让大家都知道。他的母亲之前就答应出钱给他买烟抽,他今年抽得更多了(大约每月两包),也知道他有时也会喝酒,却不知道他还吸大麻……D太太觉得事情会发展到这个地步,自己也有责任,还把这件事跟去年他父亲的离开扯上关系。那时她突然撞见丈夫和一个比自己年轻得多的女人在一起,然后就叫丈夫离开了家。她觉得自己是个被丈夫背叛的不幸女人。这个伤害一年以来一直都在,而长子柯林的离家求学则让她的孤独感达到了前所未有的程度。从那以后,巴蒂斯特就和母亲开始了类似"夫妻"的生活,两人相依为命,而D太太显然很难给儿子提什么限制性的要求。她承认,自己一开始愿意对儿子未经求证的逃学现象睁只眼闭只眼。巴蒂斯特很在意自己同一位老师(男老师)和一位给他念"紧箍咒"、试图把他留在学校的"学监"之间的关系。于是,一个寄宿计划就提上了日程。他看上去并不想反对,虽然他口口声声说自己无话可说也没有选择。

焦虑性逃学

临床描述

学校恐惧症这个表述不甚恰当,准确地说,我们要谈的并不是对学校的恐惧,而是焦虑性逃学。焦虑性逃学指的是儿童或青少年因为与情绪困扰(焦虑和抑郁)有关的某些非理性原因而不去上学,或无法在学校里待上一整天,甚至在被迫去上学时,表现出激烈的反应、强烈的焦虑感或恐慌感(Holzer & Halfon, 2006)。焦虑性逃学和单纯的逃学不同,后者可能与行为障碍有关,或可导致辍学。焦虑性逃学更多地产生一些暂时的适应性障碍且明确属于焦虑症的范畴。通常,它同样显示出儿童或青少年与母亲相互之间的难以分离。

焦虑性逃学看上去有增长的趋势。它涉及大约1%的学龄儿童或青少年和5%的正在看儿童精神科医生者,并有四分之一以上的学生在学习期间至少出现一次焦虑性逃学行为(Holzer & Halfon, 2006)。焦虑性逃学往往出现在小学的最后阶段(10—11岁,即少年期)或初中开始时(12—15岁,即青少年初期)。5—7岁的儿童也是焦虑性逃学的多发人群。在学校这个社会化发生的场所,学生们在遇到社会心理能力降低、与同学相处困难或缺少沟通时,特别容易产生心理和行为障碍。返校上学有助于保证青少年的正常发展,让青少年获得更多的在校学习机会和/或相应的职业培训机会。当障碍持续存在时,就会出现返校困难、与其他学生的冲突、屡屡迟到,这些将促使学生走入死胡同,在这个死胡同里,他长期冒险做出可能被学校开除的行为,甚至不惜让自己受到社会排斥。

焦虑性逃学可以表现为在出发去学校时出现的一种激动(躁动)或压抑的强烈焦虑反应,或其他各种行为障碍(哭泣、叫喊、攻击或其他对抗行为、离家出走)。儿童或青少年也可能表现出一些身体迹象或多种功能性反应(腹部疼痛、腹泻、头痛、脸色惨白、心悸、颤抖、恶心、呕吐,等等)。这些迹象可能是因阵发性焦虑或真正的恐慌症发作引起的自主神经功能紊乱。只要不去上学，以上所有症状就会立即消失。规避策略可以慢慢取代情绪困扰反应。最后，还可能出现睡眠障碍（入睡困难、梦魇）和虚弱无力感，这种虚弱无力感既来自于引起抑郁的情境，有时也源于潜在的焦虑抑郁障碍。一想到返校就出现的焦虑恐惧感通常出现在周末结束以后（或早早地从周日晚上开始）、假期或其他所有可以留在家中的机会过后，这种焦虑恐惧感使得学生更难顺利返校学习。同时，留在家中的生活组织方式（恢复因学习所消耗的精力、家长予以证明的缺课理由、儿童或青少年在场时的家庭重组、保持对游戏和日常事务的爱好）会大大增加长期逃学的风险。

广义的"焦虑"（或不安-恐惧-强迫）可以由多个部分组成：分离焦虑症、学校恐惧症、强迫症、可能的学习恐惧症……焦虑可以变得具有侵略性（害怕别人、害怕失败、害怕做个滑稽可笑的人、害怕被人打骂、害怕过马路、害怕被拐骗，等等）或具有更明显的恐怖和强迫性色彩（无法上厕所、因为自行检查动作太慢而无法上交作业……）。这里可能存在一种因为"家庭容器"的破裂（分离、失业、父亲或母亲生病）引起的抑郁综合征（学习效率下降、对日常活动失去兴趣、悲伤、虚弱无力、睡眠障碍、易怒、注意力不能集中等）。这一点我们以后再讲。

因此，我们首先需要研究并找出各种形式的敲诈勒索或学校霸凌，并力求得出一个出现在受害情境之后的可能的创伤后应激综合征。在许多情况下，会存在一些触发因素，如最好伙伴或朋友的离开（如果这个儿童或青少年社会心理能力较差，则说明这可能是他/她唯一的伙伴或朋友）、搬家、小学末期发生的老师不在或更换、和同学关系不良、课堂上的突发事件，等等。在触发因素中，特别要仔细考虑的是与家庭有关的因素:父亲或母亲生病(特别是母亲)、父亲或母亲失业、(外)祖父母其中一人生病或去世(特别是外祖父母)、父母离异或分居,等等。就算是最小的表面触发因素也能诱发暂时的不平衡,加速形成巨大的脆弱性。考虑到儿童或青少年通常和母亲关系特别(甚至亲生母亲的所作所为反而会影响母子/女关系),我们认为,焦虑性逃学常常与对身体状况的担忧(严重害怕失去健康)有关。就好像留在家里是为了验证自己身体很健康,甚至为了对自己的身体健康"负责"。除了缓解个人的焦虑情绪之外,留在家里不去上学还可以给一个人或另一个人带来好处,但更多的时候,该儿童或青少年觉得自己留在家里可以"帮助"妈妈(让她"活下去"或身体变好)。父亲功能的丧失更是加强了这种感觉。在所有那些父亲未充分参与教育,没有能力成为"第三方",让孩子和母亲"分开"的情形中,父亲可能不在场,或因为母亲的原因而难以接近或毫无威信。

因此,我们需要探索出一种临床三联征:

1   **分离焦虑**(在孩子和母亲身上);
2   **母亲病况**;
3   **父权缺失或父亲缺席**。

当然,关于这些家庭机能诊断标准的研究并不意味着所有相关的家庭都是病态的,我们需要研究其中潜在的精神病理学机制来更好地对这些家庭进行干预治疗。

4   我们也许可以加上第四项,这一项在我们看来不太具有系统性,即使要研究,也只是潜在的**学习心理障碍**,包括在早熟的青少年身上可能表现出一些异常的认知特征或轻微的视觉空间运动障碍。将近一半有焦虑性逃学行为的学生都可能有既往的学习心理障碍。

从不同临床表现分析焦虑性逃学的共病因素和诱因

- 焦虑性逃学可以引起伴有在幼儿时期已经存在的,因与父母分离困难而出现的焦虑表现(Holzer & Halfon, 2006),如夜晚焦虑引起的睡眠障碍、不合时宜地醒来、赖在父母床上过夜、要上幼儿园时一连几天甚至几个星期哭闹等等。这种分离焦虑障碍是导致焦虑性逃学的最重要原因。在年龄较大的儿童或青少年身上,它可以表现为想要留在家里(好像只有留在家里才能保护自己不受焦虑的困扰)或让已经离异的父母重归于好,一旦要与喜欢的人分离就会产生过分不安或焦虑。这种分离焦虑和正常的社交功能不相容,并可能使儿童产生一些焦虑-恐惧-强迫症的表现,如同伴交往出现阻滞和困难或社交恐惧症。我们还应该看看这些儿童或青少年的家庭(父母)是否也曾经有过焦虑障碍,特别是分离焦虑,甚至焦虑性逃学。
- 逃学也可能发生在那些事先并未表现出一些真正困扰的儿童身上。这种逃学的最初表现较晚出现,同时还伴有青少年期的心理障碍,如与同伴相处困难、成为同伴嘲笑的对象、有时被当成替罪羊或受到校园霸凌行为的伤害。在某些情况下,可能产生社交恐惧症。青少年看上去像是用紧张激烈的方式来理解那些需要和别人打交道的场合,因为他们害怕被老师或同学看不起。这种情况可能导致真正的学习心理障碍的产生。

- 最后，焦虑性逃学可能伴随真正的学校恐惧症（对地点或情境的恐惧，如操场和习题课教室）(Holzer & Halfon, 2006)。但是，我们需要用审慎的态度来衡量这些"恐惧症"的表现，并将它们与其他的问题联系起来分析（受害情境、社会心理能力差和/或与同伴无交往，潜在的焦虑-恐惧症，等等）；"恐怖"情境只是更广义的困境中的一个方面。除此之外，青少年也担心自己会出手使用暴力来对付那些"欺负他的"同学（那些嘲弄他的同学）。青少年的自我抑制和管理暴力的困难可能伴有一种动手（如"杀死"所有人）的臆想；逃学于是可以解释为因害怕体内的极端暴力因子不受控制地爆发而逃避返校(Holzer & Halfon, 2006)。在这类伴有学校恐惧症的焦虑性逃学中，我们也需要考虑到家庭既往的恐惧症病史。
- 与焦虑抑郁症并发的逃学行为，也可以伴有自我贬低。重视个人成就、父母对孩子学习的过高期望可能给青少年带来压力，也可能产生包含严重自恋倾向的焦虑症状和/或抑郁情绪(Holzer & Halfon, 2006)。所以，我们或许应该把这类逃学行为与可能经常出现的学习障碍联系起来。这里面可能有注意缺陷多动障碍，还可能有运动障碍。

上述分类方式可以将与焦虑性逃学有关的因素或其诱因进行区分。但是，逃学依然是一个症状，而非完整的病情。大部分已有的案例可以涉及其中的多种因素或其他障碍。除了以上提到的各种因素外，我们显然有必要再次强调，行为障碍（特别是如酒精和大麻这一类精神兴奋药物的使用）也可能使返校变得更加困难。

马里奥莉的案例

13岁半的马里奥莉因为焦虑性逃学被送院治疗。小学三年级的时候,马里奥莉就因为学校恐惧症而屡屡逃学,到了初中一年级,这一幕再次上演,同时出现的还有同学们对她的欺负。自从上了初中三年级,她重新开始每天早上肚子疼。在课间休息时间,她显得很焦虑不安。她的父亲是个军人,受命去国外执行任务。她的母亲是个兼职档案员。她的父亲曾经有过恐惧症,母亲有焦虑抑郁症,已经吃了12年抗抑郁药物。住院期间,她告诉我们她害怕父母会分开,也担心自己不在家时父母会吵架。

16
精神病理性行为和冒险行为

麦杜加尔(McDougall, 2004)指出,依赖是人类生活中固有的一部分,它开始于幼时与母亲的关系、与语言和文化代码的关系,并伴随人的一生直至死亡。因此,生活既要对这个依赖进行调整,也要为青少年找到某种自主方式来证明他有自己的自由,即批判精神和自由意志,但这依然是一个与他出身或附属的那个社群相容的主体。精神兴奋药物的使用代表着与儿童时期家庭地位的对立或决裂,因为这些药物(酒精、大麻)具有抑制解除作用,使人极度兴奋,产生一种放松和"放手"的感觉,既而做出清醒时不敢做的事情。因而,精神兴奋药物的使用已经是一种典型的冒险行为,并几乎与所有问题行为有关(冒险性性行为、行为障碍、暴力行为、机动车辆危险驾驶行为、自杀企图,等等)。我们再次强调,过早吸烟和醉酒预示着其他的冒险行为。

性行为可以让主体接触(与自己不同的)其他人,也是人类生活的重心之一。它让主体确认自己的价值,找到所爱的人共度一生,离开父母建立自己的家庭,然后有自己的孩子……它显然是许多冒险行为的发生场合:不采取保护措施、多性伙伴、性行为前后使用精神兴奋药物等。过早发生性行为关系着反习俗行为或犯罪行为，以及旨在追求感官刺激的行为（过度吸烟或吸烟上瘾、使用其他精神兴奋药物、多性伙伴），极易导致冒险行为及其他相关行为的发生。青少年期行为障碍也常常与类似冒险性性行为、使用或滥用精神兴奋药物这样的冒险行为有关。儿童注意缺陷多动障碍既预示着行为障碍，也预示着青少年期的酒精依赖和烟瘾。与之相关的暴力行为，则会产生反习俗行为或离经叛道行为，这也是青少年期一种对抗和自我肯定的方式，即使这些行为可能导致反社会行为的发生。机动车辆危险驾驶行为也是一种肯定自己的新地位、自由，甚至某些能力的方式，通常受到同伴的赞许。机动车辆危险驾驶行为容易产生各种各样的冒险行为，因为它常常与其他行为同时发生（服用精神兴奋药物），或者驾驶人对风险持否定态度，甚至否认一切危险。另一方面，运动意外事故和日常生活意外事故，如交通事故，也很少只是单纯的偶然事件。反复发生的意外事故则尤其值得我们认真审视（青少年的苦恼、求助行为、人格障碍？）。

所有这些行为（使用精神兴奋药物、冒险性性行为、行为障碍、暴力行为、机动车辆危险驾驶行为）都是所谓的外显行为（发生在活动的外部社会场景中），与之相对应的是内隐行为（焦虑和抑郁）、自残行为（划痕和自杀企图）及受暴行为（暴力伤害和性虐待）。学习心理障碍（辍学和焦虑性逃学）和进食障碍（精神性厌食症和贪食症）或许应该单独来讨论。外显行为更多发生在男孩身上，而内隐行为或躯体化障碍则更多发生在女孩身上。内隐行为也更多地关系到抑郁障碍、自杀意念和自杀企图。

焦虑障碍和抑郁障碍首先是使用精神兴奋药物的诱因（特别

是喝酒和吸大麻),其次也会导致成年期更频发的人际交往、情感和行为障碍,当然还有自杀意念和自杀行为。焦虑障碍和情绪障碍能够造成儿童时期的障碍(分离焦虑、焦虑-恐惧……)或成为遗传脆弱性的一部分,同时也会带来青少年期的一系列问题:开始认识到生命的有限性和必然消亡、预想到失去父母亲、害怕让父母亲失望以及在这个年龄很难给出生命的意义。当这些问题太过沉重令人感到痛苦时,想到死亡、害怕或拒绝未来可以是一种拒绝面对的方式。自杀意念可能是为了掌控命运、获得"自由"(即选择不面对困难——焦虑、自我低估、感觉缺乏社会支持、无法达到社会期望等的自由)做出的最后一搏。此外,自杀企图本身也受到人格特质的影响,如冲动或喜欢求助于酒精或其他精神兴奋药物。许多冒险行为可能相当于自杀行为(滥用精神药物、冒险性性行为、机动车辆危险驾驶,等等)。

划痕也是一种自我伤害的方式,一方面证明主体具有冲动气质(可能是边缘型人格障碍)且没能得到充分调节,另一方面也表现出主体对自我形象的贬值。主体身上可能存在过往的创伤史,如身体暴力和性虐待。这些自残行为也可以与焦虑抑郁障碍和进食障碍同时发生。学校霸凌或伤害行为一般都与焦虑抑郁障碍和自我低估有关,并会导致更多的自杀意念和自杀企图。我们看到,施与的暴力和承受的暴力这种区分方法并不总是合适,且施暴和受暴行为兼有的青少年会比其他人表现出更多的苦恼。最后,进食障碍和其他躯体化障碍(躯体主诉、划痕……)一样,都可能带有焦虑、情绪障碍和自杀风险。贪食行为也与使用精神药物和扰乱性行为有关。

最后,我们还要提一提主动弃学,虽然有学习心理障碍的青少年的主动行为和被动行为总是很难区分。它常常产生于分离障碍和情绪障碍,也可能让人不禁想要知道家庭在面对青少年问题行为时发挥的作用以及对青少年的未来预示着什么……总而言之,我们要强调的是,虽然冒险行为可以表现为大量不同的形式,但是我们每遇到一种冒险行为都需要试着通过分析青少年与环境的相互作用来理解其行为。

青少年期冒险行为的解释模型

17	发展和心理动力学因素	203
18	情绪调节与情感控制	214
19	人格模型和气质类型	219
20	社会因素	231
21	个人史和精神疾病	244
22	复合模型和多因素模型	251

目前已有多个模型可以用来理解青少年期冒险行为，但是我们应该把这些模型看作是一些补充。我们已经事先做了一些重组和归类，以便能更好地对它们进行介绍。所以，希望读者把这一部分的介绍当成是一个建议，而不是最终确定的形式。

17

发展和心理动力学因素

分离与个体化过程

分离与个体化过程这一理论模型由马勒提出(Mahler, Pine, & Bergman, 1975),它使得人们审视子女和父母亲(特别是母亲)间关系的性质。太过亲密、"刺激人心",甚至"形影不离"的亲子关系会阻碍孩子的自主化或个体化。当客体关系不完善时,孩子无法内化一个足够决定构成和令人放心的母亲形象,来应付母亲的缺席,保持主体的连续性。孩子的内在不安全和缺乏自信会表现为巨大的分离焦虑(Flavigny, 1988)。与母亲扭曲的关系以及无法想象自己独立于母亲之外的生活都会造成孩子内在投入的不足,并可能导致符号功能,尤其是语言功能的发育迟缓。在2—3岁的社会化阶段,孩子有了控制括约肌的能力,这让他得以掌握自己的身体并和父母的形象拉开距离。对于一个自恋地期望得到孩子全部的爱的母亲来说,孩子的这个自主化过程可能不会得到她的支持,而孩子也会因此背负上"家庭亲情"的债务(Ciccone et al., 2003)。潜伏期就是升华期,这一时期,儿童开始学习知识,获得学业成功，这在满足父母期望的同时也导致儿童的自恋。进入超我的最后组成阶段（后俄狄浦斯阶段）以后，儿童开始遵守社会规范，放弃幼时的无所不能，这为他（她）走入外面的世界打下了坚实的基础。而开始小学阶段的学习、接受纪律的约束保持安静或不乱动、学会适应学校生活的节奏则标志着他（她）能更好地掌控自己的身体、时间和环境。强迫性机制的运用（不断重复操作直到完美掌控）将促进知识技能的掌握和认知能力的发展。在具体逻辑（现实的分类和组织）方面，儿童将开始具有形象思维能力和演绎推理能力，并因此认识到时间的有限和生命，特别是父母生命的必然消亡。

随着青春期转变，青少年将不得不面临身体的"性别化"给自己和旁人带来的冲击，被迫重新适应自己处于发育成熟期的身体，并同时开始个体化进程（青少年期的心理挑战，见第一章）。个体分离阶段伴随着儿童恋母情结的再生，将带来真实的弑父霸母的威胁。之所以必须与儿童时期的父母形象分离和断绝关系，是为了在行为上获得自主，接近同伴群体和其他不像父母那样刺激人心的成人形象。对时间的认识和个体的分化过程能够使儿童或青少年拉开与父母的距离。主动行为以及某些冒险行为或许能够代表一些与这个幼时亲密的亲子关系进行斗争的方式，也表示"青春期前"地位的被动性在面对父母时已经变得让人无法忍受。相反地，"失去"幼时的亲子关系不但不是一种威胁，反而可能有利于促成客体的独立。

青春发育过程

我们已经强调了青春发育过程的重要性及其产生的后果（第

一、第二章)。过早的青春发育可能是最大的冒险因素之一。早熟的青少年往往会过早发生性行为(R.Courtois, et al., 2000; Stattin & Magnusson, 1990),也更容易沾染精神兴奋药物(Ge, et al., 2006; Westing, et al., 2008)。以上两种行为与青春发育有关。性行为活跃的15岁青少年中有40%的经常吸烟者,而从未有过性行为的15岁青少年中却只有10%的经常吸烟者(Kuntsche & Windlin, 2009)。总的来说,冒险行为与青春发育有一定的关系,特别是对于那些"早熟"的女孩和"晚熟"的男孩来说,因为这两类人更容易出现自我评价低、社会融入困难和各种行为问题(Irwin & Millstein, 1986)。

"主动行为"引起的一系列问题和性欲的控制

主动行为是一个使自己重新适应并掌控(或至少尝试掌控)外部现实世界的方式。对某些青少年来说,面对自己所承受的外部事件时的内在被动性是无法忍受的。害怕被动可能涉及婴幼儿般的顺从和同性恋倾向,而青少年可能因此使用主动行为来肯定自己,并通过化被动为主动的方式来简单粗暴地否认这种被动趋势(Marcelli & Braconnier, 2008; Roman, 2003)。因此,他们可能因为工具的改变和身体与语言或语言与动作之间新的关系而更容易使用自己的身体来主动行为,或攻击自己的身体。

当他们感受到"精神紧张"和新感情的入侵,他们不一定采取必要的退让,也不通过合适的转化方式把情绪表达出来。而身体的改变,新的身体力量驱使他们想尽办法给身体减负。主动行为的概念常常和采取行为的概念相重合。采取行为是一个与内隐的精神行为相对应的外显行为。主动行为的表现形式可以多种多样。导致主动行为的因素可以有以下两大类：①外部或环境因素，社会地位的改变、家庭关系和同伴关系的变化、社会刻板印象带来的社会影响、文化及社会经济因素；②内部因素，青春发育期身体的变化带来的体力和肌肉力量的突然增加，身体表征和自我形象的改变、冲动的加强、新的自恋平衡、客体关系的必要调整、身份重建和焦虑（见"主动行为和失去控制"，第一章）。虽然主动行为代表自我成熟和适应的过程，但是需要考虑不同行为包含的不同意义：互动策略、防御机制、掌控情形的尝试、对现实带来的过于令人失望的局限性的否认等等。主动行为可能会阻碍心理的健康发育（Marcelli & Braconnier，2008）。无论是拒绝行动、行动无力或相反的疯狂行为，青少年都可能借此来试图否认和控制一个他觉得有威胁的现实生活经历（对父母客体的依赖和需要，主体的愿望无法实现或不能马上实现）。

因此，冒险行为是探索自己的个性、确认自己的自恋、脱离父母获得自主及在同伴中取得地位等的一个途径，也可以是一种情感调节的方式（Michel，Heuzey，et al.，2001），甚至能产生全能感，帮助青少年否认自己的焦虑和失控。主动行为可以是否认威胁风险（失去亲人的威胁、弑父乱伦的威胁）和应对生理发育不成熟时出现的表征和语言表达困难的一种方式。

采取行为可以暂时舒缓身体和精神的紧张感。而尝试控制或调节性欲（青春期的身体刺激和相关的焦虑情绪）的行为可以让青少年达成自我统一，并在客体关系里重新找回自我。冒险行为可以给青少年带来一种胜利、狂喜、全能的感受，来补偿个体化进程中所丧失的那些东西。

作为变化因素之一的主动行为

有趣的是，无论是哪种方式，青少年期主动行为的目的都是在难以超越自我、表现独立、验证极限、解决青少年期问题时创造一个原动力。因此，沙拉维-比兹纳尔（Chahraoui-Biznar，1998）把意外事故和心理创伤解读为变化的操作者，它为青少年创造一个中断、新的时间性，也暗喻着青少年离开父母时会遇到的困难。意外事故产生的创伤性必然结果在此可以理解为青少年掌控生命、直面挑战的一种尝试。

理智化、禁欲、理想的自我和夸大性自体

人格的形成是一个漫长而又相互作用的过程，里面交错着生物基因遗传和社会化。身边人的影响和父母的期望对儿童的自我构建起着关键作用。我们清楚地知道青少年期理智化和禁欲的作用，特别是在进食障碍中的作用（作为新的防御手段，并加强控制、否认和全能的机制）。理想自我的作用则更少被提及。

理想的自我是人格的一个组成部分，也是原发自恋（这是一种先天遗传，一种渴望将原始自爱世代繁衍的自恋）、父母认同和集体理想相融合的产物（Athanassiou-Popesco，2003；Chasseguet-Smirgel，2000；Laplanche & Pontalis，1968）。它构成了儿童试图遵循的一个模型。把个体真实或假设的期望（即自己想象中的理想自我）和父母及家人的价值观进行内化，这将创造一个理想的

参考标准,对这一参考标准的满足(甚至只是部分满足,且以这些价值观满足超我为条件)能够让这些形象的爱重新回到自我。这个参考标准会促进理想自我(即真正具有个人全能、英雄成就和无懈可击的理想状态,如儿童想要模仿的动画片或童话故事中的英雄人物)的构建,并因此增强主体对能力和达成完美的自我知觉。

这个全能自恋(狂妄夸大)的"理想化"体系可以和超我相互作用,即在儿童或青少年认为为达目的可以不择手段的时候可以代替超我。现实原则能够让儿童调整理想的自我,接受自我的不完美和不足。而夸大的理想自我(保持原始状态)则可能强化幼儿期的无所不能,并使得自我修正或调节变得困难重重。所有的错误,即使是最小的错误,特别是学业上的错误,都可能被当成一种痛苦的失败经历,并造成孩子的自卑感和自我低估;其风险在于加固强迫性机制和投射—解释性机制。

依赖的调整和成瘾行为

我们已经在第六章《精神兴奋药物的使用和成瘾行为》中具体讨论了"瘾"的概念。成瘾模型是研究青少年冒险行为的传统方法之一,但是仍有必要对此进行探讨。我们已经以简短的方式重提了精神分析中的自恋失败及母亲客体内化(吸收最初的客体关系)失败之间的共同之处。使用外部客体(成瘾物)能够代替衰退中的内部客体,并允许主体通过否认困难的心理表征和相关情感来忍受精神上的痛苦。成瘾行为因此具有包容、平复的作用,并能加强主体的个性。

17 发展和心理动力学因素

古德曼的成瘾行为诊断标准相当正确且并不绝对排斥精神分析方法,具体如下:①不能抑制做出此类行为的冲动;②越接近行为开始时间,紧张感越强烈;③行为期间感到愉快和放松;④行为期间感到失控;⑤行为的反复;⑥明知该行为的不良后果仍然坚持这么做;⑦依赖性。毒物癖、嗜酒癖、病态赌博、贪食症、反复自杀企图、强迫性性行为,甚至是强迫性购物癖、过度运动或劳动,都可以被理解为成瘾行为。

瘾的特点是主体试图掌控,甚至支配"致瘾"客体,但事实上,却是主体陷入对客体的依赖,沦为某个或某些反复行为的奴隶。而因此受到挑战的外部进程(与主体企图控制的客体关系,紧张、刺激和平复阶段的交替出现,规定仪式,环境的约束)也会影响到主体的精神生活。

雅麦主张的研究方法(Jeammet,1980,1984)受到从事青少年心理治疗的专家们的普遍赞同,因为他们仿佛在雅麦清晰易懂的论述中看到了自己负责治疗的那些青少年的影子。雅麦解释道,由于这一人生阶段的依赖问题,最易感的青少年发现自己最需要的东西,也就是父母的爱,恰恰也在威胁着他们的独立自主——这使得保持或加强与父母的关系变得令人难以忍受(见第二十九章有关青少年期心理治疗关系的内容)。这个问题在他们看来越是自相矛盾或越难解决,这些青少年就越容易"攻击"与父母的亲子关系,即借由过分地与父亲或母亲对立来给对方施压。这种激进化可能导致青少年在非常关注自己身体的同时"攻击"自己的身体,甚至荒废学业和破坏周围环境。由此可能对自身潜能造成自我破坏,各种冒险行为和对"可以接受的"关系替代品,即新的"致瘾"客体的追求。

卡特琳想要否定自己的人生，不对任何人负责

"您不明白。我和别人保持距离而且总体上否定自己。我被迫时不时地接近别人，这让我难以忍受。我看不起需要和别人说话的自己。这就是自我中心。我想做的恰恰与之相反。这并不是不和别人互动，而是在否定自己的兴趣，牺牲自己的情况下与人交往"。

阿尔贝里克和他对莎拉-安妮的狂热

阿尔贝里克·C.是个17岁的年轻人，最近因为带有自杀倾向的抑郁综合征而入院治疗。

他通常和母亲F女士与他12岁的妹妹一起生活。在童年时期，兄妹两人被同一户人家收养，养母G女士既不负责任又虐待他们。阿尔贝里克目前在读高中三年级。他一个月只能和父亲见一次面，最近这段时间，他决定不再去父亲那里了。

在个人史方面，他曾经患过腭裂（接受过手术），还在儿童时期多次发生事故导致骨折。他的父亲也因为人格分裂和反复自杀企图而多次入院治疗。

在发现他几乎要完成的自杀计划后，他的家人决定将他送入医院。阿尔贝里克还特别向全体同学宣布如果得不到芳心就去自杀。他的同学们为此感到担心，因为他反复只说这句话，而且看上去已经下定了决心。于是，学校的护士、他的父母和校医都得到了这个消息。

阿尔贝里克已经单恋莎拉-安妮两年了。这份爱入侵了他身体的每个细胞，在他脑海里长久盘旋、挥之不去，为了忘却这份爱他什么办法都试过了。他认为目前只有死亡能够让自己解

> 脱:"您知道的,她是我的 X,她是我的 Y,是我人生所有的坐标。没有她,我就什么都不是了。她就像是我的空气。就连您和我谈话的时候,我都能听到有人轻声呼唤她的名字。我想她是能和我共度我想要的人生的理想伴侣。"

虽然这个模型具有操作性和诱惑性,但是把冒险行为和成瘾行为相结合的方法并不绝对适用于解释所有普遍的精神病理因素。冒险行为并不一定包括依赖,且只有极少数的冒险行为能运用到这个概念或捍卫冒险成瘾的说法(Pedinielli, et al., 2005)。

早期社会关系和依恋理论

鲍尔比(Bowlby, 1944, 1978)提出了关于婴幼儿早期社会情感发育的初期依恋理论[1],此后,这一理论又得到了哈罗(Harlow, 1987)和劳伦兹(Lorenz, 2003)的发展。对孩童的关心和照顾只有在能同时满足他的生理和情感需要时才是足够的(Guedeney, Lamas, Bekhechi, Mintz, & Guedeney, 2007; Lamas & Guedeney, 2006; Sameroff & Emde, 1993)。这些关心和照顾带给孩童一种受保护感和安全感。

安斯沃思等(Ainsworth, Blehar, Water, & Wall, 1978)在一次**陌生情境**试验中运用了初期依恋理论来评估亲子依恋的水平。
- 大多数的婴儿都有**安全型**依恋。他们在与母亲分离时表现出

---

[1] 感谢心理学家和临床心理学医生卡特琳娜·波塔尔(Catherine Potard)——我曾和克里斯蒂安·雷维耶尔(Christian Réveillère)教授共同指导了她的论文——在这一节内容的撰写中给予了我极大的帮助。

抵触情绪,但在双亲回来时会主动寻找父母并很快平静下来。他们可以正视双亲的离开,并在与父母重新团聚时积极投入到亲子关系中。当母亲在场的时候,他们有足够的信心来探索周围的世界。

- 其他的婴儿对待分离和重聚表现出了两种不同的方式。这就是我们所说的**不安全型依恋**。在**焦虑性**或**相互矛盾性不安全型**依恋的案例中,婴儿们过分激活他们的依恋系统,用强烈的焦虑表现来增强自己的求救信号。当母亲离开时,他们会做出明显的抵抗行为,并在母亲回来时既会认出她和接近她,又会表现得很生气且很难在母亲的安慰下平静下来。这种依恋类型反映出不适合个别需要的照顾关系和母亲的拒绝,特别是当婴儿清楚地表达自己的需要和欲望时。

- 第二种**不安全型**依恋是**回避型**依恋。这类婴儿看上去很少受到母亲离开的影响,显得冷静,甚至在母亲回来时反应冷淡,表现出一种防御性蔑视的积极态度。他们不试图与母亲发生身体接触或得到母亲的安慰。在压力和紧张感增加时,他们不求助于别人(母亲或试验人员)。他们倾向于掩饰自己情感上的失落或认为自己很坚强,不信任任何人。在与母亲重聚时,他们试图通过克制自己的依恋体系活动,减弱自己对母亲发出的求救信号来保持对事态的控制。

鲍尔比认为(Bowlby, 1978),早期的依恋体验被内化成心智模式(有效的内部模式)。这些内部情感和认知模式始终保持稳定,作用于人格形成和社会行为(Ammaniti, Ijzendoorn, Speranza, & Tambelli, 2000; Crittenden, 1990; Slater, 2007; Zimmerman & Becker-Stoll, 2002),也是个体未来人际关系的原型(Sameroff &

Emde，1993)。早期的亲子依恋因此也预示着日后的情感和情绪调节行为，或更广义地说，心理社会适应行为(Guedeney & Guedeney，2002)。具有**安全型**依恋模式的婴儿日后更倾向于认为自己值得被爱,对自己有良好的评价，并在有需要时求助于别人(Dugravier，Guedeney, & Mintz, 2006; Kobak & Sceery, 1988)。相反，具有早期**不安全型**依恋模式的婴儿日后调节感情的能力较差,并可能暴露出更多的病态心理障碍(Miljkovitch, Pierrehumbert, Karmaniola, & Halfon, 2003)。具有**自相矛盾型**依恋模式的婴儿可能在日后表现出更多的"内化"障碍(焦虑和抑郁障碍)(Cooper, Shaver, & Collins, 1998; Lapsley, Varshney, & Aalsma, 2000), 对自己的评价也较低(Bekker, Bachrah, & Croon, 2007; Huntsinger & Luecken, 2004), 而具有**回避型**依恋模式的婴儿则可能在日后表现出更多的"外化"障碍(过动症、行为障碍)。

例如,在性行为方面,我们可以发现具有**安全型**依恋模式的青少年的性活动更有节制更受约束,两性关系中存在更多的感情因素,他们通常更晚开始性行为且长期保持单一性伙伴(Jeammet, 2007)。具有**自相矛盾性不安全型**依恋模式的青少年带有明显的不安全感,在这种不安全感的驱使下,他们会因为压力或害怕被伴侣抛弃而与人发生性关系(Davis et al., 2006; Feeney, Peterson, Gallois, & Terry, 2000; Tracy, Shaver, Albino, & Cooper, 2003)。于是,就有了更多的过早性行为、无保护性行为和精神兴奋药物刺激下的性行为。最后,具有**回避性不安全型**依恋模式的青少年更常在没有感觉和感情的情况下与人发生性关系(Birnbaum, Reis, Mikulincer, Gillath, & Orpaz, 2006; Davis, et al., 2006), 他们要么彻底回避性行为,要么做得更多,但这些性行为通常表现得更加形式化。

18
情绪调节与情感控制

与焦虑抑郁情绪的斗争

我们已经在第十一章中强调过抑郁障碍和(合法或非法)精神药物使用之间存在着共病性(R.A.Brown, Lewinsohn, Seeley, & Wagner, 1996)。使用精神兴奋药物可以暂时缓解抑郁情绪,因此产生一种自我治疗和自我情绪调节的适应性效果(Trull & Sher, 1994)。同理,焦虑障碍也会诱发酗酒和滥用其他精神药物。而我们也不能忘了,焦虑障碍在童年时期或许有着一定的防御作用,但到了青少年期却会成为一种风险因素(抑制解除作用)(Wilens, et al., 1997)。

无论在哪种情况下,我们都应该区分男孩和女孩的不同之处(Brejard, Bonnet, & Pedinielli, 2005)。那些有吸烟或使用其他精神药物的习惯,喜欢冒险的青少年或年轻成年人更容易出现抑郁情绪、自杀意念和攻击行为(Hallfors et al., 2004)。相反,在行为障碍范畴内出现的抑郁或焦虑障碍会促进精神兴奋药物的滥用(Neighbors, et al., 1992)。但此处,我们需要强调以上种种障碍的共病性,因为导致使用和滥用精神药物的最关键诱因并不是抑郁障碍(Lasko et al., 1996),而更多地是家庭和环境因素以及同伴影响。

最后,我们还要指出,冒险可能具有抗焦虑或抗抑郁的效果,因为冒险行为能在青少年面对痛苦的想法或濒临崩溃时,产生适应性或调节防御性的作用。在西方社会里也可能出现一些极端情况(Adès & Lejoyeux, 2004),在短时间内突然创造出一个当代的英雄传奇。因此,留心志愿消防员们在为了完成保护集体利益的使命而以身涉险时说的话,也是一件有意思的事。

作为自适应模式的采取行为

在结束上几节关于兴奋抑制和情绪调节的论述之后,我们在此强调,采取行为可以暂时降低青春期身体的过度兴奋感及其引起的焦虑感。这些主动行为既能调动主体的身体参与,又能通过接触外部现实来保持主体的精神凝聚力。

在冒险行为中对感官和刺激的追求可能是一种自我情绪调节的方式,也可以构成某种形式的防御机制来对抗抑郁情绪,即使这些自适应机制只是暂时性的。

知觉到的对环境的控制

比起其他人生阶段,青少年期的孩子更多地在一个漫长的过程中尝试重新掌控自己的人生,在这个过程中他们需要受到一定的约束,如身体的变化。正如我们之前所强调过的,青少年们越来越难以忍受自己一味顺从父母（例如通过混入被禁止的超我），在父母面前变得被动。父母对孩子的控制只能变得间接化，特别是当他们与孩子共同的价值观开始扭曲变样，并开始出现各种可能造就孩子人格的因素时。反抗和分化的进程有时可以让青少年做出相反的选择来向父母宣布今后由自己掌控自己的人生。让步、放弃、保持一个主动的消极抵抗状态，或相反地，秉持行动主义（"行动癖"），都是青少年企图通过个人努力来掌控环境，调节内部紧张情绪的表现。这就是冒险行为的作用之一，即试图让主体重新获得一种控制感，哪怕这样做会"威胁"到主体的生命。

我们可以从认知心理学和社会心理学的角度来对这个问题展开思考，比如"心理控制源"（内部控制点）或自我效能感（自我能力感）（Baudura，1997）。那些最为敏感的青少年很难把遇到的困难归咎于自己，他们认为自己行为的后果更多地取决于偶然而非自己的选择。他们很少觉得自己有能力来调整自己的行为过程。

我们还将在第十九章中介绍人格大五模型或五因素模型（*Big five* 或 *Five Factor Model*）（Goldberg，1990；John, Donahue, & Kentle，1991；John & Srivastava，1999），其中一个因素就是"尽责性"（与冲动性相反），它所代表的控制理念同样有助主体达成既定目标。

认知行为理论或压力管理策略

压力管理是一种应对方式，一种应对一个或多个内在或外在压力源，降低它们对身心健康的不良影响的方式。这些压力源涉及应用于心理健康领域的交互作用模型(见本书第二十二章)(Bruchon-Schweitzer, 2002; Lazarus & Folkman, 1984)。压力管理的概念在青少年期这一敏感时期显得尤为重要(Compas, Orosan, & Grant, 1993),一方面因为青少年需要面对大量变化,另一方面因为青少年对生活中许许多多的压力源(日常琐事的麻烦)所具有的"敏感性",以及对压力源特有的知觉方式:小到令人不快的小事,大到因为自我认知、身体不适或与身边人的关系冲突导致的长期精神紧张(觉得自己太胖,戴着牙套、眼镜,等等)。

在各种压力管理类别中,我们指出三种传统的形式或类型:①针对问题的压力管理(解决问题、直面困境);②针对情绪的压力管理(调节由困境引起的情绪紧张);③以逃避为主的压力管理(逃离紧张情境)。我们还可以把压力管理分为具有积极作用的所谓主动或自适应性压力管理类型(以问题为主),和所谓的被动压力管理类型(以情绪为主或回避型)。总的来说,主动压力管理算是一个能让身体不受健康问题困扰的防御因素。但事情并非那么简单,因为适应性反应专门针对问题本身,而且我们还可以想象到,回避型压力管理策略能够适用于某些情境。

冒险行为可以代表面对压力源时的一种调节方式,并因此可以被看作是某种形式的压力管理;针对问题的"压力管理"能让主体在对情况作出最精准分析的前提下做出最合适的决定,而其他形式的压力管理则更容易导致可能危害身体健康的行为(Ben-Zur & Reshef-Kfir, 2003; Steiner, Erickson, Hernandez, & Pavelski, 2002)。

情 绪 失 调

言语交际中的情感表达障碍

在这一段中,我们只提及关于功能失调型态度和较低的情感意识水平引起的言语交际中的情感表达障碍,这种情感表达障碍似乎是冒险行为的一个诱因(Brejard, et al., 2005)。当情感没有充分得到区分,青少年就不能在与身边人的人际交往中运用它,并可能采取一些不适合情境的行为反应。

愤怒

愤怒也可以加重情绪失调,并使得青少年在低估危险和高估利益的情况下采取冒险行为(Turner, McClure, & Pironzzo, 2004)。这种愤怒包括两个层面:认知表达(愤怒)和行为表现(暴力攻击)。这两个层面,尤其是第二个层面会作用于冒险行为,甚至导致反社会型人格的形成。

19
人格模型和气质类型

在本章中,我们并不单纯介绍人格模式,而是要强调那些影响冒险行为产生和上瘾机制的人格维度或人格特质。其中最重要的就是反社会倾向、冲动气质、焦虑和追求刺激。人格不但能够让主体适应环境,而且就像是一个用来解释主体行为及不断出现的行为障碍的变量。正常功能和病态功能之间的区别可以被看作是一个连续体上的位置变化。

病态人格

人格障碍的概念

根据世界卫生组织 1992 年给的定义,人格[1]障碍"指的是一些多变的、对个人和社会状况不灵活反应的、根深蒂固且相对

---

[1] 人格是"构成一个人的思想、情感及行为的特定统合模式,这个统合模式是体质因素、发育和社会经历共同作用的产物,构成了主体特有的应对方式和生活风格"。

稳定的行为方式——这些障碍指的是在一个既定文化内的知觉、思想、感觉,尤其是待人接物方面与一般人的极端或明显偏差——这类行为总体较稳定,并包括各种各样的行为模式和心理机能——它们常常,但不总是与主观痛苦和强度多变的社会功能障碍相连。"

反社会型人格

根据《精神障碍诊断与统计手册》第 4 版(APA,1996)中描述的人格分类方法和人格障碍(世界卫生组织的《国际疾病分类》第 10 版用的是"反社会人格障碍"[1]),反社会型人格是一种人格障碍,广义上具有总体倾向于漠视社会准则、文化规约、感情和他人权利,以及冲动行为的特点。反社会型人格的基本特征,即冲动气质、不稳定性、违反社会准则和法律的倾向,从儿童时期或青少年时期就已经开始出现了。

不少研究者都曾在他们的著作成果中剖析了"冒险者"的心理层面,并指出了其中的冲动气质、情绪不稳定性、低受挫力、对享乐的即时需要、带有类似反社会人格障碍特征的表面上很自信实际上不确定的自我评价。反社会型人格尤其对于过度饮酒、滥用精神药物,特别是开始饮酒和开始使用精神药物来说有着重要的预警作用。

---

[1] 反社会人格障碍的定义(OMS,1992):"一种以蔑视社会责任和漠不关心他人为特征的人格障碍。其行为表现严重偏离已有的社会准则,并很少因为包括惩罚在内的社会经验而有所改变。反社会人格障碍者对挫折的承受力很差,容易做出攻击他人的行为,包括使用暴力;喜欢指责别人或做出看似合情合理实则与社会准则相悖的行为。"

如果把青少年时期常见的反成规或反习俗行为等同于反社会型人格，那就有点过分了。事实上，即使我们在青少年的行为中发现了一些反社会倾向（反习俗），那也不过是暂时和孤立的，并且其目的是通过对立甚至反抗社会价值、社会规范和秩序来肯定自己。他们所追求的与权力或权力象征的力量关系，以及争吵反抗所获得的意义也只是一时的。这不过是一种在人生发展阶段中把自己融入世界的方法，而并非一种决定主体与他人和环境关系的长期人格障碍。而早期的或延续到青少年时期的行为障碍、犯罪和反社会型人格障碍则是一种偏离"正常"青少年期的病态发展的产物，尽管有时候这种发展也会引起喧闹和轰动。

同样地，我们也不能把反社会型人格障碍和心理病态混为一谈，因为后者是一个独立的临床概念，具有以下特征：缺乏对人际关系和情绪反应的感受性，肤浅，病理性自我中心，缺乏反省、内疚和焦虑的能力，反社会行为（Pham & Côté, 2000），且它的诊断以《病态人格检索表》修订版（PCL-R）为依据（Hare, 1991）。这个检索工具既包含一个总分（设有最低分数线），同时也针对每个层面分别打分：(a)项目一，针对人际关系层面；(b)项目二，针对行为和心理病态层面（Nioche et al., 2010）。

边缘型人格或边缘状态

根据《精神障碍诊断与统计手册》第 4 版（APA, 1996）的描述，边缘型人格（或边缘状态）以情绪管理障碍、冲动气质、人际关系问题和不稳定的自我形象为特点，并常常导致自伤行为。在《国际疾病分类》第10版(OMS,1992)中,它被称为冲动型或边缘型情绪不稳定人格[1]。此处,我们仅局限于《精神障碍诊断与统计手册》的解释,但是我们也同样请读者参考一下马赛里和布拉科尼耶高度概括的心理动力学方法(Marcelli & Braconnier, 2008)。他们的研究方法能够帮助我们更好地理解边缘型人格的临床表现。其中值得一提的是,根据克莱茵精神分析理论,许多研究者都在自己的研究中把边缘状态的产生放在一个介于抑郁症和妄想型精神分裂症之间的中间阶段。

正如我们先前提到过的那样,不少研究成果都强调了冲动气质对精神药物(酒精和其他精神兴奋药物)的使用,以及自杀行为或自伤行为的促进作用。血清素缺失、冲动气质与自杀企图之间的联系已为人们所知,而我们同样要强调的是,在有冒险行为的青少年身上,冲动气质和血清素功能紊乱的生物指数(此时还没发展到临床焦虑或抑郁症状)之间的联系(Askénazy, 2002)。攻击性和冲动气质是导致酗酒和使用其他精神药物的风险因素。儿童时期的攻击行为预示着青少年期和成年期的犯罪行为以及精神药物的使用(Brook, Cohen, & Brook, 1998)。我们发现,这些青少年自控能力差并具有严重的冲动和攻击性。

---

[1] 情绪不稳定人格的定义(OMS,1992):"一种人格障碍,其特点是具有行为冲动不计后果的突出倾向,伴有难以预料的不稳定情绪、情绪爆发倾向和难以控制冲动行为。此类人格障碍患者喜欢与人争吵和发生冲突,特别是当冲动行为受到反对或阻止时。这种人格障碍分类两个类型:冲动型和边缘型。冲动型的主要特征是情绪不稳定和缺乏冲动控制能力,边缘型除了情绪不稳定之外,其患者常常具有模糊不清或扭曲的自我形象及内心偏好,且事先计划能力差,持续感到内心空虚,易卷入强烈且不稳定的人际关系,易采取包括自杀企图、自杀姿态在内的自残行为。"

自恋型人格

根据《精神障碍诊断与统计手册》第 4 版（APA，1996）的描述，自恋型人格的基本特征是感觉自己高人一等、需要被人欣赏和缺乏同情心。《国际疾病分类》第 10 版（OMS，1992）给出的定义与之非常接近：过分夸大自我及自己的能力，认为自己世上独有，希望受人特别关注，无法接受批评。我们已经在上文中从发展和心理动力学角度谈过了这个问题，所以此处只简单地强调自恋型人格特质在冒险行为者身上表现得尤为突出（Cazenave，2007）。

追求感官刺激和新奇事物

追求感官刺激

我们已经强调过青少年时期精神紧张的严重性和主动攻击行为的发生率，它既能暂时纾解压力，又能在行为过程中或开始采取行为时促进感官刺激。主动攻击行为的目的是排除情绪或内在的痛苦体验，并试图通过行动和过度刺激来控制自己与世界的关系，寻求能够抵挡内在脆弱感的某种保护和掌控感。

感官追求是祖克曼在其研究中描述的一种人格特质（Zuckerman，1984；Zuckerman & Kuhlman，2000），它的定义是，人们为体验复杂、新奇和多样的经历而追求感官刺激，甚至自愿做出冒险行为。这种对强烈感官刺激的追求使人专注于大量经历、短促和强烈的行动、对新奇事物和变化的持久需求。青少年或年轻成年人倾向于采取具有抑制解除作用的行为，即有风险的身体和社会活动，来提高原本低下的皮层激活水平。因此，将自己置身于危险当中，在刺激的危险经历中追求危险或超越身体极限能够让人获得需要的满足感并保持高度兴奋的最佳状态。冒险行为代表着一种自适应模式，因为冒险能够满足唤醒和刺激的需要。中枢神经系统低下的激活水平容易使高度感官刺激的追求者变得无所畏惧，不怕危险，因为除了追求过度或特殊经历，他们没有其他选择。

感官刺激追求与其他因素有关，如冲动气质、攻击性、缺乏社交性、外倾性和冒险。有人格障碍的青少年可能会试图回应一个源于冲动又弥散全身的兴奋感，并做出一些行为来适应现实。祖克曼在后来的研究中把他的理论模型发展成了一个感官追求的生物心理模型，并把最佳激活水平概念发展成了儿茶酚胺能，更准确地说，多巴胺能系统的最佳激活水平概念。追求危险和冒险在感官追求中就显得特别具有决定意义[1]。

感官追求的理论模型（追求多少有点危险的新经验，容易感到

---

[1] 祖克曼(1984)的感官追求理论为感官追求制定了一个特有的评级方法，即《感官追求量表》(SSS)，这个量表在法国得到卡尔顿及其合作伙伴的翻译和推广(Carton, Lacour, Jouvent, & Widlöcher, 1990)。这个评级方法包括四个元素：①危险及冒险追求指数；②经验追求指数；③抑制解除追求指数；④乏味敏感指数。危险及冒险追求指数用来衡量从事危险运动或活动的渴望（高空跳伞、攀岩等）；经验追求指数用来衡量对非约定俗成的生活方式的渴望；抑制解除追求指数用来衡量经由使用非法精神兴奋药物和采取违法行为来追求感官刺激的渴望；乏味敏感指数用来衡量厌恶重复单调不变生活的程度。

在被译为法语进行应用的过程中，这份针对成人的《感官追求量表》被改编成了适合青少年的量表(SSSA)，并包括三个元素：①抑制解除追求指数；②危险及冒险追求指数；③不守成规指数。不守成规指数用来衡量可以预见的反对和拒绝熟悉的人事物，转而追求个性，甚至为了使自己与众不同而表现出潜在的脱离社会化的渴望(Michel et al., 1998)。

厌倦,喜欢强烈的刺激)非常有意义,且能够把青少年开始和持续冒险行为解释为通过提高低下的皮层激活水平和减少令人不快的精神紧张来修复和维持内在的平衡。这一点在男孩身上尤为突出(冒险运动、危险活动、追求身体极限),而女孩则更多地表现为厌恶单调的日常生活,追求个性和与众不同,甚至生出奇怪的想法或做出荒唐的行为。

感官追求会导致酗酒和滥用其他精神类药物,尤其是在早期发育阶段(可能受到基因遗传的影响)。其他非药物依赖的成瘾行为(病理性赌博、冲动型购物癖、"成瘾"性行为)也可能是为了满足对感官刺激的强烈需求(Adès & Lejoyeux, 2004; Michel, Purper-Ouakil, et al., 2001)。此外,感官追求还会诱发机动车辆危险驾驶行为(Ulleberg & Rundmo, 2003; Wagner, 2001);实际上,冒险行为可以是多重和相互结合的:它可能发生在性行为、机动车驾驶行为、使用和滥用精神类药物中,并与追求新奇事物和个人(儿童时期遇到的问题、情绪障碍)及家庭问题有关(Fergusson & Lynskey, 1996)。

追求新奇事物

克洛宁格(Cloninger, 1986, 1987)的模型强调了气质维度的存在(追求新奇事物、逃避痛苦、依赖奖赏)。他的理论模型与祖克曼的感官追求模型十分相近,且同样以心理生物学研究方法为基础。他指出了生理遗传因素与环境适应方式之间的相互作用;每个维度都独有相关的神经递质。因此,追求新奇事物很可能与多巴胺能系统有关,并在青少年时期更加常见。追求新奇事物的具体表现是,追求新的爱好,追求冒险、刺激、不受约束行为,来维持较高的激活水平并逃避无聊和空虚。

这种对新奇事物的追求会导致人们开始接触精神兴奋药物,甚至滥用和上瘾(Galen, Henderson, & Whitman, 1997; Wilens, et al., 1997)。对逃避痛苦的需要也可能诱发此类行为,但往往不起持续性的作用,且极少引发依赖报偿的情况。

大五模型

大五模型(又称人格"大五"模型)

人格是一个能引起主体这样或那样行为的个人因素。关于它的研究既有分类上的发展,即病理上的发展,如《精神障碍诊断与统计手册》中的诊断标准,也有维度上的发展。"大五"模型(*Big Five*)或人格结构五因素模型(*Five Factor Model of Personality*)是目前广受推崇的人格维度测量模型。

这五种人格因素是:

1. 外倾性(Extraversion,对外部世界表现出热情的态度,具有社交性、行动力、自我肯定和乐观情绪),与内倾性相对;
2. 随和性(Agréabilité,亲社会性和合群性),与反社会性相对;
3. 尽责性(Conscience,有利于达成既定目标的自律性),与冲动性相对;
4. 神经质(Névrosisme,负面情绪和不稳定情绪),与情绪稳定相对;
5. 开放性(Ouverture,富于想象、喜欢新经验、追求复杂多变的精神生活),与墨守成规相对(John & Srivastava, 1999)。

五种因素首字母的组合"EACNO"(对应五个因素)更多以变

换字母位置的"OCÉAN"或"CANOË"的形式出现而被人们所熟知。约翰、罗宾斯和佩尔文（John，Robins & Pervin，2008）不再给这五大因素重新命名，而是用一个字母搭配一系列解释性和概括性的词汇来表示：

- E 代表外倾、活力、热情（Extraversion，Energie，Enthousiasme）；
- A 代表随和、利他、关爱（Agréabilité，Altruisme，Affection）；
- C 代表尽责、自律、克制（Conscience，Contrôle，Contrainte）；
- N 代表负面情绪、神经质、易躁（Emotions Négatives，Névrosisme，Nervosité）；
- O 代表开放、创新、思想开放（Ouverture，Originalité，Ouverture d'esprit）。

经过对大五模型的大量研究，科学家们证明了它的价值和强大的实用性（Costa & McCrae，1992；Goldberg，1990，1992）。关于它对不同年龄阶段的适用程度及其推广至跨文化情境的研究也遍地开花（Goldberg，1990，1992；McCrae & Costa，1987；McCrae，Costa，Del Pilar，Rolland，& Parker，1998）。包括大五模型在内的许多维度工具最初都是为了测量正常人的人格范围才被设计出来的，但渐渐地，它们都被应用到了病态人格的范畴（De Fruyt，De Clercq，Miller，Rolland，& Lynam，2008）。在（分类的和维度的）两种测量体系之间存在着很强的一致性，而正常功能和病态功能之间的区别可以被看作是一个连续体上的位置变化。人格障碍总的来说与**神经质**有着实实在在的联系（神经质指的是 种不稳定且负面的情绪，如焦虑、愤怒、易激动、悲伤、悲观、忧伤等），与**随和性**背道而驰（即在待人接物中表现得不亲和不合群)(Miller et al.,2008)。最后,人格维度测量工具还能让心理医生更好地预知病人的反应,在整体的治疗过程中和病人建立起同盟关系。

大五模型是一个用来衡量人格特质的所谓分类体系。它借用日常用语的词汇分析方法来描述自己或描述其他(Goldberg, 1990; John & Srivastava, 1999)。

在大五模型的历史发展和概念研究方面,呈现出两个不同的流派:一派是以戈德堡(Goldberg, 1990)为首的基于形容词的词汇研究,一派是以哥斯达和麦克雷(Costa & McCrae, 1992)为首的基于问卷调查的发展研究。

这两种流派形成了基于大五模型的两大代表性测验工具:

- 一是由约翰和他的工作伙伴们在1990年代共同发展出来的《大五人格量表》(*Big Five Inventory*, BFI)(John, 1990; John & Srivastava, 1999),后被普雷森特等人翻译成法语并得到推广应用(Courtois, Réveillère, Mendelson, & John, 2010; Plaisnant, Srivastava, Mendelson, Debray, & John, 2005);
- 一是由哥斯达和麦克雷在1985年发展出来的《NEO人格问卷修订版》(NEO *Personality Inventory*, *Revised*, NEO-PI-R),后被罗兰等人翻译成法语并得到推广应用(Rolland, 1998; Rolland, Parker, & Stumpf, 1998)。

大五模型和冒险行为

许多研究都指出,人格是导致冒险性性行为的一个决定性因素。在性行为方面,大多数关注人格和冒险性性行为之间关系的

19 人格模型和气质类型

研究都谈到了**感官追求**（Hoyle，Fejfar，& Miller，2000）。但只有极少数的研究曾经尝试使用大五模型来评估人格特质的影响（Costa & McCrae，1992）。

神经质和尽责性特质似乎对此类行为有着最强的预警作用（Baile et al.，1984；Brickman，Yount，Blaney，Rothberg，& Kaplan de-Nour，1996）。

在神经质这一项上的高得分表示主体明显受到负面影响，并明显表现出冲动气质和对压力的敏感性，这将导致主体采用冒险行为，特别是冒险性性行为来"治疗"自己的厌恶情绪状态（Cooper，Agocha，& Sheldon，2000；Trobst，Herbst，Masters，& Costa，2000）。

其他研究尚未证明神经质和冒险性性行为之间的必然联系（Miller et al.，2004）。

在尽责性这一项上的高得分反映了主体的规划能力和区分哪些需求应该即时得到满足的能力，这将促使主体采用保护措施来保持性健康（Booth-Kewley & Vickers，1994）。

相反地，在尽责性这一项上的低得分则会导致冒险性性行为的发生（Hoyle，et al.，2000；Trobst，et al.，2002）。米勒等人（Miller et al.，2004）曾经指出，外倾性会在性行为之前，导致精神兴奋药物的使用。

最后，一些研究（Miller et al.，2004；Trobst，et al.，2002）认为，随和性这一项上的低得分，容易导致性行为期间麻醉剂类药物的使用、更强烈的性不忠倾向、过早的性关系和无避孕措施的性行为。此外，米勒等人（Miller et al.，2004）曾强调，在开放性这一项上的低得分会导致无避孕措施的性行为。

在精神兴奋药物使用方面,我们不妨以特鲁尔和谢尔的研究为例(Trull & Sher, 1994),他们的研究指出,滥用精神药物和过度饮酒会使得开放性得到增强,过度饮酒或酒精依赖会导致随和性降低,而滥用精神药物会导致尽责性降低。

20
社会因素

寻求认同和社会学习理论

我们已经在前文中提到过了社会学习理论(Bandura & Rondal, 1980)。社会学习理论既谈到了对父母榜样的模仿,也谈到了对同伴榜样的模仿。因此,在吸烟这件事上,父母的影响可以表现为父母的吸烟习惯及其给子女造成的榜样效应。除了最初的这一点主要发现以外,这个问题还有更复杂的一面。比如,母亲吸烟是否能够反映出家庭机能不良,或者造成会对青少年产生影响的心理困扰?但是我们也需要考虑到导致他们吸烟的父母的教育方式和其他决定性因素。

父母和家庭的影响

家庭影响因素具有多重性:我们可以想到的就有①遗传因素(特别是我们在第六章中所提到的对精神兴奋药物的使用和依赖的影响),②习惯因素,即父母的行为习惯及他们对子女的态度,

③父母之间冲突或不冲突的关系(夫妻不和、冲突、分居)和父母与子女的沟通问题,④父母对子女的问题行为或叛逆行为的容忍度,⑤父母的病态心理(如情绪障碍或其他精神障碍),⑥家庭生活中的负面事件(离异、去世、失业),最后,还有⑦父母对子女的教育方式、监管和管控水平,以及当父母有不负责任或虐待孩子的行为时给子女带来的影响。此处,我们只列举这些决定性因素,它们在前面的章节中都曾被部分涉及。

当轮到自己必须成为父亲时,急性精神病发作

成为父亲,既是在履行传递生命的义务,也是重新审视与自己的父亲、家人和过去的儿童时代之间关系的一次机会。

在重症监护室里,我以联络精神科医生的身份见到了20岁的若泽。对这个男孩,我们几乎一无所知,唯一知道的就是他住在南希附近。在这之前,他在图尔火车站与负责维持秩序的武警略显"粗暴"地交涉之后,他的创伤性横纹肌溶解症(肌肉细胞损伤或坏死)就发作了,接着几组精神病科的急救人员出现在了这个处于急性兴奋状态、语无伦次、发了疯一样完全听不进劝的年轻人面前,然后他就因急性肾功能衰竭而陷入了休克状态。后来,我们才得知,他在几个星期里积累了越来越严重的恶习,并在此期间因为觉得自己受迫害而辞掉工作。他接着产生动身去往图尔的念头,并认为有个儿子在那儿等他(因为他知道他有一年半没见的前女友很可能住在图尔),于是他就到了火车站。他一开始仍然什么都没告诉我,但到后来,我发现,一谈到他的父母和他开始出现精神障碍六个月前父亲的去世,我们的谈话就开始弥漫起一种强烈的焦虑气氛。但是,这也让我有机会知道

> 了他的过去。刚刚失去父亲不久的他,妄想着自己成为父亲。显然,这不过是一种与在当时的情况下出现的脆弱性因素相互作用的"压力源"。

同伴群体的影响

在渴望得到认同和不太希望受到大人管理方面,同伴影响发挥着显著的作用,其重要性很早以前就为人所知(Irwin & Millstein, 1986; Jessor, 1984; Jessor & Jessor, 1977; Tubman, et al., 1996)。分离个体化进程的推进使得青少年逐渐加大对同伴群体的关注,然后,同伴群体会成为个体身份识别载体中的传动装置。通过把自己与同伴同化,与同伴共同属于一个群体,青少年也许就能尝试各种不同的角色,甚至做出可能导致冒险行为的决定。冒险行为部分发生在这个群体当中,或受到群体的影响而发生,这是因为,一方面,青少年和年轻成年人与群体相处的时间更长,另一方面,他们更容易受到同伴的影响(Gardner & Steinberg, 2005)。因此,冒险行为就可以是一个寻求同伴认同和赞赏,甚至在群体中享有权威的方式(Irwin & Millstein, 1986)。此外,冒险也可以是一个通过明确站在同伴这边来肯定主体新身份和宣告脱离父母掌控的方式。有冒险行为的青少年对自己的评价较高,且较少受到家庭的管控。但实际上,父母的影响和同伴的影响也许在不同的领域各自发挥着同样重要的作用。如果一个青少年在同伴中得到了很好的社会支持,却得不到家庭的支持,那他就更有可能做出冒险行为(Michael & Ben-Zura, 2007)。

冒险行为（如吸食大麻）的发生频率和同伴中有同样行为的人数有关。此类行为的开始或尝试和有同样行为的朋友数量有关。但显然，在这种情况下，冒险行为及其相关人数其实是相互增进的。我们也知道，青少年倾向于选择同他自认为的同类或者和自己有相同行为或行为倾向的那些同伴为伍（Planned Parenthood Federation of America，2001；Sieving, et al., 2006）。他在那些人身上寻找着和自己的相似之处。群体共同实施的冒险行为（如危险驾驶机动车、危险游戏或活动等）有利于增强群体的凝聚力，并可能给行为的参与者们划分出等级来。的确，冒险行为的回馈，尤其是青少年可能因此获得的威望有着非常重要的意义（提升自己或他人眼中的个人形象），而且属于一个可能因为冒险行为而被修改的法定关系。

社 会 发 展

在第二章中，我们已经强调了有关社会和冒险之间关系的几个因素，但是在本章节中，我们要谈的是近几十年来的社会发展。在这些社会变迁中，我们认为理所当然要强调的就是决定其构成的父母权力和家长与孩子间越来越趋向平等一致的关系（Lazartigues，2001）。"权力"一词，正如它的词源（auctoritas）所表示的那样，更多地是指"责任"：一个第三方的责任（此处是指父亲），具体表现为父亲通过施加在孩子身上的心理影响和他划定的社会规则框架，来改进孩子的行为或提高孩子的行为效能。但是，想要实施并保持一个明确的、成熟的地位（划定界限、接受冲突等），父亲就不应该总是期望得到孩子的认可或者不停地索取孩子的爱。市中心家庭的家长与婴幼儿之间的关系朝着神圣化的方向发展,父母常常把与孩子的关系看得过分理想化,并把它当作生活中的头等大事;结果,这类家庭中出现了真正的"小皇帝"或"小公主",这使得完全以孩子为中心的家庭消费方式也变得合情合理了(Lazartigues,et al.,2006;Marcelli,2003)。

在可能影响儿童和青少年人格发展的因素中,我们同样可以指出以下几点:

1 礼仪规则和尊重长辈原则的退步,这与核心家庭概念有部分关系;
2 一种倾向于即时满足需要的社会关系,这与儿童或青少年受挫能力变差有关;
3 由"拿着遥控器不停换台"看电视现象导致的更严重的刺激;更容易接触到未经长辈过滤的暴力信息(尤其是在电视上),等等。

除了以上三点,还值得一提的是,父母常常很容易在自恋心态作祟下变得敏感和脆弱,特别是在面对孩子的问题时,他们有时候会尽可能地站在孩子那边,而且家庭成员也很难正确处理骨肉分离和失去亲人的问题。以上种种容易导致几乎未经转化的冲动症状,并伴随出现行为异常,焦虑抑郁障碍和自恋的表现(Lazartigues,2001;Lazartigues,et al.,2003)。此外,我们也要强调,在我们这个所谓的"过度受控"的社会里,人们对行为障碍和外显行为的容忍度也降低了(Fourneret,Boutière,& Revol,2005)。而且,像分离障碍和成瘾性疾病这样的"关系"病也越来越常见。

除了整体的社会发展以外,正如先前强调过的那样,我们还发现,集体价值的缺失导致了个人主义的产生和盛行,以及对超越自我的过分推崇。在这个问题上,我们已经谈到过当代英雄崇拜(崇尚超越身体或技术极限)和对专业水准鉴定、体能或运动能力的崇拜。个人的奇异壮举往往包括一些危害生命的冒险行为、极限体验和超越个人生理极限或环境极限的行为。我们应该杜绝这种诱发冒险行为的社会取向,并且,从某种意义上说,摈弃这种价值取向赖以生存的对几个人物(种子选手)的神化。此外,这里面还有一个自相矛盾的社会定位问题:一方面,在各大媒体上鼓吹超越自我的重要性,另一方面又大肆宣扬(比如)道路交通犯罪,却始终不让人们有机会通过集体努力来解决这其中的潜在危机。

启蒙的通过仪式

仪式和仪典的概念

仪典(rituel)不是所有重复行为的总称,但重复行为是每个仪式(rite)的必要条件(Segalen, 2005)。仪典不是始终重复千篇一律的姿势,而是象征性内容的载体。它所表达或组织的是个人(内部客体)和集体(外部客体或文化客体)之间的关系。这种重复属于社会生活的一部分,并对社会生活的组织起着作用。每当出现需要某个既定仪式的情形,某个既定仪式就会出现(Bonte & Izard, 1992)。仪式的象征意义固定存在于它所包含的潜在内容里,同时也部分表现在它的形式、组织及其发生的环境上。仪式会产生一个背景,并赋予这个背景以意义,但这个背景和主体对它的表征也会对这个象征意义起到修正或扭曲、放大或缩小的作用。某个仪式的完成会产生一定的影响,并因此倾向于引发思想,加强思想引起的行为,且更多地驱使行为主体找出行为的意义。因此,尽管仪式或仪式流程有时可能与节庆活动及典礼这样的象征性表现形式融为一体，却不能概括所有的这些象征性表现形式，而仅仅是其中的一部分，通常只是能够被人们称为仪典的更广义仪式中的一个重要环节(Bonte & Izard，1992)。

仪式是一些或神圣或世俗[1]的复杂的文化创作，在社会的集体作用下世代相传。它们的世代繁衍要受到其所在社会发展的影响。它们的周期性通常附着于四季的循环往复中，或至少有赖于传统和耕种。这可以是一种将一些单独的仪式体系纳入一个更广泛的仪式体系(可能是生命循环或自然规律)的方式，并且把这个更广泛的仪式体系联系到个体存在和集体存在的本身意义。仪式因此有助于造就人类的时间性，允许主体适应自己的环境并赋予它意义。弗洛伊德(1966)曾注意到让社会生活(文化)得以形成的那些戒条所规定的禁忌(禁忌崇拜或禁忌礼仪)。从中，我们可以看到一个抑制程序中出现的克制的产物。仪式造就个体的心灵并影响着社会关系。它是让社会群体周期性地反复肯定自己，甚至反复确保群体或个人身份及等级的方式。

"仪式"一词的词源是"既定顺序"，更间接地关系到排序、协调、适应，以及与人际关系和人类与宇宙关系相关的连接汇合。仪式是一些预先规定好人类应该在神圣的事物面前表现出何种举止的行为规范(Segalen，2005)。宗教思想强调区分世俗和神圣。但在杜克海姆(Durkheim)看来，宗教的本质在于加强人与人之间的联系，促进社会统一。社会发展导致社会、宗教和政治的分离，人们对宗教失去了虔诚之心，甚至有些宗教典礼活动也失去了神圣

---

[1] 如，圣诞节就是一个既世俗又宗教性的仪式。

性。这种发展造成了当今社会中"仪式"概念的异质性,但是一词多义和仪式等级的"可塑性"并不能否定仪式依然具有其普遍意义,而且所有的社会都需要象征化(Segalen, 2005)。

通过仪式和青少年期启蒙行为

我们已经强调了青少年对冒险行为可能构成的合乎章程之变化的追求,以及冒险行为和通过仪式之间的常见比喻。从形式上看,所有的通过仪式(其中,"青春启蒙"仪式是一个典型)都是为了把个体或由个体组成的群体从一个身份中分离出来,以便接受另一个身份。

这些仪式表现出一种三位一体或三元性的结构(Eliade, 1959; Van Gennep, 1909):

1 准备阶段,在此期间,个体脱离原来的状态(开始前阶段);
2 空白或潜伏阶段(开始阶段),在此期间,个体处于两种身份之间(通常表现为蛰伏、退缩、真正的或象征性的死亡、考验);
3 聚合阶段(开始后阶段),在此期间,个体获得并适应新的身份(重生阶段)。

退化、吞没和隐藏的象征性程序(死亡或与母亲及女性世界—儿童世界的分离)使得主体遵循规章、信仰和集体神话,在社会中获得重生。所以,宗教仪式也就象征性、社会性地创造一些脱离以往世界的新人类。然后,这些新人类成为他们所融入的新社会秩序的维护者。仪式把他们载入一个人类和宇宙起源论的亲子关系链(一个"神圣的历史")。无论现在还是过去,他们都是打开教育殿堂之门的钥匙,引领自己和他人获得知识、内部财富以及得到同伴与未被接纳者的社会认同。从这个意义上来说,这些新人类也是集体用来吸纳年轻人的工具。在被一个有序世界接纳之后，他们将会把自己受到的教育和考验世代传承下去，好让这个生命逻辑生生不息。

通过仪式和冒险行为

无论哪种冒险行为都可能受到同伴的推崇，获得别人的赞赏。冒险行为可以表现为被纳入一个既定的同伴群体中的仪式（如吸烟或吸食大麻）。它会改变青少年在同伴、家庭和自己眼里的形象。青少年做出不顺从、违抗、冒险和证明自己价值的行为，都是为了迫使家长及他身处的环境重视他的身份转变和自主化。因此，通过冒险行为，青少年在儿童时期和成年期之间创造了一个过渡期。在某些情况下，冒险行为能够让青少年在同伴群体中获得领导地位。

显然，在冒险行为和我们在第五章中反复强调的通过仪式之间存在着一些共同之处：违抗、追求决裂或新的时间性、身体考验、冒险行为、身体划痕、渴望得到家人或同伴的认同、企图获得新的身份，等等。但是，除了已经融入学校或教育场所的青少年集体捉弄那些必须接受他们考验（有时在一年级末要参加一个他们组织的考试）的一年级新生之外，冒险行为几乎总是青少年个人或其所在群体的行为（同伴间"亲密"的社会化）。即使我们可以给出许多相近的语义解释，冒险行为也不会变成一个创始性的神话，更不可能是一段"神圣"历史的基石。因此，勒布勒东（Le Breton，1997）认为，通过仪式固然具有社会意义及象征意义，但除此之外，渴望得到回应的青少年很少能在冒险行为中得到持续成熟的回应。

通过仪式的社会发展及其与冒险行为的关系

几十年前,这些青春期的启蒙仪式对于年轻人的教育和传统社会结构的保持起着基础性的作用。它们曾经是教育殿堂的制高点,引领人们获得知识、内部财富以及得到同伴与未被接纳者的社会认同。在家庭内部机构的作用下,年轻人群体的社会化承担着传承种族和社会价值的使命。在被载入社会秩序的同时,年轻人还将负责通过自己的努力把这些社会秩序世代繁衍下去。"现代"社会中已经看不到通过仪式的身影。在西方国家,儿童长大成人的过程已经不再是一个独立的发展阶段(与传统社会相反的持续不变的通过模式)。

通过仪式的社会组织者作用的缺失会导致青少年重复实施毫无意义的行为(Le Breton,1995,1997)。通过仪式的这种职能缺乏也可能驱使青少年在有预谋的重复性冒险行为中不断创造又不断挑战新的极限。然而,矛盾的是,正如我们所强调过的,社会的发展又离不开在各种神话和童话故事以及大量畅销小说和卖座电影中出现的启蒙模式。

神意裁判行为和自我生殖的幻想

我们选择在第二十章社会因素中的通过仪式概念之后,用本段文字来讨论神意裁判行为和自我生殖的概念,但是我们也认识到,这是一个有待商榷的选择。或许,这些内容应该放在心理动力学因素(第十七章)中来讲。

神意裁判行为

神意裁判是一个非常古老的程序(在古希腊时期就已被人们

所知),它的原理是通过考验的形式让超自然力量来判断案件的是非曲直。这种对"神明"裁判(这里的神明不一定是上帝,而是指一个独立于当事人之外的决策者,可能是偶然性或天意)往往通过一些自然元素来实现,比如毒药、火灼、水浸等。如果接受这种考验的被告能够最终毫发无伤,就表示他(她)无罪。但实际上,当被告不得不赤脚走过燃烧的炭堆、在毫无防备的情况下吞下毒药,甚至在不会游泳的情况下浸入水中时,活命的客观可能性是微乎其微的。因此,在这样的巫术中,被告是否有罪需要借助往往会致死的危险考验来决定。从某种意义上说,神意裁判可以给在场的众人一个无从反驳的至高无上的公正裁决。在这个逻辑下,经受完考验还能毫发无损(这是一种可以用来确认规则的例外情况)的当事人,就能在集体当中拥有合法地位,被判定为"无罪",享有特权身份或更简单地说,享有自由支配自己生命的权利。

在西方社会,人们常常会想起使用神意裁判来裁决青少年或年轻成年人个人或集体性的行为,进行一个他们自愿接受的(仪式化或非仪式化的)考验,其目的是让那些成功脱险的人能够证明他们有权掌握自己的生命,显示自己独特的个性,甚至证明自己的全能和不死(Charles-Nicolas & Valleur, 1982; Valleur, 2009)。这就如同主体通过(以神意裁判的方式)象征性地召唤死神,来获得其存在的合法性(即有生存的权利),并恢复个人价值和名誉(Le Breton, 1995)。一般来说,神意裁判行为可以被定义为由主体(多少有点反复的)自愿接受巨大风险考验的行为。潜在的神意裁判幻想可能是为了通过把自己的命运交托给他物来决定是否继续活下去,并从中找回对生命的掌控力和快乐。

瓦勒尔(Valleur, 2009)明确指出了"神意裁判"冒险行为的特征：
- 与冒险的主观联系，即主体主观选择冒险而非被动接受冒险，并期望以此获得更好的自己，得到他人的认可；
- 主体认为冒险行为是一次考验，希望自己能够顺利通过，甚至希望产生置之死地而后生的结果（重生和进入一个更美好的世界）；
- "泛灵论"关系（神奇的方法或非理性的方法），在这个关系里，运气或命运起着关键作用，即使运气象征着一个能够判定主体无罪及其生存合法性的神明（这里面显然有个人英雄主义因素）；
- 尽管主体把命运交托给他物，却仍然感到自己在控制局势；他认为自己重新拥有了掌控生命的权利，这种掌控感将他置于生命的中心，何况死而复生对他来说意味着自我生殖（"重塑自己"，"一切从零开始"，赋予生命全新的意义）；
- 反抗性，因为主体通过用生命来冒险，把自己置于社会规范和所有社会习俗之上；
- 召唤法律，一个更高级、更合法的法律，一个显然不属于合法范围，却可能具有父亲职能的法律。

在我们看来，这种表面上看起来反常的现象在为数不少的青少年冒险行为和许多精神病患或反社会型人格障碍患者的违抗行为中十分常见。对他们来说，神意裁判行为并不是找死的行为，而似乎是保护自己免受毁灭性和自残性冲动伤害的途径。在这令人焦虑的与死神的较量中，主体会突然出现一种狂妄自大的胜利感："死神不想收我""我比死神更厉害"（Assédo，1990）。然而，即使神意裁判行为能够让主体重新找回自我的肉体和心灵，战胜客体，变成一个狂妄自大的全能自我，这种效果也不能长时间持续，因为社会并不把它当成一个融入行为而承认其合法（合乎社会法律）；即便这种行为包含象征性的力量，也可能是一时的；反复的行为会导致其效能的减弱。

自我生殖的幻想

神意裁判模式不仅能够处理主体和客体之间的关系，而且能够调整主动行为在其与主体身份之间关系中的位置。自我生殖（或再生）处于这个心理和假想过程的中心点；主体期望由此重获新生，变得自由和强大。做出故意的选择，把自己置于危险当中，然后成功脱险之后，主体活得更加自由（Jeammet & Birot, 1994）；当主体直面死亡并得以幸存时，他那狂妄自大的胜利感就油然而生。

神意裁判行为让主体重新获得控制自己生命的权利，也因此让主体认为完全靠自己得到了第二次生命，更重要的是，这次重生使主体摆脱了与过去的关系。这其中就包括否定亲子关系和象征性的债务（因为他否认阉割，所以他不可能承认这两点）。所以，神意裁判行为对主体所产生的"决定结构性"作用很可能昙花一现，并且需要不断重复才能得以维系。

21
个人史和精神疾病

心理、身体或性暴力史

虐待和家庭暴力可能导致一系列家庭和社会问题,如社会经济不稳定、社会动荡、失业、父母精神障碍和婚姻冲突。我们已经知道,儿童时期的性虐待给成年时期精神疾病的产生带来很大的风险:焦虑抑郁障碍、自杀意念和自杀企图风险(无论遭受过哪种类型的性虐待,女性患精神疾病的风险都是男性的二十倍)。以上种种因素都可能给成年时期的情感关系带来困扰,特别是抑郁症的患病风险明显更高(Inserm. Expertise collective, 2001b)。

为了更好地理解个人史的影响,我们不妨设想,大部分妓女都有一段充满负面影响因素的传记般的经历:性虐待、身体暴力、语言暴力或心理暴力、自杀企图、重病、父母早亡、出生时被抛弃,等等(Sander, 2001)。儿童时期双亲之一的早亡是导致冒险行为的高危因素(Michael & Ben-Zura, 2007)。相反,良好的亲子关系则能很好地保护孩子不参与冒险行为或至少降低孩子冒险行为的严重程度。

幼时精神疾病的延续

显然,我们要做的并不仅仅是阐明幼时的精神疾病及其在成年期的延续两者间的关系,而是要给已经出现的问题一个合理的解释。我们已经知道,儿童时期的注意缺陷多动障碍预示着后来的行为障碍、精神兴奋药物的滥用,过动症可能会/或不会延续到青少年期和成年期。与对立违抗性障碍(TOP)相关或不相关的行为障碍可能早早地发生在儿童时期(10岁之前),而它在日后发展成反社会型人格的风险也大大增加。法姆和科泰(Pham & Côté, 2000)断言,儿童时期反社会行为的数量对成年期严重的反社会行为有着重要的预示作用。在精神病或其他严重和持续心理障碍方面,有着HCR-20这一用来衡量暴力行为的风险及其复发管理的结构性量表,即《暴力历史-临床-风险评估量表》,这份量表也纳入了一些统计学变量(临床医生对此无从干涉),如是否在儿童时期发生过严重的问题(Webster, Douglas, Eaves, & Hart, 1997)。

年轻成年人的精神疾病

青少年或年轻成年人的精神疾病常常会导致冒险行为。因为,他们很可能想要通过(反复的)冒险行为来自我防御,并试图掩饰或不让别人知道自己身上存在的那些侵害人格的障碍。从这个意义上说,我们显然可以想到常在饮酒和吸大麻的背景下突然发作的早期急性精神病。对于这一点,我们不妨用伴随过量饮酒和滥用其他精神药物导致的青少年精神障碍和成年期行为障碍(无论是自杀企图、冒险性性行为还是其他行为障碍)之间的共病关系来进行归纳。

"生物"脆弱性和基因遗传性

在这部分内容中,我们将简要地说明以下值得认同的观点:30%—50%的青少年期行为偏差都能用基因遗传性来解释。在成瘾行为方面,我们可以列举几个有关开始吸烟和日后染上烟瘾的风险的研究(Carmelli, et al., 1992; Sullivan & Kendler, 1999; True, et al., 1999),以及关于喝酒的研究(Bohman, et al., 1981; Limosin, et al., 1996)。

大体上说,心理障碍和行为障碍是冒险基因和环境因素相互作用的产物。致病基因的先天因素可能只出现在适合发动它的环境压力源下,有害行动发生时(这阐述了第二十二章中我们将要分析的交互作用模型)。这些可能给青少年带来的具体影响有:经常使用精神兴奋药物对胎儿发育造成的影响、营养不良、传染病、家庭机能不良、身体或性暴力、逃避责任或无能、生活事件,等等(Inserm. Expertise collective, 2001b)。父母的病况,无论是否起源于基因遗传,都可能强化这些风险因素。此外,还可能存在一些由紧张的沟通关系引起的困扰,而精神兴奋药物依赖可以被看成与适应不良的神经可塑性有关。

塞德里克的案例
**一个在 6 个月的时间里断断续续在父母的
陪同下来接受治疗的临床病例**

在精神卫生中心(CMP)的第一次谈话：

L先生和他的太太带着他们16岁半的儿子塞德里克来进行医疗-心理咨询。因为他们发现塞德里克整天无所事事，每天直到凌晨3点到5点才睡觉，睡到中午起床，还越来越暴力，这一点在他们看来很严重。他们告诉医生，塞德里克的姐姐（他们的第一个孩子）觉得他就是"患了性格障碍"。最近，女儿好像还问过他们："你们难道没发现他和你们在一起时可以得到他想要的一切吗？"

L先生一边看着儿子，一遍讲述他们的家庭情况，并要求儿子赞同他的说法。但实际上，他一直试图获得儿子的赞成，却始终不敢正面看他。

他的妻子和他都认为，塞德里克的那些问题开始于初中一年级。在初一的班里，塞德里克被同学诬告偷了别人的钢笔，这让他感到很痛苦。一年里面，老师们告诉他们塞德里克有行为问题，对他们来说，这一切都是因为那次事件导致的。

"但是，他可能受到过坏人的影响。"他的母亲说。"你倒是这么认为，可我清楚地记得他只有一个朋友，而我在他这个年级也只有一个朋友。"他的父亲反驳道。"相反，他就是从那时开始有了睡眠问题。"塞德里克后来转了学，但初二时因为行为障碍而被学校停了好几天课。在勉强读完初三和初四之后，他的父母决定让他改去学徒培训中心(CFA)。"因为他已经厌倦了上学,想要学点职业技能。"他的母亲解释道。接着她又说:"不过,他已经前后有过三个老板了,每次不是被老板开除,就是一声不吭地走掉。""有人告诉我说他的就业和情绪都不稳定。""但就算是这样,他也不能老是待在家里无所事事吧?他该学一门手艺。"

塞德里克始终保持安静,默不作声,专心听着。他的父亲接着说:"他还喝酒和吸烟……不过只吸烟草,您明白我的意思吗?他总是问我们要钱,要是我们不给就什么都敢砸。除此之外,他还拆了他的轻便摩托车又不装回去。尽管如此,他却总问我要钱买新零件。我算过了,这个星期,我给了他300欧,我也不知道以前给了多少,不过以后我们得更节约一些了。"

接下来的谈话让我们知道了一些他的父母并未自发回忆起来的事件:出生时的湿疹;好几年一到睡觉时间就哭闹;在很长的一段时间内塞德里克都自己用头去撞地,特别是在小学五年级时,因为害怕升不了初中;不愿上学,无数次赖在家里和母亲待在一起(母亲帮他请病假或以其他各种理由为他请假)。

在谈话的第二阶段,医生用更加坚决一点的方式恳求塞德里克说话:他当着父母的面开口了,一开始他的表述很简洁,后来他的情绪就爆发了:"我要你们给我安排工作!""我是为了这个才来的。""我要是没工作,就什么事都做得出来。"

等父母不在场时,他又说:"喝酒的是我爸爸。他是个酒鬼。您看他们像是我的父母吗?他们实在是太……不正常了。他们已经过时了。我不知道我妈妈和我爸爸一起时都做些什么。我觉得她并不爱他,她会让他滚蛋的。他在家里连点零活都干不好。他就是个窝囊废和同性恋,我可不想像他那样。我可不想变成一个同性恋!"

"我认识一些住在拉芒布罗尔儿童之家的年轻人,我不明白为什么我不能去那里住?"

经过几次谈话之后……(L先生和他太太独自来了):

说话的是 L 太太。L 先生脸色惨白,耷拉着脑袋。"塞德里克不会来了,因为您跟他说没人会给他安排工作。""我的丈夫再也受不了了,他不喜欢争吵,他觉得儿子彻底抛弃了他,这让他痛苦极了。"

三个月后……:

还是只有 L 先生夫妇来。"塞德里克吸大麻的情况越来越严重了。他离家出走过一次,整整 24 小时,我们不知道他去了哪里。现在,他有点胡言乱语。我们有时听不太懂他的话,他喝光了家里的酒。有几次,我的丈夫和他差点打了起来,但我的丈夫害怕这样。"

又一个月后……:

塞德里克同意和他父母一起来。面对他那易激动的情绪、明显受害的心理体验和"奇怪"的言语,我们要迅速为他安排住院。

"我的歌被人偷了。这首歌是那么好。我是最棒的。可他们不支持。""我看到他们,听到他们的声音。他们无所不在,可他们根本不理解我。"

在这次精神病发作的两个月后:

后来,塞德里克的情绪在接受药物治疗后稳定了下来。在母亲看来,他已经恢复了。相反,在妻子的陪同下前来咨询的 L 先生反而过得不好。他瘦了8公斤。自从儿子住院后，他就因为疲劳而请假在家。他的妻子解释说，他变得太"容易走极端"、具有攻击性，多少还有些暴力行为。他也成了夜游神，整晚失眠，不知疲倦，但越来越不能忍受外界的声音，并且很容易就冲动、发怒、情绪失控……

在一旁不耐烦的L先生接过话柄，自己解释道：

"实际上，近两三个星期以来，我发觉自己思考得更快更好了。这实在是太好了，我觉得自己过得很不错。我写诗，要知道我以前是从来不写的，我还会开玩笑。我正在发现一些真理。比如，想要过得幸福，就必须变得自私，您明白吗？嗯，您知道我想说什么吗？我想要重新计划我的人生，把我的房子盖得更大——早些年我们就想这么干了。实际上，我觉得自己过得越来越好了。但是这几天，我的腹痛又犯了，肚子那里好像塞了个球……有时，我白天也会哭。我有喝酒的问题，这个问题我解决不了。"

他接着说，有人告诉他喝酒会降低勃起的硬度，然后突然有一天，他就不再是一个真正的男人。以前，他的妻子偶尔会去塞德里克的床上睡，现在，她又开始这样做了，因为丈夫晚上吵得她无法睡觉。他怀疑妻子的这种态度是否和他的性无能有关。

"但是，这一切给我带来的好处是，我又见到了我的儿子。我们之间相亲相爱。我非常理解他，而他也选择更加信任我而不是他的妈妈。因为我的脑子转得更快了，我比以往任何时候都懂他。我们恢复了亲密的父子关系，我们在一起玩得很开心。"

塞德里克一直因为精神分裂症而接受随访，而他的父亲则饱受着双相情感障碍（混合状态）的折磨。

22
复合模型和多因素模型

交互作用模型,相互作用模型(心理健康角度)

生物医学模式是一个单一或直接的线性模型(如芽孢杆菌是结核病的病原)。疾病是由某种传染性、创伤性、病变性或肿瘤性……病原引起的器官功能异常造成的具有一定严重性的后果。这个模型目前仍在推动医学发展方面起着积极的作用。然而,它还不足以用来解释多因素障碍的产生,以及某些疾病复杂的发展。人们认为,它过分机械和具有局限性(原因—结果)。

相对于只用生物、环境或性格病因来研究疾病的单一线性因果关系模型来说,交互作用模型可说是一个巨大的进步。它引导人们注意到某些影响生活质量、健康水平的既往史和某些显得有害的预测因素的整体特征的共同作用。虽然交互作用模型有着一定的实用性,尤其是在解释职业压力方面,但它还是显得过分简化,并未充分考虑到主体和背景相互作用的过程。

相互作用模型曾经一度得到广泛关注和迅速发展,因为它注意到了压力源对健康造成的直接或间接影响,以及相互作用过程传递的影响(Bruchon-Schweitzer, 2002; Lazarus & Folkman, 1984)。个体与环境之间的这些相互作用是一些动态过程,通过这些过程,处于一个令其厌恶的环境中的主体尝试改变环境和/或改变自己(知觉、认知、情绪状态、行为,等等)。这些相互作用模型也许有着自己的不足之处,那就是重视评估过程和调节策略,而忽视健康决定因素的作用(尤其是情境因素和性格因素的作用)。

互动模型

互动模型主张把影响健康的多种因素放到同一个模型里:①过往的环境和社会人口因素(即个体的"遭遇");②过往的个人、社会心理和生物因素(即个体通常"是"什么样);③与外界的相互作用和调节策略(即在对手面前,主体怎样"做")。互动模型在病因学研究上具有多因素特征,从而适合在儿童精神病理学领域中研究某一障碍或疾病的风险预示因素。因此,有了这种模型,我们就可以超越单一的因果关系模型及其相互作用,来阐明一些脆弱或易损的复杂原因。

计划行为理论

我们想要向读者介绍一个综合模型,这个模型可以用来预测有计划行为,并可综合模型相关变量之外的各种不同变量。

计划行为理论

费希本和阿杰恩（Ajzen & Fishbein，1980；Fishbein & Ajzen，1975）提出了理性行为理论来尝试预测人类的行为。他们的假设建立在这样的事实上，即大部分的人类行为都是受个人的认知决定和个人意向的影响，而个人意向取决于个人对此行为的态度与主观规范。阿杰恩（1985）后来将理性行为理论进行扩充，增加了一项对自我知觉行为控制（或胜任感）的新概念——这个概念取决于主体对自己（采取或拒绝某一行为）能力的信念，从而发展出了计划行为理论。行为意向模型或计划行为理论（Ajzen，1988，1991）因此是一个基于社会认知的模型。

根据这个模型，人的行为有四个决定因素：

1 行为信念；
2 规范信念；
3 控制信念；
4 行为意向。

行为信念使主体对行为产生正面或负面态度。规范信念指的是主体认知到的，重要个人或群体对主体行为期望的认知信息（社会压力）或"主观规范"。控制信念会产生知觉行为控制，它与行为实现的难易程度有关。根据计划行为理论，知觉行为控制是行为意向的一个决定因素，可以直接预测行为的完成。后来，有一项元分析研究突出了这一理论在人类行为解释中的恰当性（Armitage & Conner，2001）。

计划行为理论综合模型在冒险行为解释中的应用

行为意向模型是一个有着旺盛生命力的模型，全世界关于它的研究数不胜数。因此,无论是在什么领域,它都有着不可想象的全面性。不过,我们每次都只会选取某些研究的一部分来说明问题。

阿杰恩模型的三个变量(规范、态度和胜任感)决定着初中生是否具有吸烟意向。行为本身是由胜任感、行为意向决定的,同时也受到同伴支持和个人以往经验的影响(McMillan, Higgins, & Conner, 2005)。马库斯和肖普(Marcoux & Shope, 1997)曾试图以美国大学生为样本来预测并解释喝酒和酗酒行为。他们用计划行为理论中的三个变量来解释喝酒意向,而这一行为意向本身也对每个被研究的行为有着重要的解释作用。库克、斯涅霍塔和舒兹(Cooke, Swiehotta & Schüz, 2007)研究了狂饮的现象,并在一开始时就提出调整态度的重要性,即通过引起主体的悔恨和愧疚感来长期减少他们的狂饮行为。狂饮现象反映了年轻人对所在同伴群体强烈的认同。由此,我们可以说,群体的主观规范决定着集体买醉的行为意向(Johnston & White, 2003)。另一方面,服食精神药物的意向根据药物种类的不同取决于多种不同的因素。在喝酒和吸大麻这两件事上,如果大学生的主观规范、个人态度和胜任感都是正面的,那他们就会产生行为意向(Armitage, Conner, Loach, & Willetts, 1999)。服食灵魂出窍迷幻药、安非他明、LSD(麦角酸二乙基酰胺)和大麻的行为意向取决于主观规范,但与主体胜任感无关。吸食大麻的行为意向也取决于道德规范(McMillan & Conner, 2003),而使用灵魂出窍迷幻药的行为意向则取决于过往行为以及主体对行为的态度(Umeh & Patel, 2004)。

关于性行为和计划行为理论的关系,我们想要强调的是,如果知道是什么原因导致个体使用或不使用避孕套,那么感染通过性接触传播的传染病的风险是可以被降低的。现有的研究指出,决定青少年在与新的性伙伴发生关系时是否使用保护措施的,是计划行为理论中的三个变量(Reinecke, Schmidt, & Ajzen, 1996; Sheeran & Taylor, 1999)、以往的关系类型(是否亲密)以及对这种关系的期望(Gebhardt, Kuyper, & Greunsven, 2003)。在不同的研究中,每个变量的重要性不尽相同:如使用避孕套的行为意向或者取决于个人态度(Albarracín, Johnson, Fishbein, & Muellerleile, 2001; White, Terry, & Hogg, 1994),或者相反地,取决于主观规范(Bosompra, 2001; Posner, Bull, Ortiz, & Evans, 2004)。关于知觉行为控制对避孕套使用意向的作用,也有着两种截然相反的观点:威尔森、曾达、麦马斯特和拉威尔(Wilson, Zenda, McMaster & Lavell, 1992)发现,知觉行为控制只能解释很小一部分的差异,并且只对男性有预测价值;而戈定、加格农、兰伯特和康纳(Godin, Gagnon, Lambert & Conner, 2005)则强调,比起个人态度和主观规范,知觉行为控制对行为意向的作用更大。

强烈的情感体验似乎同样预示着主体反复实施冒险行为的意向(Sánchez, Caballero, Carrera, Blanco, & Pizarro, 2001)。计划行为理论可以用来测量导致这样或那样行为的原因,因此,也能为预防某种行为提供理论支持。人们清楚地认识到,非洲的年轻人之所以是艾滋病的高危人群,是因为社会和文化规范的失效,使得女性永远是性关系中服从的一方(Eaton, Flisher, & Aarø, 2003),这种认识有助于改进、发展国家预防危险性行为方案。一般来说,性行为也是计划行为理论的研究对象之一。所以,比德佘尔等人(Beadnell et al., 2007)为了预测性行为意向和性行为发生的可能性，完成了一项研究。从个体内部层面来说，感官追求、喝酒吸烟、尽责精神和道德信念共同影响着行为意向（特别是后两者分别对行为意向有着直接的影响）。从人际关系层面来说，计划行为理论中给出的三个变量共同决定着发生性关系的意向。过早性行为的起因在于与人发生性关系的意向，性行为的主观规范，以及经常独自待在家中的事实。

计划行为理论同样可应用于解释其他的冒险行为。和成瘾行为一样，危险驾驶行为也非常常见，特别是在年轻人群体中。道路交通犯罪的行为意向尤其得到胜任感的支持（Parker, Manstead, Stradling, Reason, & Baxter, 1992），而遵守法定时速限制的行为意向却取决于所有的三种变量（Elliott, Armitage, & Baughan, 2007）。另外，还有一些其他的研究也关注了饮食行为。年轻女大学生在态度、主观规范和知觉行为控制（第三个因素作用最小）的正面作用下，会产生减肥的行为意向（Shifter & Ajzen, 1985）。相反，想要养成健康饮食习惯的意向则会造成主体的健康饮食行为。许许多多的因素共同影响着这些决定：态度、知觉行为控制和主观规范（与家庭影响有关），动机，经济来源充足、能够买到这种食品、性别、文化群体的影响，等等（Backman, Haddad, Lee, Johnston, & Hodgkin, 2002）。

迈向一个全面的方法？

和临床上一样，我们应该在每一个可能的时候尝试找到一个系统的方法来处理所有的家庭互动问题，如果我们不考虑一个全面方法的必要性，那就不能结束这个篇幅不小的章节。

我们有意识地陆续介绍了一些不同的部分或模型，但也许未能将它们之间的关系彻底阐明。在个体发展上，命名是为了把一个未知的客体占为己有，(通过画线和勾勒轮廓)限定是在试图通过把某种现象缩减为少数几个特征来更好地把握它。

这个儿童绘画方法与因子分析法并无两样。心理学家们很熟悉因子分析法，它试图把所研究现象的复杂性缩减为与这种现象关系最直接的几个要素，即把大量的初始变量归纳成少数几个有代表性的新变量。

但是，我们知道，某一客体的种种表现加在一起也不足以概况它的全部，同样，就算是为数不少的症状也只不过部分反映了与它们相关的疾病。人们使用的科学方法通常是假设演绎法，这种方法能够预测某种假设或模型的后果。一个好的假设能够促成一项成功的研究，这项研究的成果会引起整个科学界的瞩目，并提出其他有待研究的问题(Vallerand & Hess, 2000)。不过，这个假设必须具有很强的逻辑性，且相对"节俭"，因为它需要用尽可能少的因子来解释被研究的现象或行为。

埃德加尔·莫林(Edgard Morin, 1994)再次呼吁我们接近现实的复杂性，摒弃那些过于简单化的思维模式。尽管他为科学的过度专业化感到遗憾，但他还是号召人们重新审视人类的知识，在他看来，这些知识都过于零散、孤立或具有缩减作用。他强调人类社会方法的必要性，这种方法必须将主体的个人现实纳入考虑范围。但也正是基于此，我们需要尝试解释个体行为。这些行为所赖以生存的机制必须经过缩减才能被人理解。

在临床理解的方法中，只要这个方法对主体有帮助，那它产生的结果或精神病理学观点的贴切性就极少会受到原始模型简化的影响。的确,简化有利于推动理解,即使简化并不是唯一的目的。所以,我们需要在缩减法和整体法(尝试得如此多以至于总能具有一定的实用性)两者之间找到一个平衡。幸运的是,在治疗方法方面,重点在于让病人好起来,而不在于使用哪种方法、这种方法有什么样的内涵。

因此,片面的理解是暂时的,它可以被质疑和补充,即在病人和医生之间的治疗合作伙伴关系中,根据新假设及其指明的新方向,原来理解的意义可以重新得到诠释。

IV 青少年期冒险行为的预防

23	青少年期冒险行为能得到有效预防吗？	261
24	报告、评估和干预	267
25	冒险行为在国民教育中的预防	277
26	健康专家对冒险行为的预防	288

冒险是青少年期乃至一生都不可避免的元素。准确来说，比起冒险行为本身，我们要预防的更多是冒险行为的后果对青少年发展带来的不利影响或者给青少年带来的危险。我们应该尽力降低有害健康的风险、防止过度冒险，并引导青少年通过别的方式来证明人生价值。

23
青少年期冒险行为能得到有效预防吗？

怎样从儿童阶段开始预防广受推崇的冒险概念？

幼时对英雄职业的梦想

青少年文学十分推崇那些所谓的英雄职业（消防员、警察和军人）以及其他在小男孩的游戏印象里颇能令人满足的职业（飞行员、宇航员、探险者等）（Cherney，Harper，& Winter，2006；Epiphane，2007）。这些所谓的"男性"职业通常具有力量、叛逆和勇敢，而"女性"职业则更多地表现出母性、温柔和理解（助产士、护士、秘书、美容师等）。因此，在种种社会条件的推动下，儿童从很小的时候就开始继承父母所传授的规范的价值体系，并用在一生中获得的经验来证明它（Baudelot & Establet，1992）。主流的思想模型和文化模型所传递的那些信息有着自己的基本观点，那就是女孩天生善于处理人际关系，温柔善解人意，懂得倾听、理解、照顾别人；而男孩的身体和精神天生就比较强大，因而也更适合保障安全,对抗火灾或去到天涯海角探索人类未知的地方。比如,女人想要和男人一样成为消防队员几乎是不可能的,除非她们能够证明自己有那个本事(抑制她们的女性化特征,或相反地,突出只有她们才具备的女性特点和能力[1])(Michaut-Oswalt,2005)。

消防员的例子

在保障社会安全的工种中,消防员无疑在社会的潜意识里有着特殊的地位。人们非常重视他们的正直、强健、专业知识和组织形式,尤其是忠于社会利益的服务精神。当出现紧急情况时,他们开着红色的消防车,鸣着警笛……在人群中一眼就能认出来。

他们同样要接受高强度的常规训练,这可以让他们应付各种极端情况。他们之间建立的人际关系能够让他们在集体行动时,始终保持信任、斗志和服从集体安排,从而顺利完成控制或消灭风险的任务。个人主义或不认真的态度是要不得的,因为这会影响集体行动的效力(Auger & Reynaud,2007)。志愿消防员是在为社会集体效命。

消防员的职业志向在于(为了拯救他人的生命而)自我奉献,受人认可、体现自己的价值,对某些人来说还在于追求感官刺激、做出一番大事、实现儿时的梦想(Retière,1994)。在电视上,我们曾经看到过一名消防员仿佛在毫无准备的情况下来到一个所谓的"敏感"街区(被人砸石头,被"拒绝进入"),有些消防员就像是生活

---

[1] 有趣的是,在最危险的任务及资格要求和技术要求最高的工作中,人们是不允许女性损害男性至高无上的权力的。她们必须服从男性组织和男性心理,屈从于消防队、警察局或派出所中的性别歧视观念和做法。这些得到普遍认同的玩笑和刻板印象可以团结个体,来共同对抗困难以及其他消防员可能面对的压力和极端情况引起的不良反应(Pfefferkorn,2006;Pruvost,2008)。

在现代的骑士，总是时刻准备着为弱者和全社会效力。但是，我们也必须问一问，到底社会能为青少年成为英雄人物提供多大的可能性？

过分宣扬有分寸的冒险，试图控制脆弱性的因素

我们已经知道，青少年与冒险具有不可分割的关系。青少年期出现的心理问题，如渴望获得行为自主、追求极限、违抗禁忌，只能从追求感官刺激和社会认同的角度来理解。

在《魔鬼的三根金发》中，三位老者预言了小婴儿的未来，说他将来会遇到巨大的危险，不过会成功脱险，长命百岁，还会娶到国王的女儿。在此类故事中，冒险在青少年期具有决定构成的作用。它也意味着不确定、选择的可能性（如选择主体、选择获得自由意志）和试错的权利。

整个问题的关键在于限制冒险行为的负面结果，或由主体的决定和影响因素产生的不确定性。最重要的是能够通过评估脆弱性因素来预测那些最可能危及主体生命或影响其未来发展的冒险行为。

如此说来，我们要做的并不是预防风险，而是限制或控制某些冒险行为的风险。冒险行为的多样性（成瘾行为、冒险性性行为、机动车辆危险驾驶行为、某些违法犯罪或暴力行为、自杀企图或某些进食障碍）并不会妨碍我们对冒险行为的总体预防，只要大人们能清楚地把自己定位成负责任的成年人，陪伴青少年度过他们的个性化和自主化过程，引导青少年只做一定范围内、"有分寸的"（具有较低的风险等级），甚至受约束的冒险行为，预估青少年每一次的冒险行为，就能够帮助青少年找到冒险行为的意义，最终成为像他们那样得到充分发展的有责任感的人。

由电影《不死劫》引起的关于冒险的思考

电影《不死劫》[1]由布鲁斯·威利斯主演(饰演大卫·顿),讲述了一个虽然既悲哀又看破一切,但仍像常人那样过着平淡生活的普通人的故事。这个男人遭遇了夫妻不和的家庭危机,以及在这危机掩盖下的生存危机。在他生活中发生的一起过渡性事件将带领他走入一个全新的人生阶段,在这个人生阶段里,他将发现真正的自己,找到自己真正的价值。事实上,大卫·顿是费城的一名大学体育馆保安,他发现自己从未生过病,还是一次有着130多名遇难者的列车事故悲剧里唯一奇迹般活下来的人,而这一切并非出自巧合。这次可怕的事故将彻底颠覆他的生活,并让他遇到他的"同类"(准确地说是与他完全相反,属于另一个极端的人),由塞缪尔·杰克逊饰演的伊利亚·普利斯。后者是一位限量版连环画收藏爱好者,常年饱受一种罕见疾病的折磨,他的骨头天生像玻璃那样脆弱。他是个"玻璃人"或"易碎人",而恰恰相反,大卫·顿发现自己是个"不死之人"。这是一场正义与邪恶的较量,对主人公的身份转换起着不可或缺的作用。在经过一番波折之后,他成了一个不折不扣的孤胆英雄,肩负起保卫他人的使命。但是这种几乎在他不知道的情况下偷偷发生的转变,不过是让一个特殊的保安员摇身一变成了一个不引人注目又时刻"保持警觉"的超级英雄。就这样,他逐渐变成了幼时梦想的理想自我,我们或许可以说,他的自我将和理想自我融为一体。在发现自己人生意义的同时,他将在儿子的帮助下,重新找回自己,并且最终成为一个好父亲和好丈夫。

---

[1] 原片名 *Unbreakable*,法语版片名 *Incassable*。——译者注

预防冒险的主要原则

想要找到一个正确维护健康、预防疾病和促进健康的方法，我们必须先预设一个健康计划，这个计划将包含一个有着多个步骤的多学科方法：
- 战略：从流行病学角度来确定居民的需要，根据可支配资金及经济来源来确立初始目标；
- 战术或技术：确定一项具体的计划；
- 实施；
- 评估：用来评价已经完成的行动计划及其方法的有效性。

通常，事先会有一个行动指南，即使有时候会对这个行动指南进行必要的修改。这些不同步骤的完成需要主体首先对所研究的现象有最充分的了解，然后从中发展出流行病学的调查研究和统计工具（类型学、预示公式、决策树等），并能够阐明临床知识的现状，不断更新临床知识并提出新的研究思路。但是，一般的做法不能忽视这样一个问题，即每次面对的都是单一主体和个人的冒险。

同样地，健康教育方法的使用也包括好几个与健康专家和青少年关系相关的步骤。这些步骤相辅相成、不可分割：
- 识别医患关系的障碍；
- 审视专业人员对青少年情况的了解和描述；
- 告知他们可以接待青少年的时间；
- 争取青少年的信任；
- 摸清青少年的态度；
- 建立与青少年的回应关系；

- 帮助青少年获得个人资源和/或社会资源；
- 与其他成年人和/或专业人员一起工作(Housseau & Vincent, 2009)。

例如，造成医患关系障碍的一个可能原因是健康专家(医生)的态度(取决于他们的共情能力，以及从他们的行为中表现出来的沟通或教学才能)。"成为同盟者"的专业人员需要能够在病人的聆听和他们所给的信息之间找到一个平衡点。这种态度将会让病人感到自己被理解、重视和信任，从而能够自由地表达自己。

24
报告、评估和干预

一个负责任的成年人该有的定位

成年人应该将自己定位成思路清晰的那一类大人，这"意味着"他们清楚地了解所见到的事物，明白什么是无法接受的；儿童和青少年的发展离不开与环境的相互作用。所以，由一名青少年，或更笼统地说，负责照管他的那些人（父母、教师、教育者或护理人员）共同确定的大人职责应该极为明确。简单来说，就是要成为一个负责任的大人。他们应该能够告诉青少年他们所看到的和令他们感到不快的事情，从而让青少年的行为得到反应或反馈。即使青少年们表面上看起来对大人没什么期待，他们也不会埋怨大人对他们的关注，而大人的沉默在孩子们看来可能是一种冷漠和放弃。想要创造和孩子沟通的机会，那就必须先和孩子沟通。

在我们看来，如果大人作为沟通的发起者仍然坚持维护自己的大人地位及其代表的制度框架，那么这种沟通将不可能实现。青少年非常清楚家庭、学校和社会的运行规则，当他们反抗这些规则时,就是在给大人一个能够和他们一起重提这些规则,以及在必要时考虑做出一些惩罚措施的机会。当惩罚措施真正实施、成为常态并逐渐加重时,就可能产生一些极具决定性和催化性的影响[1]。这种"重提"和大人要求的青少年参与,有一个必要的前提,那就是大人必须承认既定的规则本来就是用来违抗的——只有这样才能让大人和孩子有机会面对面进行交流。另外,这些既定规则必须首先受到一些先验信息的提示,好让青少年们能够预知大人们的反应。

要想担得起大人的地位,还必须:

- 不要讲述可能对孩子产生负面影响的个人经验(如父母告诉孩子自己吸大麻或给自己 12 岁的孩子买烟抽,理由是他们是在这个年纪开始抽烟的);
- 不要"迷惑"孩子;
- 承认自己已经"过时",并不是因为自己的平庸,而仅仅是因为每个人都应该居于自己的位置;
- 不要过分把大人的欲望投射到孩子身上;
- 自己说话做事前要让孩子有个准备,不要突然吓到孩子[2];

---

[1] 当一个青少年做出某一行为,尤其是在他独自一个人时,大人应该马上把重心转移到另一件事,像没事发生一样正常生活下去。一个十几岁就成为母亲的女人曾经常常抱怨自己的儿子和另一个同学一起去了附近一间无人居住的房子,两年以后,她还在为此抱怨他。

[2] 一个大人可以平易近人,但要对自己有个清晰的定位;他可以善解人意,也可以是一个朋友。当大人认为,尽管和孩子之间存在代沟,但和孩子在一起什么都可以时,就会明显威胁到人人的职能和孩子的位置,这种威胁会激发大人的自我和自恋(觉得自己还年轻,还能迷惑和取悦别人),却不会对孩子产生同样的作用,更何况这里还可能存在"乱伦"的问题。

- 尊重孩子，站在一个正确的立场上（这一点，我们将在第二十九章关于青少年期的治疗关系的分析中再谈）；
- 能够和孩子进行"真正的"、真实的、令人安心的沟通；
- 明确自己的价值和局限性；
- 至少在某些时候可以接受冲突[1]（这也是在体验自己的差异和分歧）；
- 鼓励孩子逐渐和父母分离，支持孩子的自主过程；
- 必要时承认自己有积极的转变，等等。

我们已经在第二章中讨论过权威的问题，并强调权威应该以何种程度来影响父母的责任和权力，父母的权力必须能够允许青少年表现自己的才能。所以，这里所说的权威绝对不是一种独裁，后者更多地标志着弱势或防御姿态。

所有与处在困境中的孩子沟通的大人都会有倾听、陪伴，以及在孩子需要时求助其他专业人士或合适的机构的行为表现。有时也很有必要不仅仅局限于在接待机构（学校、住处）"处理"问题，而应该在必要时预先告知警察或者报告处于危险中的儿童的情况。这些报告，在评估之后能够（通过对孩子情况的判定）得到一个教育、行政或司法的支持。它们可以是一些有用的工具，包括服务于家庭的工具，因为有了这些工具，人们就可以在理解虐待情况（身体虐待、性虐待或逃避责任）的前提下，尤其是站在同样痛苦的父母的立场上，来处理家庭中虐待孩子的问题。

---

[1] 有些家庭无法承受来自家人的"攻击"。比如，我们发现，自杀企图或自残行为通常发生在家中（刚好在临上学前），这样做是为了效果能够体现在课堂上，从而使护理人员或"校方"采取必要措施。这就好像实施此类行为的青少年们确信这样做能让自己获得一个满意的反应。

青少年期冒险行为的一般评价标准

要评估青少年的"问题"行为并说出什么算是暂时性的"轰动"行为（表演型的、违抗的、反对的或肯定的）或真正阻碍青少年未来发展的风险，从来就不是件容易的事。况且，行为千变万化。在冒险行为的"实施者"眼里，冒险行为也不一定真有那么危险。我们不妨利用一些标准来对那些可能产生问题，甚至病态的冒险行为做一个临床评估：

1 行为过早发生；
2 即时严重性；
3 反复性（障碍的"固定性"和持久性）；
4 根据年龄或性别的不同出现的"典型性"（非典型性）；
5 累加行为或并发行为；
6 决裂、孤立或环境的各种变化；
7 过度投入（专一大量的投入）。

行为的过早发生通常会导致它们的"固定性"或持久性。比如，我们已经知道，过早吸烟很容易造成后来的吸烟习惯和烟草依赖。

关于严重性，我们已经知道本来想要预测行为会"变成"什么样是一件困难的事情，但是当青少年实施某一突然变得特别严重的行为时，我们就应该这样想：这个行为这么严重，那是因为他受到的困扰特别大，而且找不到更合适的办法来向周围的人求助。

行为的反复性通常会导致行为的"固定性"，也可能属于成瘾行为的范畴。适应能力更多地具有安定人心的作用。

由年龄或性别决定的"典型性"（非典型性）是一个既简单又贴

切的指标。生理差异,以及特别值得一提的教育和社会压力都非常重要并具有规范作用。不同性别的青少年有着不同的行为。一个用摄入药品(自愿的药物中毒)来完成自杀企图的男孩,他的问题应该会更加严重;一个在公共场合酗酒的女孩会比有同样行为的男孩遇到更多的风险,等等。换言之,一个女孩如果表现或"展示"出通常为"男孩"专属的行为(滥用精神药物,伴有辍学、暴力、机动车辆危险驾驶行为,等等),那么她的处境会比别人更危险;相反,一个男孩如果"借用"通常为"女孩"专属的行为(青少年初期的自杀企图、进食障碍、躯体化障碍,等等),也同样常常更痛苦并更容易导致后来的病态心理。我们已经强调过,男性在反社会行为上的主占比很早以前就开始被人们所知(Jessor,1992),而女孩则更多地表现出躯体化障碍(Jacquin,2002;Le Breton,2005)。这也是"外显"行为障碍(主要为男性)和"内隐"行为障碍(主要为女性)之间的对立。

青少年期的累加行为或并发行为既常见或多少是一种通病,又是判断行为潜在严重性的一个标准。有累加问题行为或冒险行为的青少年,通常伴有躯体化障碍、抑郁情绪和自杀意念,他们也会觉得来自家庭的包容和支持比较少(Choquet & Ledoux,1994)。比起别人,他们更容易对自己有较低的评价,并追求更多的感官刺激(HAS,2005)。

连续的决裂(或所有重复发生的对环境的改变)也许更多地关系到心理障碍的表现而不是起因,即使这样或那样的决裂(如感情上的)可以是一个导致情况变得更严重的因素。

过度投入(专一的大量投入)般标志着一些依赖症的问题。这对于任何一种有致瘾物或无致瘾物的成瘾行为来说都是事实。最后，我们也要再次提到，冒险行为，尤其是青少年初期的冒险行为千变万化。它们可以以一种形式消失，然后在另一个领域出现，这将加大对它们进行定位、评估，甚至采取治疗部署的难度。

某种冒险行为之所以现在依然常见（大规模、侵略性、累加行为等），是因为它很可能也会给青少年带来一些好处（比如，在面对内在或外在威胁时帮助主体形成"防御"模式）。因此，重要的不仅仅是对行为进行的首次评估，更多是在一个特定历史和特定背景下，我们，或准确地说，青少年，赋予行为意义。关于促进这些或那些冒险行为的个人因素或环境因素的研究非常重要，因为它可以帮助我们更好地从进化动力学的角度来理解情况，并从精神病理学和现象学角度来理解冒险行为可能对主体所具有的意义。首先，我们应该考虑到，这些行为是对改变的一种呼唤，这种呼唤需要被人听到，并且得到回应。

根据严重性标准做的一次评估

艾莉丝是个 14 岁的女孩。她曾经企图从所就读的初中里的一幢楼房的五楼窗口跳下来自杀。她双脚踩在栏杆上，身体悬空探出，只靠双臂在后面拉住自己的身体。见过她的那位心理学家认为她这么做是为了控诉自己的痛苦。但是就算真是这样，那种姿态也一下子严重到足以让她必须接受治疗的地步，人们觉得她的处境很"危险"。她的自杀企图本可避免，而事实上，她却差点（意外地）自杀成功了。（在排除其他因素的情况下）我们应该考虑到，她是在通过这种方式来向人宣告自己有多么"迫切地"想要得到别人的回应。

某些行为特有的评估标准

每一种行为都有等待我们去研究的特有迹象。比如,自杀行为的预防尤其需要我们尽早侦测到儿童和青少年的抑郁障碍和自杀意念。抑郁障碍的检出方法有:

- 对亚临床抑郁症状学的研究;
- 家庭既往抑郁史或其他精神障碍;
- 不良的环境条件(家庭冲突和严重的家庭机能不全、与同伴的关系障碍、长期压力源,等等);
- 过往性虐待史(特别是发生在家里的)或过往身体暴力史;
- 同性恋倾向;
- 使用或滥用精神兴奋药物,等等(Inserm. Expertise collective, 2001b)。

除此之外,我们也同样需要研究一些不专属于某种行为的普遍迹象,如焦虑障碍、退缩的态度或改变近期行为的迹象、自省、逃学、上课嗜睡、学习上打退堂鼓、学习成绩下降,以及所有可能导致自杀企图的扰乱性行为。这些行为更能"引起轰动",因而也就更需要尽早开始治疗。

根据共识会议"自杀危机:识别和治疗"的精神,我们也可以利用世界卫生组织给出的与以下因素有关的标志来识别行为:

1. 个人因素,包括过往自杀行为、心理健康障碍(如情感障碍、饮酒过度和酒精依赖、滥用药物或药物依赖、人格障碍、自我贬值、冲动气质)、生理健康障碍(如疾病或残疾);

2　家庭因素,包括过往暴力史和身体虐待或性虐待、与父母的关系冲突、过早失去亲人或被抛弃、父亲和/或母亲酗酒、严重的夫妻不和、父亲或母亲有自杀行为或精神障碍;

3　社会心理因素,包括社会经济持续不稳定、社会和情感孤立、近期的分离、丧事、入学、学业障碍或职业困难、歧视性待遇、与社会格格不入、不遵法纪、身边亲近之人的自杀产生的传染效应。

关于抑郁障碍的检出,我们还可以使用专门的抑郁症调查问卷,如:

- 《贝克抑郁量表》第2版(*Beck Depression Inventory*-2ᵉ édition, BDI-II),这是一份由21个问题组成的自评量表,专门根据《精神障碍诊断与统计手册》第4版的标准来评估抑郁症的严重程度;
- 《蒙哥马利和阿斯伯格抑郁症等级量表》(*Montgomery and Asberg Depression Rating Scale*, MADRS),这是一份应用于临床的访谈量表(Bouvard & Cottraux, 2005)。

我们也可以选择使用更具通用性或横向性的测验方法,如抑郁测验(TSTS-CAFARD[1]),这是一份用来检测抑郁症和冒险

---

[1] 这项测验在《健康专家干预工作指南:我们之间》("Guide d'intervention pour les professionnels de santé. Entre nous")里有所介绍,它适用于医生和药剂师,或更广泛地说,健康专家。这本小册子可以下载获得(Housseau & Vincent, 2009)。关于TSTS-CAFARD工具的详细内容可以直接在Groupe Adoc 17的网站http://www.medecin-ado.org上找到,标题是《一个青少年体内可能隐藏着另一个青少年》("Un adolescent peut en cacher un autre"),这篇文章为医疗咨询提供了一个工具箱。

行为的调查问卷,有利于医生更好地了解病人的问题(特别适合全科医生使用)。此外,我们还可以使用(法国大学附属比塞特医院青少年健康服务中心的)《预约调查表》(*Questionnaire de pré-consultation*, Alvin, 2005)[1],它可以允许青少年在正式咨询之前和医生有个初步的交流。这种特殊的问卷能够反映出他的生活方式、使用精神兴奋药物的情况、可能表现出来的症状、对成长发育和身体形象的担忧、与父母的关系、学业状况、友情和性行为、自杀意念等。显然,这类自陈问卷并不能代替结构式或半结构式诊断性访谈。除了研究病人是否有抑郁综合征或过往自杀企图,医生也可以根据一些因素(如自杀背景、青少年向旁人表达的自杀意向、自杀行动计划、自杀准备)来评估"自杀危机"(HAS, 2000)。

关于心理学和精神病学的评估量表还有很多(广泛性焦虑、自我评价、感官追求,等等),读者们不妨阅读一些这方面的专著,如《精神病学和心理学临床记录和评估量表》(*Protocoles et échelles d'évaluation en psychiatrie et en psychologie*, Bouvard & Cottraux, 2005)、《人格调查和评估量表》(*Questionnaires et échelles d'évaluation de la personnalité*, Bouvard, 2009)、《精神病学标准化临床评估》(*L'évaluation clinique standardisée en psychiatrie*, Guelfi, 1997)。

最后,我们需要说明的是,想要更专门地检测精神兴奋药物的使用,还有一些非常实用的自我评估问卷,如《法格斯特罗姆尼古丁依赖测验》(FTND)和针对烟草的《尼古丁依赖量

---

[1] 这个工具也同样在干预指南手册《我们之间》里被介绍过。

表》(HONC)[1]、针对酒精的《酒精使用障碍识别测验》(AUDIT)[2]、针对大麻的《大麻滥用筛选试验》(CAST)[3]以及CRAFFT-ADOSPA 这个用来识别青少年期多重用药行为的横截调查表[4]。

---

[1] 烟草依赖症可以用不同的量表来衡量。其中最常用的两个就是《法格斯特罗姆尼古丁依赖测验》(*Fagerström Test for Nicotine Dependance*, Heatherton, Kozlowski, Frecker, & Fagerström, 1991)和《尼古丁依赖量表》(*Hooked on nicotine checklist*, DiFranza et al., 2002)。《法格斯特罗姆尼古丁依赖测验》由 6 个项目组成，主要用来评估身体依赖。而《尼古丁依赖量表》专门适用于青少年，一般用来评估依赖感，甚至失控感或失去自主性的感觉。这份量表有时候被界定为"心理依赖"的评估工具，但这种界定可能是错误的。它是根据成瘾理论制定的量表，研究的是以药物作用下的自主性丧失为基础的依赖症。其目的是便于识别依赖症。失去自主性预示着烟草中毒或戒烟失败。

[2] 《酒精使用障碍识别测验》(*Alcohol Use Disorders Identification Test*)的设计受到了世界卫生组织的支持，其目的是用于界定危险的酒精使用习惯及其有害后果，以及酒精依赖的预示因素(Babor, Higgins-Biddle, Saunders, & Monteiro, 2001)。它由 10 个问题组成。

[3] 《大麻滥用筛选试验》(*Cannabis Abuse Screening Test*)是一个用来检测大麻滥用的工具(Legleye, Karila, Beck, & Reynaud, 2007)。这个只有 6 个项目的筛选试验被应用于一般人群中的青少年和年轻成年人。这项试验由法国毒品毒瘾监测中心(OFDT)设计，看上去像是一个线性工具，有着较高的内部一致性。

[4] CRAFFT 调查问卷是在美国制作和投入使用的，用来尽早检测出青少年对多种致瘾药物的有害使用：大麻、烟草及其他。CRAFFT 是一个由首字母组成的可拼读缩略词，对应的分别是：汽车(Car)、放松(Relax)、孤独(Alone)、遗忘(Forget)、家人/朋友(Family/Friends)、苦恼(Trouble)。CRAFFT(Karila et al., 2007)的法语说法是 ADOSPA，指的是汽车/摩托车(Auto/moto，在喝酒和使用其他精神药物作用下的驾驶行为)、放松(Détente，应用于自我治疗)、遗忘(Oubli，药物作用下的记忆障碍)、孤独(Seul，感到孤独)、苦恼(Problèmes)、朋友/家人(Amis/famille，来自朋友或家人的指责)。做完这份调查问卷大约需要 1 分钟。

25
冒险行为在国民教育中的预防

让学校成为专门的预防场所

学校里的干预

学校是最适合进行心理和行为干预及开展有效预防策略的场所,原因在于:
- 学生经常待在学校里,他们的学习时间很长;
- 学校是发展社会关系、情感和认知能力的场所(比如,有利于开展一些旨在改善学生自我评价和解决冲突的计划);
- 能够增强教职人员的敏感性;
- 在学校里可以全面实行一个整体性的严密政策(Bantuelle & Demeulemeester, 2008)。

学校也可以是这样一个地方,从这个地方开始,人们可以试着动员青少年周围以及更广泛的环境中的人:他们的家庭、街区以及附近所有的机构和组织(社会组织或社会教育机构、医疗机构、警察局、青少年司法保护组织,等等)。对某一层面的干预将会引起其他层面的反应——如对个人的干预将会引起环境的变化,反之亦然。这里指的就是一个相互依存的原则。这一原则在多维度干预上的应用可以让干预行为变得更加合理有效。

预防是学校教育使命中的重要组成部分。健康及公民教育委员会(CESC)的职责是组织或推动青少年健康促进计划，预防冒险行为的发生。这些委员会可以联合各种预防行为，使它们协调一致，并帮助

- 学校集体中的大人和学生围绕着共同目标和价值观团结行动起来；
- 形成一个有利于教育成功的学校环境；
- 加强对外合作关系(国家教育部官方公报，Bulletin Officiel de d'EN，1999)。

全体教职人员(教师、ATOS 或 IATOS[1])在学校领导带领下的参与极其重要，同时也应该充分调动学生家长共同加入预防行动。这就意味着必须在尊重每个人的能力和地位的前提下团结一致、精诚合作。

健康促进和健康教育

健康促进和健康教育不应该再被认为是由国民教育人员或其他专业人士实施的简单的教育干预(虽然这些人在自己所擅长的领域有着一定的专业水平)，而应该放在学校整体政策的层面上，

---

[1] 缩略词 IATOS 指的是：工程师(Ingénieur)、行政人员(Administratifs)、技术人员(Techniciens)、工人(Ouvriers)和服务人员(Personnel de service)，换言之，就是学校里除教师以外的人员，比如接待人员、文献信息服务中心(CDI)工作人员、清洁工、中高层管理人员等。

来保证学生在认知能力、学习能力、自主能力方面的发展,帮助学生成长为有责任感的成年人(Bantuelle & Demeulemeester, 2008; Broussouloux & Houzelle-Marchal, 2006)。从这一意义上说,我们要做的并不是预防各种类型的冒险,而是试着关注、了解和预防那些轻率的冒险行为,并在必要时限制它们的后果。一切有关预防的反思和研讨工作都应该和一些负责任的成年人共同来完成,由此形成的独特的力量汇合很可能从根本上决定预防行为及其效果。长期的动员和教职人员的紧密团结将会让青少年们认识到,作为学生和青少年主体,他们的健康快乐比什么都重要。

对共同的表征进行研究

在采取预防措施之前,有必要对学校里的不同参与者(学生和教师以及其他人员)的表征进行研究,从而趋向一些共同的表征。这项工作紧跟在对问题的初步评估之后完成,这样可以找准问题,即切身地了解问题,而不是从焦虑的大人们口中听到的错误描述(Bantuelle, & Demeulemeester, 2008)。学生的要求和动机(有利于改变特定情况)需要被纳入考虑范围。但是,为此必须理解他们的态度和行为产生的依据,以及他们真正希望改变或改善的东西。这是根据需求和期望的具体表现和我们对它们的理解来对它们进行识别的阶段,也是为了使用某个预防方法和促进健康而制订健康计划的第一个阶段。这是一个关键步骤,因为青少年也会根据他的知识和信仰,以与他的表征系统一致或不一致的方式来筛选可以给出的信息。

以青少年为中心的预防形式

发展学生的社会心理能力

健康的促进和冒险行为的预防都有赖于一个好的方法,这个方法试图让人们更加重视:

- 学生参与学校生活的能力以及他们的社会和人际交往能力的发展(主动的压力管理或把重心放在问题本身、自我肯定、沟通交流、与同伴的关系);
- 认知能力(批判精神、做决定的能力);
- 情感素养(自我控制、情感的理解、愤怒管理、压力和焦虑管理),等等(Bantuelle & Demeulemeester, 2008)。

所以,我们可以说,这是一个让人们更加重视社会心理能力和个人能力,或更广泛地说,生活技能的总体目标。这些在整个学生时代里发展的能力有利于促进学生的充分发展,加强其学业生涯中必要社会关系的建立。

学生参与的预防行动

正如我们之前强调的那样,冒险行为的预防方法从属于更广义的健康促进政策,而健康促进政策则从属于学校的整体规划。虽然这个规划自然应该包括教师和其他教职人员,但也必须同时有学生家长和青少年的加入,也就是说,应该不仅仅把他们当作一般预防方法的受用对象,还要把他们看作这一方法的积极参与者。这就需要同时做到以下几点:

- 创造一切机会让学生运用批判性思维和承担责任(学生代表、干部储备,或参加体育和文化协会);
- 大力推广赞助、辅导、辩论会及更多类似的活动;
- 重视他们在自主能力发展及责任感培养中的首创性、积极性和主动性。

为此,学校可以采取一些特有的具体举措。其中一条就是提出"参与预防的学生"这个概念("朋辈教育"或"参与预防的朋辈")。只要能非常明确地规定哪些是学生该做的,哪些是陪同并管理他们的大人该做的,这个概念的应用就会特别有效。职责的明确可以避免产生许许多多的问题:年轻人完全自顾自为,或者走向另一个极端,即彻底沦为师长和其他教职人员的使唤工具和附属品……要想实施这样一个计划,就必须对判断行为是否健康的标准和预防的模式进行反复讨论,再加上参与其中的年轻人会主动提出一些引起反感和说教式的制度,所以最好能发展出一些责任概念或风险等级概念,等等。

学生参与预防行动至少可以从两个不同的方面来规划:
1 让他们真正承担起培养其他学生的任务,好让这些学生也能够为其他学生提供建议或指导;
2 培养他们成为有效信息沟通的纽带,以谨慎的态度处理这类风险,并在工作中密切联系学校的其他人员和校外合作伙伴。

以学校及其教职人员为主的预防形式

全面、连贯的学校政策

任何一个预防方法,如果没有纳入学校的总体计划中,都不可能有效。学校的健康及公民教育委员会(CESC),在校领导的带领下,可以从健康方面来思考和研究这一总体预防方法。健康及公民教育委员会将会邀请一些学生和家长代表,以及当地主要合作伙伴加入,如来自健康、教育和治安或青少年司法保护(PJJ)方面的人士。在全体教学和教育工作者、家庭和校外合作伙伴的共同努力下,CESC可以健全学校的健康政策(国家教育部官方公报,1999)。这样一来,比起选择适应学校及其环境的健康目标,以及与这个目标相适应的学校方针,大人们更需要在一个清晰的总体计划中高度凝聚、团结合作,同时,这个计划也考虑到了学生在学校生活质量和学校工作的共同建设中的作用。重视学生的主观能动性、自主性及责任感,承认他们的能力以及成人之间和成人对学生的尊重,并及时提供帮助,这些做法能够为学校发展保证其必需的运行质量。

此外,我们还要提的是,冒险行为的预防必须通过与结构紧密的教学和教育计划相结合,着力增进学生的健康和公民责任感的逐渐发展。成瘾行为的预防在任何情况下都不能简化成少数几次具体的宣传动员。对它的预防不能严格独立于其他冒险行为的预防。在所有情况中,预防方法都要首先建立在学校里,每位参与者的说法、动作、行为协调一致的基础上(国家教育部官方公报,1999)[1]。

---

[1] 我的朋友阿兰·莫诺(Alain Monnet)(一位多年来在暴力和成瘾行为问题方面担任国民教育部顾问的校长)给了我很大的启迪,他过去常常和我谈到"4C"规律:协调(Cohérence)、团结(Cohésion)和信任(Confiance)以及前三者的结果,即校园氛围(Climat d'établissement)。我们也许还能加上其他几个"C",即校长(Chef d'établissement),因为是他规定学校政策并保证它的落实,沟通(Communication)和应该全体参与学校计划实现过程的教育教学团队(Communauté pédagogique et éducative)。最新一期的《国家教育部官方公报》谈到了这些方面。

诊断过程中所考虑的预警因素,可以是一些有关健康的直接或间接指标,如逃学次数、暴力行为发生率、去校医处的频率。但是这种诊断也会综合考虑到其他的因素,如:
- 学校是否位于教育优先区(ZEP);
- 学校的规模及基础设施;
- 学校日程安排和生活环境(包括学校餐饮、交通);
- 内部规章制度的发展;
- 纪律处分程序的运作;
- 校内俱乐部活动;
- 学校与家长的关系;
- 学校与外界合作伙伴的合作,等等(Bantuelle & Demeulemeester,2008)。

此外,关于学校运作情况的分析还包括对医务人员(校医与护士)与学校中高层管理者关系的研究,对不同人员作用和地位的尊重,除教师外的学校人员与预防计划的结合度,他们的出席、协商或参与,最后,还有人际沟通和人际关系动态。所有的这些因素都有可能对学生的学校生活质量产生影响。选择解决什么议题不应走机会主义的途径,也不应以仅仅平息家长的担忧或显示学校正在采取一些健康行动为目的,恰恰相反,应该从学校的总体政策出发来考量。

我们已经强调过,全体教育教学团队用心关注学生健康、教学质量与学校生活质量的改善,这将对学生健康和他们的冒险行为产生积极的影响。成年人的参与、各项人力资源的整合(社工助理、学校医务室的医生和护士、心理咨询师,等等)与一致行动将有利于甄别出有心理障碍的学生并对他们进行评估。总而言之,我们要坚持一点就是,冒险行为的预防是围绕学校健康及公民教育委员会(CESC)展开的,这个机构能够同时推动个人能力的发展,调动一切有利于改善学校"社会心理"校园环境的因素。因此,它能捍卫学校的共同价值,并增强校内人员的归属感。

教师及其他教职员工的动员和培训

教师及其他教职员工(ATOS)的动员和培训可以帮助调动整个教育教学团队,提高他们的实践水平,增强他们胜任感。如果教学功能必须包括教育功能,那就需要为教师提供一些工具,好让他们在处理青少年问题时具备基本技能(Bantuelle & Demeulemeester, 2008)。这类动员/培训可以通过学历教育(在他们读书期间)和继续教育的形式来开展。国民教育部把此类培训纳入预防政策,可见对它的重视程度。此外,也要认可并鼓励参与预防行动的教师们的付出,同时允许他们经常做出退缩的举动,质疑自己所做的是否妥当。此类纳入国民教育计划的培训当然会涉及到"健康"问题:发展心理学甚至精神病理学的知识、精神兴奋药物及成瘾行为促进机制的知识、性行为的知识,等等。同时,我们也推荐使用《学校健康教育:选择、设计和实施一个计划》(*Education à la santé en milieu scolaire : choisir, élaborer et développer un projet*, Broussouloux & Houzelle-Marchal, 2006)。这本指南是一个很好的辅助工具,它能为渴望做好学校健康教育工作的教育团队和预防行动的参与者们指点迷津,特别能帮助他们实施合适的计划。

在自杀企图冒险行为和自杀危机方面,我们将指出,有一定数量的自杀行为发生在学校里。除了学校的医生和护士之外，其他教育教学团队成员也应该警惕那些他们可能接收到的预警信号（课堂行为异常、书面作业中明确告知的自杀意念等）。一旦发现此类信号，必须立即约谈学生来了解情况，联系学生家长，寻求学校相关部门人员的帮助（当然包括医生、护士，此外，还有教育总参赞，甚至社工——总之是所有能够提供建议和指导的人）。与这些专业人士的谈话可以帮助信号发现者减轻精神紧张，对情况有一个更好的临床理解，并引导当事青少年接受校外专家的治疗和照顾，包括心理医生、急救机构或精神病专科诊疗机构、提供儿童或成人精神病学医疗服务（普通精神病学）的精神卫生中心（CMP）、心理医疗与教育中心（CMPP）等等，并在遇到以社会心理因素或家庭因素为主导的自杀危机时，求助于卫生和社会机构或社会教育机构（HAS，2000）。千万不要单打独斗，必须在详细了解治疗网络（不论是专业人士，还是构成这一网络的机构，又或者是两者互为补充）的基础上与人合作（包括与家长合作），尤其是在遇到特别危急的情况时。这能为当事学生提供高水平的多学科治疗和救助。

家长在学校教育中的地位

家长有必要参与到冒险行为预防计划的设计、实施、推进等全过程。显然，他们是最早接触孩子此类行为的人，因为此类行为通常发生在家庭或其直接生活的环境里。但是，要想让家长对孩子的自杀风险或其他冒险行为产生高度敏感，绝对是一件非常困难的事情，只有资深专家才能办到。因为这需要用简单的方式恰到好处地给出一些信息，既不过分渲染也不平铺直叙，来刺激家长主动和孩子谈话，从谈话中发现危险信号，并帮助家长清楚知道自己该在什么时候寻求帮助。

让家长参与学校政策同样可以保证他们在孩子成长过程中的参与度，并能够让孩子们所接收到的信息变得更加连贯和一致。某些行动也可以帮助巩固家长职能。这样一来，家长向孩子传递的价值将会更加"显而易见"。如果家长自己也觉得自己的作用得到了加强和支持，担心就得到了释放。首先，各种主题的动员会绝对是一个能和家长们面对面谈话的机会。另外，我们也需要鼓励他们多多出现在学校里，而不是只在孩子出问题时才被学校叫来。比如，不妨在学校里专门开辟一个房间给家长，这就像（提供婴幼儿医疗服务或小儿外科治疗的）医院设有专供家长使用的房间。这些"家长室"保证了他们能合法地陪伴孩子接受治疗，并在孩子住院期间为家长照料孩子提供方便。一般来说，会有一些有效的家长联合会，重要的是，家长联合会专门针对家长采取的行动必须是与学校管理层相互配合的结果，只有这样，双方的职责和作用才能更加明确。最后，光有家长培训或动员是不够的。它必须和教师培训共同起作用，并且和一切为孩子做出的努力一起，促进孩子在情感、认知和社会能力方面的发展（Bantuelle & Demeulemeester，2008）。

其他合作机构的地位

学校教育的开展需要和其他国家部门、校外卫生、教育或治安机构的合作，当然还有社区的作用。一些校外力量同样被要求参与到各种预防行动中。比如,警察或宪兵可能受邀而提供一些关于毒品的信息,他们的参与常常(在提供信息方面)和医生、心理学家、教育工作者、青少年问题、精神病理学和成瘾行为专家的参与相结合。这些参与或动员(通常在动员会上进行)始终在校长的责任领导下进行,就算是受到学生家长团体或联合会的邀请,也必须有学校领导层在场和全程参与。

健康及公民教育委员会(CESC)是一个专门用来团结不同合作伙伴的工具,其中包括省级预防犯罪委员会(CDPD)、市级预防犯罪委员会(CCPD)和其他城市政策协商机构。此外,我们也应该将已经投入使用的新资源纳入考虑范围,如健康教育(EPS)能力区域服务中心。想要让预防行动行之有效,这些不同部门必须协调行动、各司其职。在实施预防计划之前,必须先达成明确的目标,统一哪些因素有利于事态转变和集体行动,考虑到每位合作者的实际情况和局限性,分享知识和经验,形成集体心理表征,并启动后续监控和行动评估机制(Bantuelle & Demeulemeester, 2008; Broussouloux & Houzelle-Marchal, 2006; Bulletin Officiel de l'EN, 1999)。

26
健康专家对冒险行为的预防

全科医生和儿科医生的地位

让全科医生注意到并运用自己对青少年的影响十分重要。家庭医生往往可以近距离接触那些有困扰的家长,受到他们的求助和信任,他可以在这些家庭需要帮助时成为孩子的专属对话者。他必须让自己单独和他们见面,或让他们有说话的空间,即使他们还不能马上抓住重点。

大部分对家庭医生的邀请都是出自表达躯体主诉或谈论身体健康的动机,这就使得医生很难定位潜在的心理困扰。抑郁障碍的评估取决于医生将要通过何种方式来向青少年提问,以及他在这个行业的从业经验(Binder & Chabaud, 2005)。特别是因为青少年,尤其是男孩,不能自如地表达自己的感受,在他们看来,这些感受可能是软弱的表现,甚至是自杀的意念。除此之外,造成医生迟迟抓不到问题重点的阻碍因素还有:

- 看医生的时间不足够用来建立一次长时间的交流,这种以医生的专心倾听为基础的交流方式,能够让青少年主体说出不同的需求；
- 青少年可能仍然对精神病学有着负面的认识；
- 有些医生在面对心理障碍或精神疾病时觉得无所适从，尤其是对于青少年期的心理问题；
- 因为需要预约和等待，想要向精神病学同仁请教也可能很困难，等等（HAS，2000）。

如果家庭医生能跟一个或多个儿童精神病学或普通精神病学专家团队取得联系，同一些心理学家合作，在有需要时把青少年转交给他们做一个精神病理评估或进行针对性的治疗，那么青少年的心理困扰也就不难解决了。

此处，我们要重提一下那本可以下载到的《健康专家干预工作指南：我们之间》（Housseau & Vincent，2009）。使用这本指南有利于找到一个合适的健康教育方法。这个方法可以分为四个阶段。首先，医生必须能够千方百计告诉青少年，自己能够随时帮助他：比如，在候诊室里放上一些小册子，甚至准备一些简单的问卷请青少年和医生一起找出在这个年纪可能有的烦心事。但是，这个步骤同样可以在就诊时完成，即医生询问青少年最近过得如何，是否可以做点什么来帮助他。接下来，医生可以跟青少年单独约谈或者和他约好过几天再聊。这就意味着在医患之间创造一个联系并突破最初的需求。正如我们前面提到的那样，能从青少年那里获得什么样的回复取决于用何种方式提问。因此，向青少年提一个开放性问题，鼓励他谈论（如果他愿意）自己的健康问题或说出自己的渴望，可以促进"心理"内容的产生（Binder & Chabaud，2005）。希望青少年能够很快找到自己的信心，让自己能够在完全安全的心境中向医生倾诉（Alvin & Marcelli，2005）。但是，医患双方即使在初次见面时无法很快建立沟通关系,也能在后续的谈话中慢慢深入交流,只要青少年能够把他的医生认可为一个长期的倾诉对象和帮助者。青少年希望能向医生倾吐心声或者得到医生对自己隐私的尊重。但是,如果遇到紧急的危险情形,或者必须明确指出情况或由陪同他的父母来进行干预时,行业保密就没有理由再被维持了。

一般来说,在与青少年交流的过程中,必须:

- 信任孩子的父母,从不损害他们作为父母的信誉和资格,也从不迷惑他们的孩子;
- 指引、引导、陪伴,从不忘记还有其他治疗专家或适合解决青少年可能遇到的问题的机构,如免费匿名疾病普查机构(CD-AG)、大麻咨询中心、家庭计划中心、青少年之家(MDA)、青少年健康空间,等等(Housseau & Vincent, 2009)。

比起医生的单独治疗,对青少年来说,更重要的是功能性"网络"及其补充作用,因为这样的网络能够帮助青少年自我构建,尤其当网络内的各个元素之间协调一致时。

心理学家和精神科医生的地位

除了履行告知学生就业和教育方面知识的任务,更笼统地说,除陪伴他们构建受用一生的自我定向能力之外,活跃在中学(初中和高中)的定向指导心理顾问(COP)[1]也能让学生对自己有更

---

[1] 学校心理咨询师只有在幼儿园和小学里才找得到,他们的任务是在专业援助网络的框架内(与负责再教育的学校教师和专业教师一起)协助预防学习心理障碍,具体途径为参与学习心理障碍预防行动、学校教育计划的制订,监督个人或集体援助措施,帮助有心理障碍的学生融入学校生活。

好的了解和认识。他们能够在某些情况下帮助定位那些有心理困扰的学生并接待他们,以便给他们提出一些建议并引导他们接受相应的治疗。

临床心理学家和精神科医生通常会在精神卫生中心(CMP)工作,负责精神疾病的跟踪治疗。他们的职责已经不再是对冒险行为进行初级预防,在结束青少年的求助性冒险行为、最大程度地恢复青少年的潜能方面,他们有着举足轻重的作用。他们中的一部分人也可能参与到某些学校的"健康"行动中,但是,我们希望他们在介入之前能够确认这些"健康"行动能很好地适应学校政策中的健康促进整体计划。

正如我们将在后面的章节中看到的,青少年和心理学家/精神科医生之间的关系非常关键。有自杀倾向的青少年本身就极其脆弱,这也让他们极为重视帮助他们的心理专家,以及他们和这些心理专家建立的关系(自恋的支持)(HAS, 2000)。如果在他们情况最不好的时候中断治疗,那将造成意想不到的伤害。青少年对分离和失去支持的威胁可能存在的敏感性会让他们变得无比依赖依恋对象,同时,让他们难以承受这种具有潜在刺激性的关系,矛盾的是,这种关系可能会让依恋对象本身停止对主体的投入。

青少年之家

省级青少年之家(MDA 或 MdA)可以用作预防场所,用来接待青少年及其家庭,从身体、心理、人际关系、社会能力和教育等方面来综合考量青少年的健康。

它是一个结合多学科方法,接待、倾听、建议和重新定位的场所。这类机构最近的革新之处在于提出了"一站式服务",用来帮助青少年及其家庭尽早发现并定位青少年期困扰或障碍。在青少年之家得到的回复会包含关于青少年后续可求助机构的信息。从这个角度来说,它是为了发展"全科医生"型接待模式,即让不同家庭的需求和各个领域专家产生交集而设立的机构。

从广义上来说,根据所在省份的不同,治疗心理障碍和躯体化障碍、处理健康和社会产生的问题曾经让省级青年之家被看作是现有机构的竞争对手,它必须发展自己的补充作用,或在可能的情况下针对不同的青少年问题给出不同的答案。

因此,现有的青少年健康空间和青少年接待和倾听服务站(PAEJ)有时处境很危险,一方面因为国家和集体退出监管,另一方面因为它们在青少年心理疾病预防上有着相似的职能:

- 接待、倾听、指引和个别辅导;
- 校内外集体预防;
- 青少年健康专家合作网络;
- 青少年、家长和专业人士的资源站(Benoit, Smadja, Benyamin, & Moro, 2010)。

V 患病青少年的接待和治疗

27	心理治疗申请的接待	295
28	诊断性评估和预后评估	306
29	青少年期的心理治疗关系	316
30	住院治疗和机构治疗	332

当一个青少年过着糟糕的生活，还有着阻碍自身发展或让自己身陷险境的冒险行为，对他的治疗和照料应该从一次让他安心的单独谈话开始。治疗关系的建立可以为青少年解释他那些经历的意义，引导他找到其他的生活方式，从而帮助他重新找到并发挥自己的潜能。

27
心理治疗申请的接待

青少年期心理访谈申请的接待

有心理问题的青少年可能会在他人的指引下去咨询一位专业治疗人士：儿童精神科医生、心理学家、儿科医生。由此产生的第一次谈话[1]至关重要，往往对后续的治疗起着决定性作用。它可以是急诊的形式或事先到精神卫生中心（CMP）预约的形式。通常，心理咨询的诱因是一起暴力攻击或自残（划痕、自杀企图）、行为障碍、焦虑危机或焦虑抑郁症、学习心理障碍或家庭障碍事件。甚至当求助申请是在紧急情况下临时提出时，家长有时候可以从几个星期或几个月前就开始向医生报告一些蛛丝马迹。显然，家长们必须牢牢把握好这个开始向第三方求助的时机，以避免事态严重到真的要和心理专家面谈的程度。

第一次的谈话时间将会留给青少年及接待其父母，第二次、第

---

[1] 本章的一部分内容将用于《青少年期的心理访谈申请》（R. Courtois, Courtois, Fillatre, Le Fourn & Lenoir, en préparation）的准备工作，我和我的同仁们已经开始了这本书的创作，目前尚未出版。

三次亦如此。这样做正是突出了让谈话顺利和安抚青少年及其父母的重要性。首先为了青少年及其父母考虑，其次为了便于建立良好的治疗关系、收集病史方面的临床资料，并在后续治疗中的逐步过滤问题以找准治疗方向。在某些罕见的病例中，父母请求心理咨询只是为了向医生求证他们的孩子"不适应"或者孩子的行为有着病态特征，就好像是为了向别人保证孩子会变成这样不是他们的责任。就算有这种旨在"排除"责任或将问题"归因病态"的申请，与"心理"世界的交谈也仍然至关重要。这样的谈话常常并非青少年自愿，因为他害怕与自己谈话的那些人会做出疯狂的举动(Lauru, 2006; Pommereau, 2006a)。即使在今天，对心理访谈的贬义心理表征依然存在，就如同一次简单的求助就证明自己真的生病了，或者通过单纯接触比自己病得更厉害的人就会有被"传染"精神疾病的危险[1]。

首次访谈的目的至少有三个：

1. 开始建立个性化的关系，争取家长的"合作"（这将为随后的跟踪治疗提供支持）；

---

[1] 的确，在这样一个摇摆不定、寻求认同的年龄，某些青少年可能对号入座自己的症状或旁人知觉的症状。但是，"对于青少年来说真正的危险在于和精神科医生谈话"这样的观点在我们看来大错特错，并且长期存在。当一个青少年的心灵内部进程遇到了阻碍或者可能遇到阻碍，就必须评估他和他所在家庭的机能状况，并给予适当的帮助。比如，当青少年或年轻的成年人患上了精神病，首先要做的就是尽早就医，以便提高治疗依从性、尽可能降低目前这次发病的影响、预防复发。所幸，大多数出现在这个年龄的必须接受治疗的心理障碍都不属于这个范畴。一般来说，青少年的心理问题主要是一些躯体化障碍（伴有抑郁症状的身体主诉）、自残或自杀行为，以及行为障碍(Marcelli, Kelly-Penot, & De la Vega, 2007)。

2 从心理动态和人际关系两方面来收集关于青少年及其家庭的病史信息;

3 确定诊断和预后方向,这将为治疗部署打下基础。

第一个目的是创造一个有利于增加临床医生和青少年及其父母"面谈"(在这样的面谈中,必须相互信任和尊重)可能的氛围。这一氛围必须同时具有"包容性",即可以包容和缓和他们的焦虑情绪,并在必要的时候(稍晚些时候)控制冲突的发生。这就明确或隐晦地要求建立一个工作的"框架"。这种"临床接待"不仅仅建立在一些正面价值(如亲切、乐于助人或同情)的基础上,而且还必须以一个同样用来评估家庭动力及激活这一动力的可能的临床策略为前提条件(访谈的第二个目的)。诊断评估的建立将会让医生开始对治疗方案有个大概的构思(访谈的第三个目的)。

想要区分访谈的评估或预后特征是不可能的。所有以走进青少年内心世界,并进行动态的、系统的、现象学的理解为目的的干预,甚至是局部的干预,都会对治疗效果产生一定的影响。尤其是当医生收集病史资料的同时,青少年的心理问题得到了重新表述并开始逐步被过滤澄清时,情况更是如此(Marcelli,1999)。用简单易懂的语言、适当的语气来重新表述问题,也可以使病史资料的收集变得更容易让病人及其家属接受。如若不然,病史资料收集可能会被看作是一件具有侵略性的毫无意义的事情,特别是当青少年及其家人完全不明白它的重要性时,在资料收集过程中他们会表现得特别紧张、"防御心极强",或只关注自己的初始需求。马尔蒂(Marty,2001)主张这样的观点:针对青少年的心理治疗从第一次接触、第一次交流……就已经开始了,相反,这并不意味着所有的访谈都是一次心理分析或心理治疗的开始(Birraux,2003)。

在第一次谈话中,临床医生会特别注意"接待"咨询刚开始时青少年的症状。求助问题的表述方式及背景、提出心理访谈申请时在场的父亲或母亲、"提出"申请的父亲或母亲、其他家庭成员的反应等,都有利于更好地理解所提出的问题及回答这个问题的方式。临床医生还必须保证自己能够联系到或见到不在场的父亲或母亲,并在必要时,能够争取到家庭医生或其他任何一位专家的合作。初期的情况小结(调查式访谈)必须要经过好几次谈话(大约2—5次)才能完成。然后才是后续的谈话,这些谈话能够细化最初的分析因素并将已经开始的治疗继续下去。

青少年及其父母在心理治疗申请中的地位

父母的地位

在儿童精神病学、儿科学或儿童及青少年心理学上,我们知道孩子越小,父母的地位就越重要,医生与孩子家人的配合也越不可或缺。儿童精神科医生或儿童心理学家常常依靠针对孩子的心理咨询申请来近距离了解孩子的家庭动力,有时候建议父母为了自己而陪同孩子前来咨询,他们既是咨询者的父母,也是咨询者[1]。如果儿童期的问题大部分都和青少年期的相同,那么把青少年带到诊疗中心就更加重要了。当青少年及其父母在区分各自问题时有困难,有时候不妨向他们建议采用轮流接待的方式,即

---

[1] 我们将注意到,在青少年接受治疗的时候,父母中的一位可能会被引导着为自己做一次治疗,因此,家长也常常会在自己的生活中面对被孩子激发出来的症状(Marty, 2001)。

先接待孩子再接待父母或采用分几次家庭治疗(全家一起接待)的方式。也可以将同步进行的家庭治疗应用于由另一同仁为家长提供的支持性谈话。

在针对孩子的心理治疗中关心父母的要求十分重要,因为:

- 通常都是由父母主动提出心理咨询的要求(或至少由其中一位提出),他们也承受着巨大的痛苦[1];
- 更重要的是,他们对孩子负有责任。

这么做是为了告诉他们,即使治疗的焦点落在他们的孩子身上,并且与孩子的谈话内容得到严格保密,医生也不会和他们对着干,他所做的一切也离不开他们的支持和配合。同样,我们也认为,最好还是同时接待孩子和陪同前来的大人。无论这个或这些大人是谁,一开始不排斥任何人(继父继母、祖父母、老师),哪怕在第一次访谈中分出不同的时间来接待他们,或者在后续治疗中把重心锁定在最"应该被关注"的主角身上。我们已经强调过,绝对不要剥夺青少年父母的家长资格。

该按照什么顺序来接待父母和孩子?

所有年轻的专业人士在治疗青少年心理障碍时都曾问过自己,该接待孩子还是父母?该按照什么顺序来接待他们?对于这些问题的答案,我们给出以下提纲:

---

[1] 我们可以用纽伯格(Neuburger,2003)的研究成果来向自己设问:谁有要求?谁有症状?谁又在承受痛苦?这能帮助医生评估是否有必要让孩子的父母加入治疗。简言之,当要求、症状和痛苦并非来自同一人时,就必须从家庭"整体"入手;如果这三个组成部分均属于青少年一人,那就显然只需对其进行个别治疗。

- 刚开始时,应该同时接待青少年及其父母(这样可以让医生了解父母的要求、收集病史资料、厘清病患的家庭内部关系,甚至评估这个家庭的精神病理功能);
- 在第二阶段(不一定出现在第一次谈话中),只和青少年见面;
- 最后,一般来说,要准备一个第三阶段,以便与青少年及其父母一起审查治疗情况。

在多次心理访谈的过程中,希望医生能理清思路、把握重点、始终按照治疗设置来安排工作。谈话对象应该始终以青少年为主,父母亲不应该侵占医生和青少年的谈话机会和时间,就算医生要和孩子父母见面,也必须让孩子知道。但是,如果孩子的父母太过敏感脆弱,那就必须也为他们提供一个私人的空间。

其他临床医生可以保留不同的选择,尤其是选择一开始只接待青少年,或者避免与青少年父母碰面的权利。一开始就强调青少年的心理自主权(谈话对象完全集中在青少年个人身上),同时迫使青少年来看医生,往往正是这种做法导致自我判断和自主决定困难!这在我们看来似乎有些矛盾(甚至认为这样做,更多地从心理教育的角度而非治疗的角度来看待问题)。此外,这样做大有可能会伤害到孩子的父母,增加他们的无助感和负罪感(觉得自己"不称职",帮不到孩子)。他们对治疗的反对可能会因此变得强烈,这对那些极其依赖家人的青少年们来说非常不利。事实上,虽然临床医生应该以青少年的对话者自居,但是,青少年生活在一个家庭里面,医生不仅不能忽视它还必须(以某种方式)对它负责。这种试图和青少年父母达成心照不宣的约定的做法(或更准确地说,在孩子的治疗中建立一个"同盟"关系)能够大大保证心理治疗的长期性和持久性。即使父母和孩子的关系非常恶劣,也不应该让他们(在临床医生或其所在医疗机构所认为的孩子的童年经验中)觉得自己被排斥、中伤或拒绝。虽然他们有时候可能暂时退出孩子的治疗,但他们依然象征性地存在,并且实际上无所不在、不可回避。如果双亲中的一方(不管是父亲还是母亲)不参与孩子的治疗过程,且这种情况没能得到改变,就可能造成问题,影响到整个治疗的效果[1]。

　　该接待谁?谁先谁后?该给父母怎样的位置?这些问题的确非常重要。然而,如果临床医生(根据他选择的理论、概念模型和/或治疗实践)做出一个能让自己得心应手的选择,并且这个选择实际上会随着经验的积累变成一个久经考验、日臻完善、形成规范、百试百灵的工作工具,这些问题也就会变得不那么重要了。这样的选择将帮助医生在接下来的工作中细致、灵活、创造性地处理那些特殊或更加复杂棘手的情况。

区分青少年和父母的空间

　　医生和青少年搭建起来的治疗空间会把孩子的父母隔离在外,阻止他们侵入,但不会把他们彻底排除在外。同样,青少年也将明确知道,医生不会在他不在场的时候接待他的父母,除非父母要求和/或对他的治疗要求医生这么做。如果出现了这样的例外,医生可以和青少年一起准备、重新提出和研究与双亲或其中一方进行一次特别的会面(A.Courtois, 2003)。在极端情况下,当青少年和家人的关系非常混乱、错综复杂时,最好在计划对孩子进行更

---

[1] 更何况,父母双方中一方的缺席会象征性地影响到孩子(Pionnie, Laudrin, & Epelbaum, 2001)。

加个性化的治疗或亲子双方同步进行(也就是说,一方面和孩子谈话,另一方面和父母谈话)之前安排几次有医生在场的家庭会议。在这种背景下,青少年一般很少会拒绝参加。

但是,相反地,如果临床医生任由孩子父母随意召唤,非常开放,对他们的要求和干预有求必应,那么他就很可能无法在心理咨询过程中为青少年搭建一个专属于他的心理空间。这种"渗透性"将妨碍医生与青少年病患共同完成的工作,而青少年也很自然地会难以承受父母亲的入侵。所以,医生必须和孩子的父母说清楚,告诉他们原则上不能在孩子不知情的情况下和医生有任何接触,即使是书信往来也不允许。尽管如此,临床医生还是会被孩子父母打电话要求见面。这时候,他就必须用合适的方式来告诉他们,这次电话的内容,即使并非与治疗有关(因为可能是父母的隐私),他也会在正式与孩子父母见面前预先告知孩子,好让他始终对自己保持信任,并且平静地听从医生的安排。青少年们特别在意这个和医生交流的秘密空间,害怕它受到侵犯。虽然医生必须确保心理访谈的范围和界限,并告诉青少年们他们有着特别的不允许任何人侵犯的专属空间,但是这并不等于把他们的父母完全排斥在治疗过程之外。青少年的父母之所以会要求(趁着孩子接受治疗的机会)单独和医生面谈,是因为他们常常需要说出自己的苦恼。虽然他们能够从和医生的单独谈话中得到好处,但前提必须是医生提前告知青少年这次谈话,重申已经确定的框架规则,并特别明确一点,那就是医生与青少年的谈话会在这次谈话之后继续进行,而专门与他父母进行的访谈很快就会结束。另外,更重要的是,临床医生告知青少年前,最好先请青少年的父母和孩子通个气。

异常情况下的治疗申请

青少年自己可能为了以匿名的方式或者在父母不在场的情况下进行心理咨询而提出治疗申请，不过有时候也可能是父母亲提出，在孩子不在场的情况下进行心理治疗。在第一种情况中，我们需要理解是什么原因驱使青少年不想让父母知情。青少年期的这种隐瞒可能掩藏着一些非常负面的父母"形象"（其中最主要的当属父母的精神病史：目前仍存在的精神病、过往的自杀行为、严重嗜酒、智力缺陷……），这样的"形象"会让他怀疑父母是否能和临床医生正常接触。

除此之外，青少年还会对在诊断过程中提起父母以及亲子关系有所担心。我们要重申的是，虽然令孩子出现这种情况的父母只在少数，但是医生必须仍然把第一次接待（孩子父母不在场）当成例外，绝不能让它变成一种常态，并且谨慎考虑是否还要再来一次。所以，对医生来说，最重要的就是要理解青少年把父母隔离在外的初衷，并试着和他的父母取得联系，哪怕是用简单的方式（可能通过写信或打电话），想方设法让自己有能力改变这种局面（Renard & Péricone, 1999）。医生可以通过少数几次约谈（1到3次）来让青少年答应让父母出席。当然，根据2002年3月出台的法律（《患者权利和卫生系统质量法》），青少年患者有权受到医生的单独接待，但正如我们先前强调过的，为了这一年龄的心理治疗能够顺利进行，必须把治疗工作放在家庭动力学的背景下，即至少能保证接触到双亲中的一个，否则治疗将毫无意义。

如果出现了第二种情况，也就是父母有意背着孩子申请咨询或没能说服孩子一同前来的情况（因为这类访谈产生负面心理表征,或更简单地说,因为很难对孩子眼中的父母进行正确定位),我们认为,医生必须把和孩子父母的谈话内容局限于分析他们所担心之事和孩子不出席的意义——同时要求孩子父母用他们自己的方式把谈话所传达的信息告诉孩子。

如果父母是来告诉医生一些秘密或者表达想要阻止医生之后和孩子交谈的意思,而医生已经预定了和孩子的见面,我们的主张是,告知孩子父母这样的治疗方式是行不通的。

因此,我们可以这么认为,如果父母告诉青少年,他们找医生安排了专门针对他的治疗,并说明这样做的道理,他们就会刺激青少年前来与医生见面。孩子表面上的拒绝往往只是为了测试父母有多坚决(Marcelli, 1999)。

如果无论如何青少年都还是拒绝看医生,那就必须重新评估形势,看看是否给孩子带来了危险童年的信号。有时候,青少年也可能以父母必须"开始工作"为由拒绝前来。在这种情况下,我们建议不妨请父母抽出一两次的时间陪同孩子前来以保证孩子能正常出席与医生的谈话(A.Courtois & Mertens, 2008)。

接待症状还是接待症状行为?

青少年的儿童精神病或精神病症状提出了两个问题:治疗谁?治疗是为了干什么?我们常常需要把症状变得相对化,因为大多数时候症状都是很普遍的(至少从统计学上看)。判断症状是否具有病理特征,往往要看它的相关背景、产生或发展的情境、属性、强度、时长、加重原因(如青少年或其父母的人格特质、家庭机能)。症状行为可能来自于青少年的个人期望和环境(家庭、学校、同伴)

不相符，或者心理动力以及发展上的冲突。例如，青少年的心理和行为自主化进程可能给他的人生意义带来一些影响，或对父母中的一方（通常是母亲）构成威胁，因为父亲或母亲没法应对它可能给自己造成的"损失"。

　　在青少年期，症状行为特别依赖于环境。所以，我们必须坚持研究青少年、他的家庭以及同伴之间的相互关系。是不是发生了什么事情让青少年做出了这样的行为？这样做对其他人有什么影响？青少年是不是有意造成这样的后果？我们知道，青少年表现自杀企图是有多么想要引起身边人的注意，让他们行动起来、证明他们对自己的爱或者迫使他们改变对自己的看法。症状行为也是一个动力学过程。在治疗初期，我们有时候会观察到在情况最终好转之前，出现行为渐消的现象。这种行为渐消可能出于对治疗工作可能产生的变化的一种反抗。

28
诊断性评估和预后评估

为治疗方案所做的临床评估

病史研究

对于一个往往与青少年整体性痛苦相关的症状,其意义研究就像是一次警方调查。在调查过程中,需要逐步排除其他,只保留那些最真实的精神病理假设,并帮助青少年及其父母对来自青少年个人经历及其环境的障碍构建一个心理表征,一个灵活、随着对现象和个体及家庭心理变化和情况改善的深入理解而发生变化的心理表征。

病史研究的必要性体现在有利于确定诊断和预后方向,并为治疗方案的制订提供依据。临床医生一般会采取主动策略(主动搜集尽可能多的信息、积极寻找能够有助于快速做出诊断的关键症候)和被动策略(等着青少年尤其是他的父母说明前来咨询的原因)相混合的方式进行病史研究。所采用的方法和技术可以根据许多参数来调整:如父母一方或双方的自我表达能力、父母很不善言辞或很爱说话、父母在表述过程中说到了大量细节或细节表述不够充分，还有他们在回忆某些事情时表现出来的痛苦、孩子对他们的反抗，以及临床医生的经验、为访谈预留的时间、提前向专业人士咨询，等等。有时候，医生不妨以"专家"身份自居（比如通过联想，在他已经"知道"病人及其家属将会说什么的时候预先想好要怎么回应），如果他认为这么做有利于快速设定治疗方向或帮助病人做出住院治疗决定等。除了这种做法，通常，临床医生或治疗者还会充当倾听者，非常主动地倾听病人及其家属的心声，因为他知道这么做既有助他收集症状，也利于他知道导致这些症状产生的"真相"：病人通常"知道"自己发生了什么事情，并通过自己的方式告诉医生，即使他对此并无完整的理解或者似乎是不由自主地说出来的。无论哪种情况，医生都必须保持灵活变通并适应每一个特殊的情况。不同家庭成员之间交流的质量、他们在办公室里的地位、他们的紧张态度和姿态、他们释放出的紧张感或放松感，以上种种因素都会影响医生的操作方式、要采用的策略以及这个策略在交流过程中的变化。

　　病史研究是一种"传统"，它所探索的是症状行为的特征和青少年在家庭、学校内外和朋友圈中的机能。婴幼儿时代的回忆往往非常有用，能为症状解释提供珍贵的早期机能参考。如果我们继续把这种病史研究和警方调查作类比，我们就会发现，这种寻找蛛丝马迹的活动能够逐步排除最不真实的假设，留下最真实可靠或最有可能的那些，并通过新的数据或资料来证明这些假设的真实性，直到对被调查的行为有连贯、动态和整体的（结构性）理解。有时候，也可以做一些补充性评估：神经系统检查、言语功能评估或精神运动发育评估。效能测验和/或投射测验有时候也很有用。我们发现，多学科团队提供保障的复合方法是个很不错的尝试。

对青少年期障碍进行评估的重要性

所有的症状行为都应该被看作是评估青少年个体功能及其家庭机能的机会。当青少年的心理过程受到严重束缚,我们必须能够从不同的角度来评估它的后果:身体、行为、情感、认知和人际关系(Braconnier & Barbe, 2006)。虽然大部分障碍都在不断变化,且都是暂时的,但是,其中的相当一部分具有一定的持久性,并且会导致一些有明显特点的(神经官能症的、精神病的或边缘性的)病理。传统上说,如果家庭机能可以得到改变和重新调整,这将有利于医生做出正确的诊断。相反地,如果家庭或环境机能的结构被过分破坏,或者特别死板,这将减少改变的可能性。临床医生必须在同时考虑共时性因素(连续的)和历史性因素(断断续续的)的基础上做出一个总体的诊断评估。除了病人及其家属的回忆,这个评估还可以将治疗关系、家庭关系动力和对不同主角心理机能的精神病理学假设作为依据。我们建议年轻的专家们参考三部补充性著作:①《青少年精神病理学》(*Psychopathologie de l'adolescent*, Marcelli & Braconnier, 2008)、②《青少年医学》(*Médecine de l'adolescent*, Alvin & Marcelli, 2005)和③《精神病学手册》(*le Manuel de Psychiatrie*, Guelfi & Rouillon, 2007)。

如果有必要,临床医生应该注意主要防御方式的组织及发展(回归到"婴幼儿"的方式,否认、剥离或青少年期特有的方式:苦行主义、理智化……)。我们不应该忽视,这样或那样的引人注意的行为(试验性行为、冒险行为)不一定都是病态行为(有固定的精神病理)。青少年初期的行为非常多变,行为产生的原因也是多种多样。自然,它们的这种千变万化的特征使得我们不容易把它们和病态心理障碍联系起来。资历尚浅的临床医生应该阻止自己通过做诊断来肯定自身能力的趋势。虽然有时候诊断不可避免,但这些诊断也可能产生一些不良后果,让症状得以生成并固定下来。这种情况主要指那些针对身边人非常不看好的"精神病"形象做出"严重"且几乎不可发展的诊断。这样的诊断往往会导致治疗效果变差。然而,事实上,对人格障碍及其构成的检测也有希望让治疗变得更加符合实际情况。我们始终认为,诊断行为应该首先有利于一个可发展的整体治疗方案(治疗目标)的实施,并优先为青少年服务。

内在障碍与外在障碍

青少年期多少有些"吵闹"并需要申请心理咨询的心理障碍并不一定会在日后发生病变。今天,青少年期障碍的特殊性已经得到广泛的认同,它们的病理价值常常需要相对地看待。在此,我们可以想到偷窃或其他不一定违法犯罪的违抗行为,某些暂时的离家出走或精神兴奋药物的使用。青少年期的那些以一系列异于社会准则的反常态度或行为为特征的外显行为或行为障碍,不仅对临床领域提出了挑战,也对社会与道德维度(违背社会准则和道德谴责)的重要性提出了疑问。然而,这些形式多样的障碍(从发展的角度来看)大多数时候表现出的都是一些平常的暂时性问题,可以算作青少年期系列问题(自主化和区别化进程)中的对立违抗性行为或反习俗行为现象,主要发生在男孩身上。但是,这些外在障碍必须在临床上得到仔细评估。我们还可以以一个完全不同的基调提及同性恋倾向(7%到10%—15%的青少年),这种倾向很少会同时伴随同性恋经历,而且一般只有极个别的情况下才会发展成长期的同性恋关系。因此,比起将疾病进行准确分类,更重要的是专注于研究症状的意义及其对主体或其身边人的作用。临床医生和他所在机构的职责应该是限制青少年行为表现的不良后果,帮助他们超越发展阻滞,而不是试图把他们多种多样的行为表现限制到疾病描述或疾病分类的范围内[1]。我们知道,这样的疾病分类很大程度上效仿成人精神病的分类方法,在成人精神病范畴,心理障碍的初期适应(试验性行为)常常为了二次适应(带着障碍生活)而被放弃。

虽然要察觉出有行为障碍的青少年的治疗需求并不总是件容易的事,但是,要通过"安静的"或症状很少的行为来发现青少年心里的痛苦更是难上加难。在心理化行为或内隐行为中,焦虑恐惧症往往在青春发育期十分常见。并不能事先判断这些行为将来是否会发展成神经官能症,也不能事先判断那些最具侵略性、最病态的行为是否会发展成能引起新的精神病的人格障碍。那些可能多少有些影响生活的强迫症(TOC)[2]、狂躁症、焦虑症可能会被身边人忽视或低估,因为它们常常被青少年的羞耻心所掩盖(Fourneret, El Idrissi, Boutière, & Revol, 2004)。所以,我们需要主动去发现这些心理障碍并评估它们的后果。这类现象也和社会(父母、学校)只关注外显行为(自杀企图、成瘾行为、焦虑性逃学

---

[1] 不过,为了避免让这一说法显得过于强硬,我们还是要重申,根据DSM-IV(APA, 1996),心理障碍的诊断应该分为以下几条主线:主线1,临床障碍;主线2,人格障碍/精神发育迟缓;主线3,一般性疾病;主线4,社会心理问题和环境问题;主线5,整体机能评估。这种多轴诊断的方法能够把症状重新放在一个更加广义的背景下来进行判断。

[2] TOC为强迫症的法文简称,全称为Trouble Obsessionnel Compulsif,读者可能更熟悉其英文简称OCD(全称Obsessive-Compulsive Disorder)。——译者注

等)有关。从精神病理学角度,我们可以发现,在这个年龄段,青少年企图通过控制外部客体来使自己在一个由失去和获得、模仿和(用来支持个性化进程的)区分构成的双重心理活动环境里得到保护。新的经验、对新客体的投入能在一定程度上弥补失去婴幼儿时期客体的遗憾,而这种大量投入(也可能会演变成过分的投入而产生巨大的风险,即使某些风险可能会让主体发展出新的能力)也恰恰反映出青少年很难与客体保持距离,很难以充分自主的方式完成自我建构。比如,影片《阿甘正传》[1]中汤姆·汉克斯饰演的角色向我们很好地诠释了主体在成长过程中的困难,以及他如何通过大量地(强迫性地)投入某个客体来对抗抑郁带来的影响和被人抛弃的焦虑。在影片中,阿甘先是疯狂痴迷于跑步(而这正是他的障碍)[2],后来又在母亲生病和去世时痴迷于乒乓球运动。对于这一点,我们也许可以引用马尔蒂(2007)的观点,他强调,当有依赖性人格障碍的主体没有能力去悼念已经失去的客体——即无法内化这种失去时,就会寻找另一样东西来逃避抑郁(此处指的是投入到一个新的外部客体中去)。从这个意义上说,使用致瘾物或采取"主动攻击"行为可以产生保护主体免受抑郁威胁的作用(Drieu & Genvresse, 2003)。

---

[1]《阿甘正传》上映于1994年,由罗伯特·泽米吉斯执导,由汤姆·汉克斯、加里·西尼斯、罗宾·莱特、麦凯尔泰·威廉逊和莎莉·菲尔德等人主演。

[2] 我们自然而然想到第五章中对神话和童话故事的分析,尤其是关于英雄在转变之前的内在价值的那一段。在这里,我们不妨用《丑小鸭》的比喻来进一步解释说明,在阿甘的青少年期和他母亲生病期间,同时进行着一项相当特殊的转变仪式。

功能性障碍、躯体主诉和躯体化障碍

青少年必须面对身体的变化。我们已经知道,身体"性别化"的同时也导致了人际关系的"性别化"。青春发育引起的反应和身体的变化造成青少年与自己身体、与他人的关系以及家庭内部关系的变化。

在青少年初期,面对身体运行机制的普遍变化以及改变想法的困难,身体可以是一个专门用来表达弥漫全身的不适感的场所。"躯体主诉"于是常常变成一种心理咨询的间接进入方式。这些躯体化障碍主要向校医务室的护士、家庭医生诉说,有时候也会在急诊室里诉说。它大多涉及女孩,因为女孩对自己的内心世界感受更直接,并且更善于表达弥漫在她们所形容的痛苦的身体里的抑郁情绪(R.Courtois & Mangeney,2004)。

在第十一章中,我们已经谈到过,青少年期接受心理咨询的女孩多于男孩(Choquet, Pommereau, et al., 2001；Jacquin, 2002)。同时,男孩也显得更愿意做出一些外显行为(Jacquin, 2002；Le Breton, 2005)。

我们应该抓住躯体化障碍带来的机会,促使青少年及其父母咨询儿科医生或全科医生(并同他们经常保持联系),医生围绕病人在青少年期面临的挑战和相关病史(生长发育带来的后果、与同伴的关系、性行为、"正常"行为和病态行为,等等)为病人做一次临床检查(Alvin, 2005；Jacquin, 2004)。

躯体化障碍对青少年来说可以是一种用来表达治疗需求的方式。这种方式可以让青少年在因为当前的困难而很难开口的时候不用直接把治疗需求表述出来。我们还要强调,在青少年期,人们在请求心理援助和心理治疗时,内心通常是很矛盾的(Lauru, 2006)。

治疗方案

　　治疗方案一般都会适应青少年及其家人的要求,但同时也会受到接待程序(开始、叙述、组织和运行)和临床医生或其团队所配备的工具的制约。治疗方案的制订和实施会根据医疗机构性质和类型的不同发生变化。这里涉及的医疗机构有公共卫生服务中心和私人诊所,但更多的是青少年精神病服务中心或属于儿童-青少年精神病交叉学科(儿童精神病学)的精神卫生中心(CMP),心理医疗与教育中心(CMPP),甚至教育教学治疗研究所(ITEP)或其他社会医疗机构。此外,我们已经在第二十六章中指出青少年之家(MDA)的原始机构性质。

　　正如我们所看到的,治疗方案的选择应该同时考虑青少年及其家庭。临床医生或者治疗团队的指示通常会导向①个体心理治疗或心理治疗支持与②集体治疗或按顺序依次治疗。青少年的父母希望治疗团队至少要能够保证提供几次单独针对他们或者让他们参与的心理咨询,指导家长帮助孩子适应环境的方法,最后,如果有可能,必要时应主张采用家庭治疗来使家庭成员产生互动。

　　心理治疗的理论导向取决于治疗者的受教育程度或者接待机构的主流导向(精神分析、行为和认知、家庭或系统、人本主义等导向)。有时必须预先想好要开什么样的药方(比如遇到自杀企图后出现特征明显的抑郁症,以及出现自杀企图反复发生的风险时)。

　　如果说大部分情况下,心理咨询申请都会促成青少年的个体心理治疗,那么住院治疗就可以被看作是一个帮助青少年完成分离过程的工具,因为在住院期间,青少年远离家庭或其生长的环境。或者,在出现令人担忧或持续的症状时,住院治疗也可以被当作一个用来安抚人心或增强"心理承受能力"的手段(有关内容见第三十章)。

理想的做法通常是医生在明确向青少年父母说明他们在治疗中所处的地位后,将青少年收治入院[1]。相反地,特别是在儿科学上,医生将保持谨慎的态度,以防治疗过程过多地引起孩子退行到婴幼儿时期的欲望,这种欲望可能会耽误治疗[2](Drieu & Genvresse, 2003)。有时,想要真正找出青少年的心理问题,除了住院观察一段时间,别无他法。

我们不妨用列维纳斯(Lévinas)的话来给这一小节关于治疗方案的内容,或更笼统地说,给这一章关于诊断性评估和预后评估的论述做个小结:

"和一个人会面,意味着为了一个谜而保持警惕"

(Lévinas, 1983, p.120, cité par Schmid, 2004)。

治疗方案必须有利于更好地理解青少年摆在临床医生面前的问题,更重要的是,必须满足改善青少年身心健康并使他得到充分发展的强烈需要。较之精神分析,人本主义疗法把重心放在"人"身上,并试图推进"人"的自主化,在治疗过程中不希望受到各种预设理论的制约,但这样做却发展出了一个新的理论。这个理论主张在医生和病人相互理解以及医生对病人共情的基础上建立一种支持关系(Pichot & Allilaire, 2003)。

---

[1] 这样做的目的是让青少年能够真正从住院治疗中获益,而不必让自己在面对家庭时处于险境(因为他什么都没有要求,连住院也是父母要求的)。

[2] 对青少年来说,从某些欲望里出来会比进去更难。

美国心理学家卡尔·罗杰斯(Carl Rogers,1942)是最早给人本主义心理疗法下定义,并明确指出治疗技巧的心理学家之一。

除了共情以外,人本主义心理疗法还强调"真诚一致"的概念,也就是说,治疗者和病人的情感要保持直觉上的吻合——但是也要保留一点偏移的空间,好让医生能够脱身出来以医生的身份来帮助病人。真诚一致指的是医生或心理治疗师按照自己的内在体验对情感进行重新表达,并在医患之间保持一定距离的基础上将病人的消极情感转化为积极情感。以"更新"趋势为基础,临床医生主要从个人主义的角度来理解人,并把治疗看作是一个人格发展的过程,该过程强调自我信心和真实的自我(Schmidt,2004)。罗杰斯创新地提出用"充分发挥个人潜能的人"来定义成熟的人的理想概念。

人本主义疗法并不排斥家庭系统疗法,因为后者是专门用于青少年期的一种特殊疗法。

29
青少年期的心理治疗关系

心理治疗关系的建立

心理治疗的目的

儿童精神病学的特殊性在于,要面对的是一些未来发展不确定的儿童和(发展中的)青少年。所以,对于儿童精神病学家或心理学家来说,更重要的不是儿童或青少年的现在,而是他们的将来。儿童精神病学家或心理学家的任务是保持儿童或青少年的发展潜能或改善他们的无能,从而尽可能保护他们的未来。各种不同的疗法必须能够满足这些任务的需要。对于一个特定症状的产生和发展来说,正常和反常只有在有益于或有损于个体发展和个体对环境适应水平的时候才具有意义。

关于心理治疗的定义,人们最普遍接受的是"一种心理现象能够为另一种心理现象提供的帮助"。心理治疗有很多技巧和手段,它们的共同之处在于都利用医患关系来达到治疗目的(Pichot & Allilaire,2003)。临床医生和治疗师直接关系着治疗过程的有效性。对青少年来说,我们也可以强调,心理治疗的目的在于帮助青少年缓解精神痛苦并为他的个人机能(以及家庭机能)带来一些改善,从而让他更好地适应当前和将来的环境。因此,心理治疗不应该仅仅为了迅速消除症状,更多地是要恢复患者的个人发展潜能。

平常的对话?

在第一次谈话以及随后的谈话中,治疗师与青少年之间的沟通方式像是平常的对话,通过这种平常的对话了解青少年的心理机能异常。这就向我们提出了划定谈话范围和"正确"把握人际关系距离的强烈需要。我们已经提到过,这样的环境非常有利于引出一些与症状和病史有关的因素,又不会让青少年处于困境。我们或许可以用"座谈"的概念来代替马赛里(Marcelli,1999)的"交谈"概念[1],以此来强调这类医患对话所具有的精神放松的特点。但是,我们要避免走入误区,因为这样的谈话必定包含关系的不对称:青少年和专业人士各有自己的位置,专业人士出于评估的目的与青少年进行一次半结构化交谈。即使最初的几次谈话具有近乎非结构化的特点(有时会显得"毫无定向"),它们也能够帮助青少年表达出心理和人际关系上的冲突,找出造成这些冲突的历史因素。临床医生可以扮演仁慈的第三方角色,从不看轻或贬低青少年及其父母,让他们有机会平静地重新审视自己的处境,并给每一个人时间去换种方式来理解这一处境,帮助他们进行内省并做出改变。医生的目的是包容、陪伴、解释、重述、除去浮夸和"指给别人看",即通过简洁易懂的语言来重新表述青少年的思想及行

---

[1] 此处指的是"交谈"(Conversation)。

为。医生的中立是必需的，在此基础上还需要加上对青少年及其父母的共情、关怀，甚至担忧。更准确地说，这是治疗师"参与其中的中立"(Lauru，2006)[1]。优质的医疗接待能让青少年感到自信，并把握住敞开在自己面前的这个空间。他会发现自己面对的是一个负责任的成年人，他能知觉到这个成年人的伦理立场，并在他的帮助下长大成人。

正确的节奏、幽默和共情

医生必须把握好推进问题和与青少年交流的节奏，并尽量避免使用过于开放的问题或提出过多的问题使得青少年觉得厌烦或感到自己受到侵犯。此外，面对这个年纪的孩子，临床医生不应该系统地或长时间地保持沉默，除非遇到需尊重的青少年的退缩或留出时间让他组织语言来表达自己的想法。这种安静可能（以心理投射的方式）被青少年理解为冷淡、冷漠，甚至拒绝和对立。理查德(Richard，2008)曾经强调，过于正式的心理分析和阐述方式会让青少年治疗走入绝境，医生必须能够把自己放在与大人对立的位置，尽管这个大人同时可能是一个"朋友"(从支持关系上来说)。此外，医生还必须能够在信任和尊重的基础上与青少年交流和"并肩作战"。在这样的"并肩作战"行动中，精神分析医生将承担起一个想象中的虚拟父亲的职责，并采取一种完全不可能让人想到控制和攻击的态度。接下来的谈话将在毫无定向和具有一定的方向性之间进行。这种方向性至少在治疗刚开始时是必需的，

---

[1] 此外，作者还要指出的是，精神分析医生将游离在两种截然不同的立场之间：假设知道一切的主体立场和一无所知主体的立场。

否则将无法收集病史资料。此后,交流就变得更加对等,即使青少年常常会等着治疗师先开口。

我们已经强调过,与青少年"心理"世界的头一次接触并非易事,因为精神病学(或心理学)有着贬义的内涵,而且求助于它的人也害怕自己真的变成疯子(Pommereau,2006a)。因此,如果医生除了尊重青少年外还能在(需要始终保持简单和直接,也就是说直截了当、通俗易懂的)谈话中加入幽默感并使用一种热情的音调,那就能让谈话变得轻松一些,并排除一些负面影响或消极的心理表征。被临床心理学中的人本主义疗法奉为核心的"共情"也是必需的。这既是一个顺应治疗需求的强有力因素,也是治疗关系中的一个关键元素,甚至是建立一切治疗关系的基础[1](Bénony & Chahraoui, 1999; Boulanger & Lançon, 2006; Decety 2002; Heszen-Klemens & Lapinska, 1984)。它是一种部分认同的方式(暂时的,"有意的",即使它不总是有意识的)。共情是个体间交往的必要因素,与医疗援助的某些特点有关:治疗师十分友好、热情、真诚,能给人安全感,具有清晰的沟通思路、保持安静和不打扰的能力、高度的关怀和包容,能和患者进行言语和身体上的沟通,且具有乐观积极的情感(Squier, 1990)。因此,它能够增进理解、情感交流并让青少年产生更大的动力去采取积极的人生态度,更多地在信任关系的基础上调动身边的资源。也就是说,一个懂得共情的治疗师,他的倾听总是充满友好,他的态度始终鼓舞人心。此

---

[1] 道维斯(Dawes)通过一份关于心理治疗有效性的调查指出(Decety, 2002),治疗师只有懂得共情,工作才能更加有效,这一点完全独立于其他变量(治疗的类型或理论导向、临床医生的受教育程度、治疗的组织和安排)。

外，共情同样让青少年感受到自己的身份地位、生活体验和痛苦受到认可和包容。共情的水平从广义上说就是治疗师作为"人"的素质，这些素质构成了一个"心理活动框架"（Brunod，1999）。现象学之父德国哲学家胡塞尔（Hussel）把共情看作决定性现象，在这种现象的基础上产生了用来构建一个共同世界的主体间性（Boulanger & Lançon，2006）。最后，共情还可以被看作是一种心理理论的特殊和可控的形式（Decety，2002）。

"合适"的治疗距离

面对心理治疗师时，青少年也可能恨不得重新找回父亲的形象，并寻找一个能让他在面对某个在他看来像是父亲的人时，觉得自己拥有的独一无二的特殊关系。这里存在自恋独占倾向（Jeammet，2005），陷入过分投入的移情或通过危险行为来对治疗师提出权力挑战的风险（Delahousse & Mille，1995）。医生想要在心理治疗过程中和青少年（及其父母）保持"合适"的距离非常困难。这里存在着两个极端："太近"与"太远"（"入侵"焦虑与"放弃"焦虑）。距离太近，医生可能会刺激到青少年（甚至可能导致青少年采取冒险行为来调节人际关系距离）；距离太远，青少年又可能感到自己被拒绝或放弃，这也可能会让他做出冒险行为（"既然大家都不在乎我，那我活着有什么意思"）。我们也可以引用比罗（Birraux，2003）的话来说明，过分纵容或过分亲密的人际关系可能会导致弑父霸母或弑母霸父的乱伦关系产生，埋没青少年的思考能力，相反地，过分充满怀疑的人际关系将会加重青少年的消极态度。如何保持"合适距离"，如何把握与作为理想化外部客体的他人的关系,这样的问题在青少年中十分普遍。这让我们想到了恋爱关系:一方面,"我不是为了别人存在的,我觉得自己很孤独";另一方面"为了不让自己孤独,我要去见自己的另一半,直到和他(她)合二为一"(Jeammet,2005,2007)。但是在第二种情况中不可能存在决定构成的过程(分离和分化的过程),因为当青少年离开自己,他就和另一半融为一体。更加通俗地说,这就是青少年在两个极端位置之间的犹豫,(面对一些既渴望接触又怨恨的大人时)一边是吸引,一边是威胁(Birraux,2003)。

这个临床思考能够为我们指明,当青少年缺席某次谈话,甚至中断治疗时,该怎样控制约谈和跟踪治疗的节奏。强行与一个在手机中明确拒绝约谈的青少年见面可能极具侵略性和令人产生负罪感,而如果采用类似信件的中性介质(写信给青少年和他父母)来告诉青少年,在他一次或多次缺席谈话之后,临床医生邀请他重新与秘书处取得联系,那就不会产生任何问题。遇到治疗中断,医生就可以写信来告诉青少年自己坚持希望重新见到他,并在某些情况下劝说青少年赶快重新联系他。这样做的确能让青少年(或他的家人)在强调自己受到医生请求的前提下与医生重新取得联系,并因此更容易接受在他看来有点矛盾的心理。

保持一个合适距离的问题同样出现在吸引力上。我们想到影片《死亡诗社》[1],这部电影讲述了一群学生在遇到一位思想新潮的老师(基廷先生,罗宾·威廉姆斯饰)后发生的一系列惊心动魄的故事以及最后的悲惨结局。这位老师看起来是在鼓励他们解

---

[1] 彼得·威尔导演的电影,上映于1989年。

放思想摈弃旧俗,但实际上是在通过他们处理自己的青春期遗留问题。比起这位老师,我们更喜欢临床医生的形象,因为后者看上去可能有些"落伍"或保守,甚至对情况一无所知(简言之,就像一个年迈的"傻瓜"!),但却扮演了一个"懂得包容"的成年人角色,不具有诱惑性、侵略性和威胁性。我们甚至可以捍卫成为一个"可避开之人"的观点,也就是说做一个可以让别人预见自己行为和定位的人,因而能够被青少年所接受并帮助青少年进行自我建构。

选择用"你"还是"您"来称呼对方是在学校生活中会考虑的问题,同样需要判断怎样做是"好的"或"对的",怎样的距离才算"合适"。比如在定位方面,我们可以举这个例子:年龄最小的青少年有时更能坦然接受被人称呼为"你"。系统化地开始使用"您"这个称呼似乎意味着主体地位得到了默认(变成大人或"独立自主"的人)。所以,这个问题不应该掩盖考虑治疗部署和治疗师对于青少年应有的姿态这一问题的重要性。

关于治疗部署的思考

治疗框架的说明

同其他所有与青少年的谈话一样,临床治疗对话需要围绕一个运用理论模型划分出来的工作范围[1]来展开。青少年心理学家、儿童精神科医生常常会在工作中优先使用心理动力学方法,但这并不排除其他任何一种方法,比如人本主义疗法和系统疗法都

---

[1] 本章的一部分内容被写成了一篇文章《关于青少年心理访谈实践的思考》(R.Courtois, Fillatre, Le Fourn, & Courtois, 2009)。

是十分常见的方法。

治疗框架可以明说也可以暗示,但是一定要始终让青少年及其父母清楚明白。这样做的好处是可以让青少年及其父母觉得放心,并允许他们了解医生告诉他们的治疗部署(治疗方案的定向和范围、治疗部署的目的、谈话的进程和次数、谈话的频率、治疗部署的局限,等等),同时引导他们及时投入治疗。一定的仪式化(或"强迫化")有利于信息转移的展开(Lauru,2006)。治疗框架的说明也有助于保护青少年及其父母免受侵入或溢出的威胁,或者降低他们中断或放弃治疗的风险。当医生通过电话或书信与青少年父母单独进行交流时,也需要向他们说明治疗框架(即明确什么可以做、什么不能做),因为这时青少年总体上处于被放逐的状态。有时,我们会注意到青少年的父母很难"强行要求"孩子接受心理治疗,原因可能是这样的医患见面方式对他来说有着负面表征,也可能是他无法对父母进行正确定位。

给自己一点时间,支持心理加工

如果青少年的父母特别希望医生能迅速消除症状并让情况恢复正常状态(通常是"先前的"状态),那么相反地,临床医生将会抓住这个机会对青少年及其家庭的病态心理机能给出一个新的看法,以期推动它发生持久的改变。治疗方案的制订应该同样考虑到青少年的学校生活和/或入职前生活、人际关系,以及更广泛的社会融合情况。心理治疗的实施不能脱离这些事实,而应该从整体入手并尊重青少年的发展。医生与青少年之间的协商、教育或社会治疗方案的制订和实施以及它们的补充性均朝着这个方向发展(Renard & Péricone,1999)。对于那些资历最浅的医生,我们要提醒他们的是,临床医生并不是"万能的",他和其他专业人士对青少年共有的"担忧"、他们所构成的青少年"功能"网络或互动"网络结构"的质量都是意义的载体,其优点在于能让临床医生脱离那种需要独自应对一切的状态。这一点显然对于多焦点心理治疗来说也一样,因为把不同的专业人士团结在一起的主要是信任和相互尊重。但是相反地,专业人士之间的紧张关系或合作障碍也能间接说明他们在不自觉的情况下复制出来的病态心理或家庭机能不良(Renard & Péricone, 1999)。

当面对一个自己身陷即时逻辑("立即、马上"),有时候还会拉上照料自己的大人的青少年时,治疗空间可以试图"重新留出一些时间",并引导青少年逐步放弃这些防御性的行为,从而进入转化这些内在问题的过程。当青少年遭遇理想未能实现的失败[1]、无法掌控的事物以及可能产生的焦虑时,他可能会大规模地调动家庭和教育团队资源。这样一来,这些人就可能被带入一个焦躁不安的"紧急情况",整天惴惴不安,并且长期担心在青少年身上会发生自杀行为或其他一切危险情况。

尊重青少年的"反对意见"

青少年的第一个反对意见应该得到尊重,从一开始医生就要尽快告诉他,在获得他明确同意之前,医生不会对他做任何事。在治疗开始前,医生会和他父母及他本人进行三到四次约谈,每次见

---

[1] 这类青少年面临着自己的表现与超我,特别是理想自我,不相符的情形(R.Courtois, Champion, et al., 2007)。他们中的许多人只能有两个选择:要么表现完美,要么失败;要么做到最好,要么放弃。

面间隔一周或两周,因为直到这个过程结束之后才能明确得到他的肯定答复。在绝大多数情况中,青少年都能享受到医生为他部署的一个治疗方案,在此期间,医生会尊重他的反对意见,而且他也能感受到自己从中获得的肯定。如果医生能就此固定一个预评估阶段,那就可以使青少年免于因为认识到自己的依赖感或一定的被动感而产生受威胁感(Renard & Péricone, 1999)。预演治疗的最后阶段,同样可以让青少年有机会中断随访治疗并因此保留一定的掌控感(Marcelli, 1999)。但是,这样的预演做起来很难,因为青少年期的心理治疗更多地是一系列连续的咨询治疗过程(无规律的心理咨询),而不是一种结构化的心理治疗(Braconnier & Barbe, 2006)。最后,我们还将指出,青少年打破治疗框架和治疗的结束应该得到足够的重视,尤其是因为这时候出现了负迁移运动。

对客体的投入或相互关系的转移

虽然我们需要尽快为青少年划定围绕他们的治疗关系的范围,但相反地,移情关系却不应立刻大量出现。当青少年面对一个仔细听他说话的大人时,他可能会产生这样一种感觉:以前从来没有人像这样地理解我。诱惑感的产生不但可能加剧症状行为,反而会导致青少年为了企图控制临床医生或与医生的关系而疏远对方(Marcelli, 1999)。临床医生不能阻止一个青少年把自己心目中的父亲形象寄托在他身上,但是他必须设法小心地和青少年拉开距离,并且保持一个良好的医患关系,不能对这种关系寄予过多期望,也不能太直接地碰触青少年的内心体验(即太过兴奋或冲动的内心体验)。因为青少年可能会因此利用外部因果关系(比如把医生当借口),把内在不适投射到外在。

这里可能包含了不同的因素:青少年与疯狂世界的相遇和对自己生命轨迹的疑问、对医生这个大人及其处理问题能力的测试、对与医生的关系的投入程度。移情的程度越高,临床医生就越有可能对青少年形成一种威胁。事实上,青少年的自恋越弱,他"对客体的欲望"就越强烈,而这反而会威胁到他的自恋和自主力。他也更容易觉得外部客体具有威胁性和束缚力。由此我们知道,当临床医生变成青少年的倾诉对象时,他就可能成为一个能够抵消青少年因自恋产生的不安全感的外部客体。他可能变成青少年反复攻击的对象,因为青少年想通过这样做来摆脱客体的诱惑,也就是说,试图否认自己对治疗师的依赖(Jeammet, 2005)。这是一个与青少年心理治疗的安排有着相同外延的重要方面:所有的治疗请求都伴有病人对依赖医生的担忧,病人会因此刻意强化独立感,同时表现出退却的意愿(Delahousse & Mille, 1995),这可以解释为什么青少年在最初几次谈话中可能做出那么剧烈的冲动行为。为此,临床医生不妨考虑将治疗空间向第三者开放,或者使用双焦点或多焦点的治疗方式,这将有利于移情的"衍射",从而让青少年更加容易接受。当青少年的内在不适感过于强烈,而象征化能力又过于薄弱时,治疗师会在第一时间特别使用一个双管齐下的方法:个体和家庭的、心理和人际关系的、历时和共时的方法(A.Courtois & Mertens, 2008)。医生也可以建立一个由多个青少年共享的治疗空间:青少年团队,非全日制心理治疗接待中心(CATTP)。这样一来,治疗师和咨询医生也就处在了第三方的位置。

反对攻击治疗框架

临床医生在调整自己与青少年关系的距离和自己作为成年倾诉对象应有的位置("容易被接受的"父亲形象的位置)时,还应该思考和预想到青少年"攻击治疗框架","违抗"治疗机构的安排或者做出外在行为(甚至异常举动)。无论这些行为性质如何,包含哪一方面的暴力(自我伤害或暴力对待他人),都反映出青少年的退行和依赖问题。那些最敏感脆弱的青少年,往往会攻击他们最需要的东西(Jeammet,2005,2007)。这样做也可能是为了检验他投入感情的那个成年人的"可靠度"、治疗部署的限度和范围、接待机构(精神病或儿童精神病诊疗机构、其他住院治疗单位、教育教学治疗机构,等等)所代表的"心理容器"的弱点,同时也是为了在全能幻想("只要我想,我就可以给你们制造麻烦"或者"我接受治疗,是因为我心甘情愿")或毁灭性幻想的支持下验证自己在行动、控制方面的个人能力。当青少年出现反抗、放纵自己和暴力行为时,医生要做的就是陪伴、说明、划定界限、重新开始治疗……以及让治疗变得有意义,并且要避免轻易为了改善青少年的行为提高治疗等级(Marcelli,1999)。整个(及时应用从容持久的方式)"保持治疗框架"的行为让治疗框架得以维系并使其发挥决定性作用。该行为要获得成功的先决条件是,接待机构拥有一个结构紧密的治疗部署(其中包括医护人员之间良好的合作关系以及相互团结)。移情可能发生在作为治疗方案载体的医疗机构或某些成员身上(Corcos,2006)。如果没有医生与青少年及其父母间默认或明示的合同,这个治疗框架是无法确立的。这么做是考虑到利用一个不相干的第三者来避免过于严谨的二元对立,也就是说,借助第三方来使治疗工作在一个足够**安全**的框架内进行(Corcos, 2006)。想要使合同具有限制的作用,合同的条款就不能太过宽松,并且必须尽量让青少年的外部现实和内部现实相符,从而保持治疗的连贯性、协调一致性和持久性。换言之,合同既不应该让人觉得是随机或任意定下的,也不应该让人觉得受到逼迫。最重要的是,临床医生首先要遵守合同约定(比如严格按照心理咨询时间表来执行)。我们可以将第三方的概念视同为"对父亲的比喻",因为两者有着相同的规则,即父亲的作用是把青少年从与母亲的共生关系中分离出来,建立一个安全的过渡空间,并为青少年创造由自恋获得**安全**的条件(Corcos, 2006)。临床医生因此可以接手处理青少年向他反映的问题,在他产生无法独自管理的早期焦虑情绪时支持他的自我(Birraux, 2003),在他经历心理波动时给予支持,在充当他可识别的次要支持者的同时,不时充当他的辅助自我。

建立界限明确的治疗框架将有助于反映青少年及其家庭的精神病理学问题,并让这些问题得到分析。这样一来,正如我们经常在青少年心理治疗的开始阶段或某些时刻看到的那样,"临床接待"就能够使大量的问题通过语言的形式表述出来(Jeammet, 2002)。在这种背景下,可能产生大量的冲动性投入(以及出于自卫目的而反对投入),产生一些或快速或惊人的进步。这些进步来自于对思想或情感快速而大量的调动,要知道,这些思想和情感在那之前一直都是无法触碰的(Marcelli, 1999)。和灵活多变的治疗空间(多焦点治疗)一样,治疗框架的运用也是决定治疗部署(总体治疗方案及治疗能力)的一个基本要素。雅麦(Jeammet, 2007)强调过在心理治疗中利用青少年外部现实的必要性(尤其是通过调整心理治疗框架)和它对"衰弱无力"或"痛苦不堪"的内在现实的抵消作用。除了组织或重新定向内部现实，这个外部现实也可以逐步重构这个内部空间，并让心理表征重新变得容易被第二阶段治疗所触及。从这个意义上看，治疗框架的调整有利于增强自我转化能力及对内在冲突性的理解。在某些情况下，我们也会被引领着思考住院治疗的必要性，或者寻求社会教育和/或司法援助的必要性。

双焦点或多焦点治疗模式

正如我们在"对客体的投入或相互关系的转移"这一部分强调过的那样，由两位临床医生来共同解决棘手问题是特别有用的方法，这样做能够保证治疗框架的稳定性，并改善防止刺激的功能(Drieu & Genvresse, 2003)：一位专门研究青少年的内部世界，而另一位则负责处理青少年的外部现实因素(学校或社会环境因素)；一位专门负责与青少年交流，而另一位则负责为青少年的父母提供支持(A.Courtois & Wilmars, 2004; Marty, 2001)，或者在必要时开一些精神药物。有时候，也可以是一名心理治疗师和一名生理医生(全科医生或儿科医生)交叉配合来治疗"处于痛苦中的"身体工作模式。这种建立在双焦点基础上的工作模式较少引起失控感(或缺乏控制的感觉)，而在二元关系中，某些青少年把治疗关系看成一种对大人的"顺从"——同时伴有一种有时会显得难以承受或可怕的消极感(Jeammet, 2002; Pommereau, 2006a)。医生要做的，就是允许青少年承受一定的消极感，并在不中断治疗的情况下继续他们自己的分化过程(Renard & Péricone, 1999)。

当这些治疗得到了青少年父母或其他家庭成员的参与，医生也同样允许青少年保留自己的思想和个人经历，而他的父母则负责处理与孩子潜在的冲突并学着离开孩子（A.Courtois & Mertens，2008）。

以简单转化和解释性叙述为形式的"精神病理"澄清

针对青少年的风险问题，比罗（Birraux，2003）曾经强调，为了帮助青少年形成一些可接受，并有利于解决问题的表征，运用初期治疗手段时必须考虑到问题的复杂性。换言之，我们需要把当前的情况和青少年幼时的经历、他的父母和他本人承受和处理这些经历的方式，以及他为了变成大人而进行的冒险尝试（对立和反抗态度、分化行为、个性化行为、自主化行为等）联系起来。我们已经提到过，比起纯粹的诊断，更重要的是透过青少年现有的症状，专注研究他的内部心理机能（Drieu & Genvresse，2003）。青少年和其他所有的病人一样，也需要表达自己的苦恼的能力（Bondois，2004）；一个简单的"解释性"看法（给出症状可能的意义）能够促进已有现象和潜在机制"心理化"。这一"解释"可能会在治疗的第二阶段变得更加复杂。有时候我们需要做的仅仅是说出我们所观察到的现象的名称，来帮助青少年认识自己的内心世界。除了这种命名功能，还有陈述功能（临床医生应具备这项功能）和解释说明功能（Crommelinck，2007）。归根到底，就是要重新表述青少年杂乱无章的表达内容，有时甚至看似矛盾地联系并突出青少年提出的心理冲突及其反复性，以及他的防御模式（Birraux，2003）。

这个"解释"工作可以通过和青少年一起重新讨论和评议建议性或假设性意见[1]的形式来进行。我们将发现,这种"简单"又十分微妙的工作,既不会剥夺青少年家人的参与资格,又能让青少年能够根据已知的现象及其解释来获得新的认识,因而是整个治疗工作的核心。它可以用来消除焦虑和不安,解决内部心理冲突或由发展、发育带来的冲突。从高尚的意义来看,通过用自己的心灵系统来帮助青少年,治疗师在做的也是一项"教育"工作[2]。在我们看来,很重要的一点就是,要尽量从青少年整体入手来展开心理治疗,并因此对他进行分析和细致入微的解释。

向青少年及其家人建议一种综合视角和解释性或说明性的叙述,这样做的好处在于:
- 既能针对青少年的情况及他们的真实生活体验提供一种普遍、可靠的解释形式(即使这种解释形式处理的是精神病理变化的风险);
- 又能提供能让所有人认可,并通过重建有问题的心理现象来引导治疗过程的一条或多条路径;临床医生变成这一重建过程的发起者和保证者;推进象征化进程,从某种意义上说也是在青少年的过去经历、有问题的现状和一个尚不明确的将来之间起到一个"引渡者"的作用(Barances,2001;A.Courtois,2003)。

---

[1] 这里指的是"开放性"假设,而不是仓促的、没有讨论余地的建议。同理,一个匆忙做出的诊断或专断的诊断,一个可能会伤害到他人或令人误解的建议,很可能会破坏已经开始的治疗工作。医生需要留给青少年及其父母足够的时间来慢慢成熟,并通过他们自己的理解和知觉来适应治疗过程;"提前知道得太多,就不会有什么期待"。

[2] 对于丹尼尔·拉加什(Daniel Lagache)这位临床心理学的创始人来说,他工作的目的就是诊断、建议、治疗和教育(Lagache,1949)。

30

住院治疗和机构治疗

住院治疗、间歇治疗和其他治疗形式

青少年期的住院治疗

一般来说,青少年期的住院治疗可以应对各种严重心理危机或病态心理障碍或精神疾病。这些疾病或障碍往往已经严重到在正式开始治疗前必须进行多学科评估、隔断治疗、"心理承受能力"的锻炼。正式治疗所针对的问题为:

- 家庭机能严重不良(剧烈冲突、家庭暴力……);
- 暴力伤害他人或自残的行为(自杀行为),这里说的此类行为已经严重到必须把青少年和他的家庭或生活环境分离或隔绝开来,以帮助青少年将隐藏的内在问题详尽阐述出来;
- 严重的神经官能障碍、情绪障碍(重度抑郁)和精神抑郁症(双相障碍)、急性精神病发作或失控型人格障碍;
- 已经严重到必须进行住院治疗的上瘾症;
- 进食障碍,尤其是精神性厌食症——达到住院标准的精神性厌食症,见(HAS, 2010b);

30 住院治疗和机构治疗

- 重度焦虑症或焦虑恐惧症（强迫症、严重的社会恐惧症、焦虑性逃学）；
- 阻碍青少年发展的重复行为障碍、严重或反复的冒险行为，等等。

在青少年的生活中，住院的次数应该少之又少，而且需要审慎安排。也就是说，既不能把住院对青少年及其家人的意义看得很平常（因为青少年在住院接受精神病学或儿科学治疗的同时，也有确认自己"生病"事实的风险），也不能不把住院当成一种能够有效改变危急情况或一时的"发展僵局"的绝佳手段。在许多情况下，住院的治疗功能可以为这一人生阶段提供宝贵的支持和帮助。通过把青少年和他的日常生活环境隔离开来，住院治疗可以有效缓解临床症状，从而有助于找到一种针对相关心理问题的不同的治疗方法，并构成一种观察和重复保障的手段，尤其是在出现令人担忧的症状时。让青少年在48小时之内和外界隔绝关系（当然，父母可以在需要的时候致电医护团队询问最新情况）可能是非常正确的做法，有利于在青少年和他先前环境之间造成一条"鸿沟"以促进他的心理加工。甚至是在内在治疗活动（讨论小组、医患交谈、写作小组、放松疗法、艺术疗法）或外在治疗活动（攀登、去电影院看电影并事后就影片进行讨论）、机构治疗时间以及医疗、心理和护理访谈中，住院治疗都包含并必须包含一些"空余"或"无聊"的时间，这些时间非常有利于青少年的心理加工。

大多数情况下，对青少年及其行为的评估从求助性行为症状入手，并依赖于：
- 对主体在与同伴及医护人员的关系中的表现的观察；

- 对在医院观察到或再现的障碍进行定位；
- 精神病、心理学和护理性个别访谈、言语治疗评估、精神运动能力评估，以及家庭、教育、学校和社会评估的间接方法；
- 还有身体检查；
- 如果有需要，还可以借助补充性的临床测验或量表。

身体检查是让主体表达对身体真实或主观担忧的机会（因青春发育产生的身体不协调感、感觉异常、无法面对性行为，等等）。这种旨在找出身体问题的评估行为，通过青少年与主治医生或所有跟进他情况的其他专家的接触来完成。我们要重申的是，理论上说，这些接触只有在征得青少年家人的默许或口头同意之后才有可能进行（见第二十六章有关行业保密问题的内容）。

当遇到自杀威胁时，住院治疗手段的运用是一种"保护"青少年的方法，这使他免受自杀行为逼近的威胁，并让医生获得一个更完整的评估结果。自杀行为发生后，住院治疗可以让青少年远离最初的问题，而与家庭或日常生活环境的隔离能够帮助青少年认识到自己身上的问题并把它们用言语表达出来。医生与青少年父母的谈话将为医生通过（往往由个性障碍和自主化障碍引起的）相互不理解，抑或紧张或敌对的家庭关系来了解"家庭危机"创造机会，如果这些情况的确存在的话。同时，医生参与谈话过程，也是在陪伴青少年的父母来面对他们的慌乱不安，并在某些时候陪伴他们面对自己与家庭动力学改变的斗争。如果可以针对个体和家庭系统的问题来一次精神病理学"解读"的话，青少年将对此很感兴趣，因为这能帮助他更好地理解自己的个体功能以及与父母的关系。

对于自杀威胁或自杀行为的反复，我们必须评估自杀意念和行为意向的强度、冲动因素、有利于或引发自杀行为的因素、青少年可使用的致死手段、家庭支持的水平及其作用,等等。我们可以借助 RUD 评估,即风险(risque)、紧迫性(urgence)、危险性(dangerosité),来进行自杀后干预[1]。通过住院来系统治疗所有自杀行为,能够大大降低自杀行为的复发率(保护因素)。当自杀行为反复发生,或者当死亡意图过分强烈时,青少年将处于危险的境地,这将意味着医生需要在对具有自杀风险的青少年中优先实施个人随访(住院后干预)之外采取家庭随访治疗。住院医疗服务如果能和主治医生取得联系(包括尽快出具出院小结),与精神卫生中心(CMP)或负责对青少年进行院外"心理"随访的自由治疗者取得合作,那就做到了细心周到的考虑。与外部机构的合作是必不可少的:国民教育机构、社会服务部门、儿童社会救助厅(ASE)、儿童保护组织、青少年司法保护组织(PJJ)等。这种合作也能够在有需要时方便快捷地为青少年安排新一轮住院治疗(HAS, 2000)。

团队治疗活动和顺序治疗

团队治疗活动能够在住院治疗以外进行。它可以由精神卫生中心或心理医疗与教育中心(CMPP)来负责,也可以在非全日制心理治疗接待中心(CATTP)进行。非全日制心理治疗接待中心是除持续住院或顺序住院(只在白天住院或夜间住院)之外的另一

---

[1] 发生危机或一切创伤性事件(自杀)时采用的策略或工作安排。"自杀后干预"一词主要应用于自杀或自杀企图发生后,为避免自杀行为重复发生(反复)而采取的各级别紧急预防措施,如用来降低"(接触)传染性"现象的发生率。

个选择,并且主要针对有"有限"病变的青少年。这些治疗活动旨在通过为青少年提供支持和多样化的治疗部署,来应对心理冲突的产生和转化:讨论小组、"写作"小组、艺术疗法、放松疗法或身体疗法,等等。这些治疗调解媒介应该对青少年初期的心理问题特别有用,因为比起青少年期的其他阶段,这一阶段的青少年可能更难表达自己的想法(Catheline,2001)。

转入社会机构或社会医疗机构

对于某些重度行为障碍和/或危险行为、家庭机能明显不良的情况,可能有必要借助社会或司法援助手段,如寄宿家庭、儿童之家、社会性儿童之家(MECS)等,或在省级残障人士之家(MDPH)的指导下,转而求助一个社会医疗机构——主要是教育教学治疗研究所(ITEP)。这些机构的职责是接待有心理障碍的儿童、青少年或年轻成年人,这些人心理障碍的表达方式(其中包含行为障碍)已经严重影响他们的社会化进程和学业进展,并且使他们陷入了一个自我设限的怪圈。通常,他们是受到省级残障人士之家的引荐,才被这些机构收治,从而在那里接受一个多学科、治疗性、教育和教学性团队的治疗。根据心理问题的不同性质和表现,他们可以入住寄宿或半寄宿家庭,或者参加机构内部或普通学校的适应性学习。社会性儿童之家收治一些未成年人,其宗旨是保护青少年儿童和预防犯罪。此外,他们也可以由儿童法官、儿童社会救助厅,以及临时接待机构或教育行政救助机构直接引荐。

关于一个机构之所以具有治疗作用的思考

明确表述机构的治疗方案及使命

这一(还在酝酿中的)思考[1]既可以针对一个医院部门(比如青少年精神科),也可以针对一个教育教学治疗研究所。这两类机构表面上看起来似乎相互对立,实际上却对它们所接待的青少年负有相同的"治疗责任"。对于这两类机构来说,至关重要的是要弄清楚它们的明确使命和隐含使命,以及需要向所接待的公众说明的内容。

除了共同的生活规则之外,在精神病学领域,我们不常向青少年父母及接受治疗的青少年本人准确说明接待机构的运作方式及具体的治疗部署,即使是临时的说明也很少发生。治疗师或临床医生(精神科医生、心理学家)通常都不主动在私人诊疗或医院诊疗中向病人及其家属告知这类信息。然而,在为选择合适的治疗策略做必要的诊断性和预后评估时,我们也不应该回避对外说明机构治疗方案的要求。

治疗框架界限和心理界限

我们已经在第二十九章中讨论了在青少年期的治疗关系中,治疗部署(或治疗框架)对治疗效果有着多么重要和直接的意义。在治疗机构里,这一界定治疗框架的工作集中了与界限相关的全

---

[1] 这些思考由几条主线开始,目前我正和我的同事兼朋友马克·菲拉特(Marc Fillatre)合作将它们写成文字。

部辩证关系:融合-适应/排斥;相见-认可/漠视-否决;安全/不安全;建构/解构;或者还有家庭背景和社会背景的问题。就连儿童的心理因素也是其中一部分,它们围绕着身体中连续和非连续的空间:嘴巴、肛门、尿道这样的"洞"(这些洞也是一些引发性欲的区域),以及他们对自身的认识(身体-心理定位、先分散后重新统一的身体表征、为自我意识提供支持的整体心灵外壳概念,等等)产生,另一部分通过对环境实施的行为(如内部和外部的问题及两者的相互关系)从身体外部产生。治疗机构的界限(尤其是当青少年缺乏这种界限时)、青少年与治疗师以及与其他青少年将建立的关系、对私人或公共空间的研究、在身体隐私和心理隐私之间的研究、大人们的职责……以上种种同样对治疗结果起着基础性和决定构成的作用。青少年们有时候遇到较少禁忌,或者遇到一些无法对他们形成约束的大人们;他们中的一些人发展或保留了一些婴幼儿般无所不能的想法和行为("我要随心所欲地做我想做的事"),但实际上,他们都不一定处理好了每个人都要面对的分离和自主化进程,并且,除了和大人对着干或者千方百计想要用态度和行为来控制大人外,他们也不一定具备让自己成为一个成熟个体的能力。所以,治疗机构就应该更加细心周到地照料他们,同时也要审慎地允许他们逐步做出调整,从而更加容易接受人际关系问题(他们往往有人际关系上的困难)。

在教育和治疗之间

想要把青少年在机构中接受的治疗区分出不同方面,看起来是件特别不真实的事情,然而,这种人为的紧张对立状态(教育与治疗的较量)可以更准确地抓住问题的关键。对临床医生来说,教育,就是要让一个"成长变化"中的公民内化社会功能规则,构建并澄清有别于其他人的自己的过程。从这个意义来说,青少年要做的并不是被动地使自己的行为适应社会生活的不同情景,而是要让自己的行为适应建构自我和世界之间关系的动态过程。实际上,我们应该把动态建构说成是共同建构,因为在自我和环境之间始终存在着互动关系。治疗,就是要帮助青少年及其家人用言语表达他们的生活经历,摆脱因为不得不与他人共同生活而遭受的痛苦,建立自己的生活,让人生充满意义并受人认可,也就是说,找到"自己的位置"或仅仅是找到一个位置。因此,关心和照料治疗机构所接待的青少年,就是要允许他们根据自己的特点或不足来充分发展自己的潜能,并帮助他们更好地适应所处环境。在教育教学治疗研究所处理的案例中,或更广泛地说,在对深受痛苦折磨的青少年的治疗中,首先要做的就是将他们先前的心理脆弱产生的影响降到最低,从而更好地保护他们的未来发展。教育和治疗必然是相互交错的。社会规范也是主体发展所必需的。但是,如果社会规范太过严格、模糊不清、不可预料或频繁变化,或者社会和家庭的价值观与行为准则不一致,就可能有损青少年的发展或者让青少年觉得自己受到伤害。

接下来,我们不妨以一部很美的电影《苦海奇人》(*Miracle en Alabama*)[1]为例来进一步阐述这一点。这部影片通过出色地

---

[1] *Miracle en Alabama*(原名 *The Miracle Worker*)是一部由阿瑟·潘执导的美国电影,上映于1902年,改编自海伦·凯勒的原著《我的人生故事》(*L'Histoire de ma vie*)。影片中小女孩一角由帕蒂·杜克饰演,小女孩的老师安妮·苏利文则由安妮·班克罗夫特饰演。

呈现相互矛盾的两个立场间的交锋,来试着表现健康需求和教育的迫切需要之间的交错重叠。

关于需求表达和关心的思考——从电影《苦海奇人》说起

十九个月大的时候,海伦·凯勒因为一场传染病(很可能是猩红热)成了一个又聋又哑又盲的人。她的父母请来了年轻的幼儿教师安妮·沙利文帮忙,想让身体正在康复中的女儿重新恢复正常生活。但是,这个女教师后来不得不面对海伦的放肆反叛,甚至,她的教育方法惹来了小女孩父母的不快与强烈反对。在影片中,我们可以看到这样一对父母,他们为女儿的残疾深感内疚,为了弥补这个遗憾,他们想要让孩子尽可能过上愉快的生活,甚至不惜放弃底线。一切都按照他们先前说的那样发展:"这个孩子已经因为不公平、也不该承受的残疾而活得够辛苦了,她完全有权不因我们对她的要求而免受更多的折磨。"(请注意,故事讲到这里,我们谈的已经不是集体责任,而是个体责任,或更准确地说,家庭责任)。安妮的出现显然对他们的想法提出了巨大的挑战。她坚持认为,海伦已经不幸得过一个致残的疾病,就不应该再承受家庭教育匮乏带来的不公平又残忍的伤害。许多人都知道后来海伦·凯勒变成了一个什么样的人。后来,她很快学会了读书和写字(一开始由安妮在她手心按字母顺序写出单词,后来她学会了布莱叶盲文),快到10岁的时候就开始说话了。20岁时,她进入拉德克利夫学院学习,安妮陪在她身边帮她拼读教科书里面的内容。之后,她就穷其一生致力于帮助盲人和聋哑人,并以此呼吁全世界的人来关注失明带来的问题以及采取预防措施的需要。

维持社会需求是心理治疗得以实施的首要条件。自我建构是在社会的互动与整合,社会向主体提出的需求、主体对这些需求的回应,以及环境对主体回应的反应三者之间的相互关联中进行的。这些及时的互动构成了教育以及对主体所在社会文化环境的考虑。心理障碍往往从这些社会需求和主体地位的不协调或不适应(主体难以抑制的欲望、兴趣或冲动)里形成。对已有症状的解释说明将关注主体所在的环境,因为正是环境加速了这些症状的产生。因此,将青少年的教育需求弃之不顾,让他专心接受治疗,这样的做法是毫无意义的。因为心理治疗的其中一个目的就是要让青少年适应环境。一般来说,了解症状对进入治疗而言很有必要,而在一个新环境中症状的过早消失有时候可能不利于解决心理问题(因为从表面上看,已经没有什么要解决的了)。

虽然我们不应该(以某种方式来)"缓和"治疗框架和"教育"之间的碰撞,但是我们仍然需要保持警觉的是,这个碰撞的时间仅仅是一个提前的必要的时间,但不足以使治疗获得成功。与青少年的"会面"是整个治疗过程的关键和核心。与治疗框架的唯一一次对抗,尤其是当青少年不能理解这种对抗的时候,可能导致暴力的对称升级[1],并可能因此给所有人带来伤害。最重要的始终是解释行为的意义并允许青少年加工转化他的困难和障碍,从而摆脱它们的束缚。教育和治疗团队必须能够保证青少年对行为的

---

[1] 我们不妨以电影《放牛班的春天》(Les Choristes)中的"作用/反作用"这一行为准则为例来解释这一点。该片上映于 2004 年,由克里斯多夫·巴拉蒂执导,杰拉尔·朱诺、弗朗索瓦·贝尔兰德、尚-巴堤·莫里耶、凯德·麦拉德主演,改编自于 1945 年上映,由让·德雷维尔执导的影片《一笼夜莺》(La Cage aux rossignols)。

"心理承受力",不让青少年感到自己受威胁。他们这样做为青少年营造的"心理安全"环境将使他逐渐摆脱那些反复出现的心理和行为问题:行为过激、暴力、受挫能力差、无法管理情绪,等等。总之,要让他在消退期和成熟期的交替更迭之后,开始在互惠互利、愉快从容的人际关系中找到乐趣。

行为障碍和暴力:划定范围和重新解释

行为障碍可能出自应该被注意到的潜在病态心理障碍:边缘型人格障碍、精神变态、自恋癖、上瘾症,等等。同时,也可能是其他一切属于整体机构治疗框架的社会心理障碍的产物。想要对这些行为障碍做出合适的应对,就必须把障碍放在一定的背景下来研究,并试着找到隐藏在行为障碍下面的精神病理机制。对自己的暴力行为可以表示主体的走投无路,暴力攻击他人的威胁可能是为了向外界发出求助信号,渴望摆脱个人处境。之后,我们将对解释因素进行研究,这些因素可能与行为有因果关系或单纯具有强化行为作用。我们必须把重心放在症状行为对主体及其环境具有的意义上。对于教育机构来说,当青少年出现严重的自残或暴力破坏他人或他物的行为时,就该是把他送到医院急诊中心进行评估和治疗的时候了。

在医院的精神科,使用隔离室(或安全室)对病人进行隔离治疗可能非常有用,这样做可以:

- 保护青少年,并保护其他在医院接受治疗的青少年以及负责治疗的成年人们免受他的暴力伤害;
- 设置一个界限;

- 以及尽快让他恢复平静。

当确实有必要时，我们可以提出一种口头的镇静治疗，如果受到青少年的拒绝，则改用肌内注射方式让他安静下来。我们要重申的是，对年龄较小的青少年的治疗通常需要在征得他父母同意的情况下方能进行。虽然我们必须为治疗划定范围，并且将对暴力行为的风险及其后果的预防作为首要任务，但是我们也不能不去思考过于频繁使用隔离室的功用和可能产生后果——因为过于频繁使用隔离室可能意味着治疗团队某种意义上的失败（与青少年关系的崩溃），并让治疗机构（医院）在面对负有责任的青少年父母（无论他们在对孩子的教育上或在整体上有多么失败）时处于危险的境地。治疗团队不应该让自己变得无所不能，哪怕这种转变出自青少年给他们造成的不安全氛围或真正的暴力伤害。为了让隔离室之类工具的使用长期具有决定构成的作用，就应该把它和医生与青少年有意义的"会面"的可能性结合起来，并重新融入到一个具有意义的整体治疗中去。住院一旦不适应或不再适应治疗的需要，就应该随时停止。最后，某些青少年的病态心理障碍（幸好极为少见）将会使他们日后需要面对包容性更强的教育和/或治疗机构，如封闭式教育中心（CEF）和重大病患设施（UMD）。

团队合作与个体功能的超越

在第二十五章关于学校预防政策的论述中所提到的问题在这里应用得非常广泛。一个治疗师的个人能力如果不能与整体治疗方法相结合，那就不能对青少年起到决定性的作用。这一方法可以通过教育部门的领导或教育机构的主任、医疗团队或医院健康服务框架来体现。正如我们先前已经阐明过的，这一方法假设存在于一个写成明文或广泛讨论过的整体方案，一个能被人人所有和捍卫的方案。团队的协调与团结由此而来，并将使治疗框架变得合情合理，不管是涉及部门的运行和生活的规则，还是成年人的定位，尤其是当这些与青少年在先前的环境中所了解的不同时。一有机会，这项工作就会伴随一项解释性工作进行，其目的是为在反应中融入实际生活经验的青少年进行一次真正的"教育"。治疗部署的统一和医护人员的团结能避免青少年陷入制度的缺陷和鸿沟，或单纯地越过一些在所有的团队中都可能存在的高压线。成年人所起的作用、他们的共情，一切关于"心理承受力的"工作……都是不可或缺的因素，这一点我们已经在第二十九章《青少年期的心理治疗关系》里广泛讨论过了。

当我们要负责治疗一些难缠的青少年时，关于治疗框架的研究和思考显得更加必要，因为机构队伍可能受到情感缺乏、超负荷工作、物质或环境条件限制……以及许许多多其他可能造成治疗工作疲惫不堪（精疲力竭）的因素的影响。但是，心理变量、团队或机构动力如对自我能力的感受、与团队的融合以及工作和业务能力受到的认可、人际交往、一个懂得倾听团队成员心声的领导或管理者、对工作中遇到的紧张压力进行调节的可能性，甚至位于户外的谈心场所、为提高个人和团队能力进行的培训，以上种种都是能够超越个人工作并有利于保持团队及其成员心理健康的必要因素。

基于（合作）伙伴关系的差异化和多层次工作水平

团队合作丝毫不意味着不同的医护人员或行政管理人员相互

之间没有分别。实际上,团队成员同被治疗中的青少年之间的交流只是部分重叠。某些医护人员可能对青少年有更多或更特别的投入(往往是教育者或责任护士,如果有这样的配置的话)。团队合作和每个成员之间的相互关系可能产生的复杂性必须与团队的整体团结一致相抵,后者可以让团队成员在行动高度一致的基础上相互促进。

对青少年的教育或治疗也是整体性的行动,如果不是这样的话,那么机构队伍就要负责恢复这种整体性。但是,这就要求我们在下列情形中找到一种平衡:

- 对青少年家庭环境、学校或职业、社会或司法环境等的考量;
- 在这些领域之间建立一些联系,并务必保证这些联系既不密不透风也不可随意侵入;这样做有不少目的,其中之一就是在不必要的情况下,避免青少年的其他生活场所因为他住进精神科而受到波及。

这些就是与外部人员合作的全部财富,这笔财富会服务于接受治疗中的青少年。

参考文献

Achenbach, T. M. (1991). *Manual for the Child Behavior Checklist/4-18 and 1991 profile*. Burlington, VT : University of Vermont.

Adès, J., & Lejoyeux, M. (2004). Conduites de risque. *EMC-Psychiatrie, 1*, 201–215.

Agrawal, A., & Lynskey, M. T. (2008). Tobacco and cannabis co-occurrence : Does route of administration matter? *Drug and Alcohol Dependence, 99*(1-3), 240-247.

Ainsworth, M. D. S., Blehar, M. C., Water, E., & Wall, S. (1978). *Patterns of attachment : a psychological study of the strange situation*. Hillsdale, NJ : Lawrence Erlbaum Associates.

Ajzen, I. (1985). From intentions to actions : A theory of planned behavior. In J. Kuhl & J. Beckman (Eds.), *Action-control : From cognition to behavior* (pp. 11-39). Berlin : Springer.

Ajzen, I. (1988). *Attitudes, personality, and behavior*. Milton-Keynes, England : Open University Press.

Ajzen, I. (1991). The theory of planned behavior. *Organizational Behavior and Human Decision Processes, 50*, 179-211.

Ajzen, I., & Fishbein, M. (1980). *Understanding Attitudes and Predicting Social Behavior*. Englewood Cliffs, NJ : Prentice-Hall.

Albarracín, D., Johnson, B. T., Fishbein, M., & Muellerleile, P. A. (2001). Theories of reasoned action and planned behaviour as models of condom use : a meta-analysis. *Psychological bulletin, 127*(1), 142-161.

Allegrante, J. P., O'Rourke, T. W., & Tuncalp, S. (1977). A multivariate analysis of selected psychosocial variables on the development of subsequent youth smoking behavior. *Journal of Drug Education, 7*(3), 237-248.

Alvin, P. (2005). Relation de soins en médecine généraliste avec l'adolescent. In M. d. l'adolescent (Ed.), *P Alvin, D Marcelli* (2 ed., pp. 61). Paris : Masson.

Alvin, P., & Marcelli, D. (2005). *Médecine de l'adolescent* (2 ed.). Paris : Masson.

参考文献

American Psychiatric Association. (1996). *Diagnostic and statistical manual of mental disorders. Traduction française : Manuel diagnostique et statistique des troubles mentaux*. Paris : Masson.

Ammaniti, M., Ijzendoorn, M. V., Speranza, A. M., & Tambelli, R. (2000). Internal working models of attachment during late childhood and early adolescence : exploration of stability and change. *Attachment and human development, 2*, 328-346.

Armitage, C. J., & Conner, M. (2001). Efficacy of theory of planned behaviour : a meta-analytic review. *British journal of social psychology, 40*, 471-499.

Armitage, C. J., Conner, M., Loach, J., & Willetts, D. (1999). Different Perceptions of Control : Applying an Extended Theory of Planned Behavior to Legal and Illegal Drug Use. *Basic and Applied Social Psychology, 21*, 301-316.

Arnett, J. J. (2000). Emerging adulthood : a theory of development from the late teens through the twenties. *The American Psychologist, 55*(5), 469-480.

Askénazy, F. (2002). Vers une psychobiologie dimensionnelle des conduites à risque de l'adolescent. *Neuropsychiatrie de l'enfance et de l'adolescence, 50*(6-7), 480-484.

Assailly, J. P. (1997). *Les jeunes et le risque. Une approche psychologique de l'accident*. Paris : Vigot.

Assailly, J. P. (2001). Sur la route, les conduites à risque... *Revue Toxibase, 2*, 1-15.

Assédo, Y. (1990). De l'angoisse à la jouissance dans les conduites de risque. *Revue Française de Psychanalyse, 54*, 121-132.

Athanassiou-Popesco, C. (2003). *Le narcissisme de soi à l'autre*. Neuchâtel/Paris : Delachaux et Niestlé.

Athéa, N., & Alvin, P. (1997). Les problèmes courants liés à la vie sexuelle : contraception et MST. In P.-A. Michaud, P. Alvin, J.-P. Deschamps, J.-Y. Frappier, D. Marcelli & A. Tursz (Eds.), *La santé des adolescents : approches, soins, prévention* (pp. 279-301). Lausanne : Payot.

Auger, P., & Reynaud, E. (2007). Le rôle de la confiance dans la gestion du risque d'incendie. *Revue française de gestion, 175*, 155-169.

Babor, T. F., Higgins-Biddle, J. C., Saunders, J. B., & Monteiro, M. G. (2001). *The alcohol use disorders identification test. Guidelines for Use in Primary Care* (2 ed.). Genève : WHO.

Backman, D. R., Haddad, E. H., Lee, J. W., Johnston, P. K., & Hodgkin, G. E. (2002). Psychosocial predictors of healthful dietary behavior in adolescents. *Journal of Nutrition Education and Behavior, 34*(4), 184-193.

Baile, W. F., Bigelow, G., Burling, T., Rand, C., Gottlieb, S., Jerome, A., et al. (1984). Predictors of smoking status six months after myocardial infarction (MI). *Psychosomatic Medicine, 46*, 285.

Bailly, D. (2000). Etude de l'alcoolisme et de la toxicomanie, de l'enfance à l'âge adulte. Problèmes méthodologiques. *Annales de psychiatrie, 15*(3), 214-223.

Bajos, N., Bozon, M., Beltzer, N., & Godelier, M. (2008). *Enquête sur la sexualité en France : pratiques, genre et santé*. Paris : La Découverte.

Balandier, G. (1988). *Le désordre. Éloge du mouvement*. Paris : Fayard.

Ballion, R. (1999). *Les conduites déviantes des lycéens*. Paris : OFDT.

Bandura, A. (1997). *Self-efficacy : The exercise of control*. New-york, NY : Worth Publishers.

Bandura, A., & Rondal, J. A. (1980). *L'apprentissage social*. Paris : Pierre Margada.

Bantuelle, M., & Demeulemeester, R. (2008). *Comportements à risque et santé : agir en milieu scolaire*. Paris : Edition inpes.

Baranes, J. (2001). Les adolescents au présent. Psychanalyse et temporalité psychique. *Enfance & psy, 13*(1), 93-100.

Bariaud, F., & Rodriguez-Tomé, H. (1987). *Les perspectives temporelles à l'adolescence*. Paris : Presses Universitaires de France.

Bariaud, F., Rodriguez-Tomé, H., Cohen-Zardi, M. R., Delmas, C., & Jeanvoine, B. (1999). Effets de la puberté sur l'image de soi des adolescents. *Archives de Pédiatrie, 6*(9), 952-957.

Barone, F. J. (1997). Bullying in school : it doesn't have to happen. *Phi Delta Kappan, 78*(1), 80-82.

Battin-Pearson, S., Newcomb, M. D., Abbott, R. D., Hill, K. G., Catalano, R. F., & Hawkins, J. D. (2000). Predictors of early high school dropout : A test of five theories. *Journal of Educational Psychology, 92*(3), 568-582.

Baudelot, C., & Establet, R. (1992). *Allez les filles !* Paris : Seuil.

Baudry, P. (1991). *Le corps extrême : approche sociologique des conduites à risque*. Paris : L'Harmattan.

Baumrind, D. (1978). Parental disciplinary patterns and social competence in children. *Youth & Society, 9*(3), 239-276.

Bautier, E. (2003). Décrochage scolaire : Génèse et logique des parcours. *Ville Ecole Intégration Enjeux, 132*, 30-45.

Beadnell, B., Wilsdon, A., Wells, E. A., Morison, D. M., Gillmore, M. R., & Hope, M. (2007). Intrapersonal and Interpersonal Factors Influencing Adolescents' Decisions About Having Sex : A Test of Sufficiency of the Theory of Planned Behavior. *Journal of Applied Social Psychology, 37*(12), 2840-2876.

Beale, A. V., & Scott, P. C. (2001). "Bullybusters": Using drama to empower students to take a stand against bullying behavior. *Professional School Counseling, 4*(4), 300-305.

Beck, F., Guibert, P., & Gautier, A. (2008). *Baromètre santé 2005. Attitudes et comportements de santé*. Saint-Denis : Inpes.

Beck, F., Legleye, S., & Spilka, S. (2008a). Cannabis, cocaïne, ecstasy : entre expérimentation et usage régulier. In F. Beck, P. Guibert & A. Gautier (Eds.), *Baromètre santé 2005. Attitudes et comportements de santé* (pp. 169-221). Saint-Denis : Inpes.

Beck, F., Legleye, S., & Spilka, S. (2008b). Polyconsommation : une pratique peu répandue en population générale. In F. Beck, P. Guibert & A. Gautier (Eds.), *Baromètre santé 2005. Attitudes et comportements de santé* (pp. 229-238). Saint-Denis : Inpes.

Beck, F., Léon, C., & Léger, D. (2008). Troubles du sommeil : une approche exploratoire. In F. Beck, P. Guibert & A. Gautier (Eds.), *Baromètre santé 2005. Attitudes et comportements de santé* (pp. 519-532). Saint-Denis : Inpes.

Beitchman, J. H., Zucker, K. J., Hood, J. E., daCosta, G. A., Akman, D., & Cassavia, E. (1992). A review of the long-term effects of child sexual abuse. *Child Abuse & Neglect, 16*(1), 101-118.

Bekker, M. H. J., Bachrach, N., & Croon, M. A. (2007). The relationships of antisocial behaviour with attachment styles, autonomy-connectdness and alexithymia. *Journal of clinical psychology, 63*(6), 507-527.

Belfiore, J.-C. (2003). *Dictionnaire de Mythologie grecque et romaine*. Paris : Larousse.

Bello, P. Y., Toufik, A., & Gandilhon, M. (2001). *Tendances récentes. Rapport TREND*. Paris : OFDT.

Ben-Zur, H., & Reshef-Kfir, Y. (2003). Risk taking and coping strategies among Israeli adolescents. *Journal of Adolescence, 26*(3), 255-265.

Bencheikh, O. (2002). Risque et l'arabe ÑÒϕ rizq. *Bulletin de la SELEFA, 1*, 1-6.

Benoit, J. P., Smadja, R., Benyamin, M., & Moro, M.-R. (2010). Construire une relation de soins avec les adolescents. Qu'apporte le nouveau dispositif des Maisons des adolescents ? *Neuropsychiatrie de l'enfance et de l'adolescence*, doi :10.1016/j.neurenf.2010.07.007.

Bénony, H., & Chahraoui, K. (1999). *L'entretien clinique*. Paris : Dunod.

Benthin, A., Slovic, P., & Severson, H. (1993). A psychometric study of adolescent risk perception. *Journal of Adolescence, 16*(2), 153-168.

Bernstein, J. Y., & Watson, M. W. (1997). Children who are targets of bullying : A victim pattern. *Journal of Interpersonal Violence, 12*(4), 483-498.

Bertrand, L. D., & Abernathy, T. J. (1993). Predicting cigarette smoking among adolescents using cross-sectional and longitudinal approaches. *The Journal of school health, 63*(2), 98-103.

Bettelheim, B. (1976). *Psychanalyse des contes de fées*. Paris : Robert Laffont.

Biglan, A., Duncan, T. E., Ary, D. V., & Smolkowski, K. (1995). Peer and parental influences on adolescent tobacco use. *Journal of Behavioral Medicine, 18*(4), 315-330.

Biglan, A., Metzler, C. W., Wirt, R., Ary, D., Noell, J., Ochs, L., et al. (1990). Social and behavioral factors associated with high-risk sexual behavior among adolescents. *Journal of behavioral medicine, 13*(3), 245-261.

Binder, P., & Chabaud, F. (2005). Accueil des adolescents en médecine générale : validation d'un référentiel. *La revue du Praticien. médecine générale, 19*(710/711), 1310.

Birnbaum, G. E., Reis, H. T., Mikulincer, M., Gillath, O., & Orpaz, A. (2006). When sex is more than just sex : attachment orientations, sexual experience, and relationship quality. *Journal of personality and social psychology, 91*(5), 929-943.

Birraux, A. (2003). L'entretien et sa dynamique à l'adolescence. In C. Cyssau (Ed.), *L'entretien en clinique* (2 ed., pp. 289-301). Paris : In Press.

Blanpain, N., & Daniel, A. (2004). *Les modes de vie des adolescents âgés de 15 à 17 ans, un aperçu à partir des enquêtes statistiques*. Paris : Études et résultats, Direction de la recherche, des études, de l'évaluation et des statistiques (DREES), Ministère de la Santé.

Blaya, C., & Hayden, C. (2003). *Constructions sociales des absentéismes et des décrochages scolaires en France et en Angleterre*. Bordeaux II : Rapport de recherche pour le Ministère de l'Education Nationale.

Boden, J. M., & Horwood, L. J. (2006). Self-esteem, risky sexual behavior, and pregnancy in a New Zealand birth cohort. *Archive of sexual behavior, 35*(5), 549-560.

Bohman, M., Sigvardsson, S., & Cloninger, C. R. (1981). Maternal inheritance of alcohol abuse. Cross-fostering analysis of adopted women. *Archives of General Psychiatry, 38*(9), 965-969.

Bondois, J. P. (2004). Comment nommer la maladie de « celui qui n'a rien » ? Ou quelle place pour la pathologie fonctionnelle dans les catégories nosologiques actuelles ? *Ethique & santé, 1*(1), 37-41.

Bonnet, D., Raynaud, J.-P., Chabrol, H., Benesteau, J., & Moron, P. (1994). L'adolescent suicidaire en milieu scolaire : intentionnalité et faillite sociale. *Psychologie médicale, 26*(11), 1150-1152.

Bonte, D., & Izard, M. (1992). *Dictionnaire de l'ethnologie et de l'anthropologie*. Paris : Presses Universitaires de France.

Booth-Kewley, S., & Vickers, R. R. (1994). Associations between major domains of personality and health behavior. *Journal of Personality, 62*(3), 281-298.

Bosompra, K. (2001). Determinants of condom use intentions of university students in Ghana : an application of theory of reasoned action. *Social science & medicine, 52*(7), 1057-1069.

Botbol, M., Cupa, D., Tabatabaï, H., Branco, M., Menetrier, C., & Barriguete, J. A. (2000). Les destins de l'attachement à l'adolescence. In J. Cupa (Ed.), *L'attachement. Perspectives actuelles* (pp. 69-82). Paris : EDK.

Boulanger, C., & Lançon, C. (2006). L'empathie : réflexions sur un concept. *Annales médico-psychologiques, 164*(6), 497-505.

Bourdessol, H., & Thélot, B. (2008). Accidents : les plus fréquents sont ceux de la vie courante. In F. Beck, P. Guibert & A. Gautier (Eds.), *Baromètre santé 2005. Attitudes et comportements de santé* (pp. 379-412). Saint-Denis : Inpes.

Bouvard, M. (2009). *Questionnaires et échelles d'évaluation de la personnalité*. Paris : Masson.

Bouvard, M., & Cottraux, J. (2005). *Protocoles et échelles d'évaluation en psychiatrie et en psychologie* (4 ed.). Paris : Masson.

Bowlby, J. (1944). Forty-four juvenile thieves : their characters and home life. *International Journal of Psycho-Analysis, 25*, 19-52.

Bowlby, J. (1978). *Attachement et perte* (5° Ed). Paris : PUF.

Boyce, W., Maryanne, D., Fortin, C., & MacKinnon, D. (2003). *Canadian Youth, Sexual Health and HIV/AIDS Study, Factors influencing knowledge, attitudes and behaviours*. Canada : Council of Ministers of Education.

Bozon, M. (1993). L'entrée dans la sexualité adulte : le premier rapport et ses suites. Du calendrier aux attitudes. *Population, 5*, 1317-1352.

Braconnier, A. (1993). Des risques réels, des risques projetés. In A. Tursz, Y. Souteyran & R. Salmi (Eds.), *Adolescence et risque* (pp. 129-134). Paris : Syros.

Braconnier, A., & Barbe, R. (2006). Adolescence et psychothérapie. *Psychothérapies, 26*, 87-90.

Breakwell, G. M. (1997). La sexualité à l'adolescence. In H. Rodriguez-Tomé, S. Jackson & F. Bariaud (Eds.), *Regards actuels sur l'adolescence* (pp. 179-206). Paris : Presses Universitaires de France.

Breakwell, G. M., & Fife-Schaw, C. R. (1992). Sexual activities and preferences in a United Kingdom sample of 16 to 20-year-olds. *Archives of Sexual Behavior, 21*(3), 271-293.

Breakwell, G. M., & Millward, L. J. (1997). Sexual self-concept and sexual risk-taking. *Journal of Adolescence, 20*, 29-41.

Brejard, V., Bonnet, A., & Pedinielli, J.-L. (2005). Développement cognitivo-émotionnel, régulation des émotions et comportements à risques : une étude exploratoire chez l'adolescent *Neuropsychiatrie de l'enfance et de l'adolescence, 53*(8), 395-340.

参考文献

Brickman, A. L., Yount, S. E., Blaney, N. T., Rothberg, S. T., & Kaplan de-Nour, A. (1996). Personality traits and long-term health status : The influence of neuroticism and conscientiousness on renal deterioration in type-1 diabetes. *Psychosomatics, 37*(5), 459-468.

Broccolichi, S., & Ben-Ayed, C. (1999). L'institution scolaire et la réussite de tous aujourd'hui : « pourrait mieux faire ». *Revue française de pédagogie, 129*, 39-51.

Brook, J. S., Cohen, P., & Brook, D. W. (1998). Longitudinal study of co-occurring psychiatric disorders and substance use. *Journal of the American Academy of Child and Adolescent Psychiatry, 37*(3), 322-330.

Brook, J. S., Nomura, C., & Cohen, P. (1989). A network of influences on adolescent drug involvement : neighborhood, school, peer, and family. *Genetic, social, and general psychology monographs 115*(1), 123-145.

Broussouloux, S., & Houzelle-Marchal, N. (2006). *Education à la santé en milieu scolaire : choisir, élaborer et développer un projet*. Paris : Edition inpes.

Brown, J., Cohen, P., Johnson, J. G., & Smailes, E. M. (1999). Childhood Abuse and Neglect : Specificity of Effects on Adolescent and Young Adult Depression and Suicidality. *Journal of the American Academy of Child and Adolescent Psychiatry, 38*(12), 1490-1496.

Brown, R. A., Lewinsohn, P. M., Seeley, J. R., & Wagner, E. F. (1996). Cigarette smoking, major depression, and other psychiatric disorders among adolescents. *Journal of the American Academy of Child and Adolescent Psychiatry, 35*(12), 1602-1610.

Bruchon-Schweitzer, M. L. (2002). *Psychologie de la santé : modèles, concepts et méthodes*. Paris : Dunod.

Brunod, R. (1999). Les bases théoriques de la sémiologie en pédopsychiatrie. II. L'activité sémiologique en pédopsychiatrie. *Archives de Pediatrie, 6*, 440-446.

Buhi, E. R., & Goodson, P. (2007). Predictors of adolescent sexual behavior and intention : A theory-guided systematic review. *Journal of Adolescent Health, 40*(1), 4-21.

Bulletin Officiel de l'EN. (1999). Repères pour la prévention des conduites à risque. Vol. 2 : guide théorique. Numéro hors série du 04 novembre 1999. Retrieved 23 novembre 2010, from Ministère de l'Education Nationale, de la Recherche et de la Technologie : ftp://trf.education.gouv.fr/pub/edutel/bo/1999/hs9/hs9vol2.pdf

Burke, J. D., Burke, K. C., & Rae, D. S. (1994). Increased rates of drug abuse and dependence after onset of mood or anxiety disorders in adolescence. *Hospital & community psychiatry, 45*(5), 451-455.

Canterbury, R. J., McGarvey, E. L., Sheldon-Keller, A. E., Waite, D., Reams, P., & Koopman, C. (1995). Prevalence of HIV-related risk behaviors and STDs among incarcerated adolescents. *Journal of Adolescent Health, 17*(3), 173-177.

Carmelli, D., Swan, G. E., Robinette, D., & Fabsitz, R. (1992). Genetic influence on smoking–a study of male twins. *The New England Journal of Medicine, 327*, 829-833.

Carroll, J. L., Volk, K. D., & Hyde, J. S. (1985). Differences between males and females in motives for engaging in sexual intercourse. *Archives of Sexual Behavior, 14*(2), 131-139.

Carton, S., Lacour, C., Jouvent, R., & Widlöcher, D. (1990). Le concept de recherche de sensations : traduction et validation de l'échelle de Zuckerman.

Psychiatrie & psychobiologie, 5(1), 39-48.

Catheline, N. (2001). Quand penser devient douloureux. Intérêt du travail thérapeutique de groupe en institution et avec médiateur dans la pathologie du jeune adolescent. *Neuropsychiatrie de l'enfance et de l'adolescence, 44*(1), 169-210.

Cazenave, N. (2007). La pratique du parkour chez les adolescents des banlieues : entre recherche de sensation et renforcement narcissique. *Neuropsychiatrie de l'enfance et de l'adolescence, 55*(3), 154-159.

Chabrol, H., Faury, R., Mullet, E., Callahan, S., Weigelt, A., & Labrousse, F. (2000). Étude de la dépendance nicotinique chez 342 adolescents. *Archives de Pédiatrie, 7*(10), 1064-1071

Chahraoui-Biznar, K. (1998). Accident à la post-adolescence et traumatisme psychique comme opérateur de changement. *Neuropsychiatrie de l'enfance et de l'adolescence, 46*(4), 264-269.

Chantraine, P. (1999). *Dictionnaire étymologique de la langue grecque : histoire des mots*. Paris : Klincksieck.

Chapelier, J.-B. (2004). « Jeux vidéos à l'adolescence. Groupes virtuels, groupes réels et fantasme d'auto-engendrement ». *Neuropsychiatrie de l'Enfance et de l'Adolescence, 52*(4), 253-258.

Charach, A., Pepler, D., & Ziegler, S. (1995). Bullying at school a Canadian perspective : A survey of problems and suggestions for intervention. *Education Canada, 35*(1), 12-18.

Chariot, B., Bautier, E., & Rochex, J. Y. (1992). *École et savoir dans les banlieues et ailleurs*. Paris : Armand Colin.

Charles-Nicolas, A., & Valleur, M. (1982). Les conduites ordaliques. In C. Olievenstein (Ed.), *La vie du toxicomane* (pp. 82-99). Paris : Presses Universitaires de France.

Chasseguet-Smirgel, J. (2000). *La maladie d'idéalité. essai psychanalytique sur l'idéal du moi*. Paris : L'harmattan.

Chassin, L., Presson, C. C., Rose, J. S., & Sherman, S. J. (1996). The natural history of cigarette smoking from adolescence to adulthood : Demographic predictors of continuity and change. *Health psychology, 15* (6), 478-484.

Chassin, L., Presson, C. C., Sherman, S. J., & Edwards, D. A. (1990). The natural history of cigarette smoking from adolescence to adulthood : Demographic predictors of continuity and change. *Health psychology, 9* (6), 701-716.

Cherney, I. D., Harper, H. J., & Winter, J. A. (2006). Nouveaux jouets : ce que les enfants identifient comme " jouets de garçons " et " jouets de filles ". *Enfances & Psy, 58*, 266-282.

Choquet, M., & Arvers, P. (2003). Pratique sportive et conduites violentes chez les 14-16 ans : Analyse réalisée à partir des données de l'enquête ESPAD 99. *Annales de médecine interne, 154*(HS2), 2S15-12S22.

Choquet, M., Bourdessol, H., Arvers, P., Guilbert, P., & Peretti, C. D. (2001). *Jeunes et pratiques sportives. L'activité sportive à l'adolescence. Les troubles et conduites associées*. Marly-le-Roi : INJEP.

Choquet, M., & Com-Ruelle, L. (2002). Enquête IREB : Les adolescents français face à l'alcool : comportement et évolution. *Recherche & Alcoologie, 12*(24), 1-2.

Choquet, M., & Granboulan, V. (2004). *Les jeunes suicidants à l'hôpital*. Paris : EDK.

Choquet, M., & Ledoux, S. (1994). *Adolescents : enquête nationale*. Paris : Inserm.

Choquet, M., Ledoux, S., & Hassler, C. (2002). *Alcool, tabac, cannabis et autres drogues illicites parmi les élèves de collège et de lycée, ESPAD 99 France, European School Survey Project on Alcohol and other Drugs (Tome 1)* (Vol. Tome 1). Paris : OFDT.

Choquet, M., Marcelli, D., & Ledoux, S. (1993). Les comportements à risque des adolescents : approches épidémiologique et clinique. In A. Tursz, Y. Souteyran & R. Salmi (Eds.), *Adolescence et risque* (pp. 111-128). Paris : Syros.

Choquet, M., Pommereaux, X., Lagadic, C., & Cottin, K. (2001). *Les élèves à l'infirmerie scolaire : identification et orientation des jeunes à haut risque suicidaire. Enquête réalisée auprès de 21 établissements scolaires du département de la Gironde* Paris : Lavoisier.

Chou, C. (2001). Internet Heavy Use and Addiction among Taiwanese College Students : An Online Interview Study. *CyberPsychology & Behavior, 4*(5), 573-585.

Chouraqui, A. (1992). *La Bible traduite et commentée par André Chouraqui : Entête (La Genèse)*. Paris : J.-C. Lattès

Ciccone, A., Resnik, S., Kaës, R., Gampel, Y., Catoire, G., & Meltzer, D. (2003). *Psychanalyse du lien tyrannique.* Paris : Dunod.

Cloninger, C. R. (1986). A unified biosocial theory of personality and its role in the development of anxiety states. *Psychiatric developments, 4*(3), 167-226.

Cloninger, C. R. (1987). A systematic method for clinical description and classification of personality variants : A proposal. *Archives of General Psychiatry, 44*(6), 573-588.

Coffey, C., Carlin, J. B., Lynskey, M., Li, N., & Patton, G. C. (2003). Adolescent precursors of cannabis dependence : findings from the Victorian Adolescent Health Cohort Study. *The British Journal of Psychiatry, 182,* 330-336.

Collard, L. (1998). *Sports, enjeux et accidents.* Paris : Presses Universitaires de France.

Collodi, C. (1997). *Les aventures de Pinocchio.* Paris : Editions Mille et une Nuits.

Compas, B. E., Orosan, P. G., & Grant, K. E. (1993). Adolescent stress and coping : Implications for psychopathology during adolescence. *Journal of Adolescence, 16*(3), 331-349.

Cooke, R., Sniehotta, F., & Schüz, B. (2007). Predicting binge-drinking behaviour using an extended TPB : examining the impact of anticipated regret and descriptive norms. *Alcohol and Alcoholism, 42*(2), 84-91.

Cooper, M. L., Agocha, V. B., & Sheldon, M. S. (2000). A motivational perspective on risky behaviors : the role of personality and affect regulatory processes. *Journal of Personality, 68*(6), 1059-1088.

Cooper, M. L., & Orcutt, H. K. (2000). Alcohol Use, Condom Use and Partner Type among Heterosexual Adolescents and Young Adults. *Journal of Studies on Alcohol, 61*(3), 413-419.

Cooper, M. L., Shaver, P. R., & Collins, N. L. (1998). Attachment styles, emotion regulation and adjustment in adolescence. *Journal of personality and social psychology, 74*(5), 1380-1397.

Corcos, M. (2006). Le contrat de soins dans le traitement hospitalier de l'anorexie mentale : séparation-réappropriation-subjectivation. *Adolescence, 56*(2), 385-404.

Corcos, M., Agman, G., Bochereau, D., Chambry, J., & Jeammet, P. (2002). Troubles des conduites alimentaires à l'adolescence, *Encyclopédie médico-chirurgicale. Psychiatrie/Pédopsychiatrie* (Vol. 37-215-B-65, pp. 1-9). Paris : Masson.

Corte, C., & Zucker, R. A. (2008). Self-concept disturbances : Cognitive vulnerability for early drinking and early drunkenness in adolescents at high risk for alcohol problems. *Addictive Behaviors, 33*(10), 1282-1290.

Coslin, P. G. (2003). *Les conduites à risque à l'adolescence.* Paris : Armand Colin.

Costa, P. T., & McCrae, R. R. (1985). *The NEO personality inventory manual.* Odessa, FL : Psychological Assessment Resources.

Costa, P. T., & McCrae, R. R. (1992). The five-factor model of personality and its relevance to personality disorders. *Journal of Personality Disorders, 6*(4), 343-359.

Courtois, A. (2003). Le thérapeute d'adolescents, un « passeur de temps » : un apport systémique et anthropologique. *Neuropsychiatrie de l'Enfance et de l'Adolescence, 51*(2), 62-69.

Courtois, A., & Mertens, S. (2008). Un travail sans leur fils : les parents-cothérapeutes de leur adolescent *Neuropsychiatrie de l'Enfance et de l'Adolescence, 56*, 15-20.

Courtois, A., & Wilmars, S. M. d. (2004). La pratique « à plusieurs » : matrice de résilience pour les thérapeutes et les patients. *Thérapie familiale, 25*(3), 303-322.

Courtois, R. (1998). Conception et définition de la sexualité. *Annales médico-psychologiques, 156*(9), 613-620.

Courtois, R., Bariaud, F., & Turbat, J. (2000). Relation entre la maturation pubertaire et la sexualité chez des adolescentes. *Archives de Pédiatrie, 7*(10), 1129-1131.

Courtois, R., Caudrelier, N., Legay, E., Lalande, G., Halimi, A., & Jonas, C. (2007). Influence parentale (dépendance tabagique et styles éducatifs) sur la consommation et la dépendance tabagique de leur adolescent. *La Presse Médicale, 36*(10), 1341-1349.

Courtois, R., Champion, M., Lamy, C., & Bréchon, G. (2007). Hyperactivité chez l'enfant : réflexions sur les mécanismes psychopathologiques sous-jacents. *Annales médico-psychologiques, 165*(6), 420-427.

Courtois, R., El-Hage, W., Moussiessi, T., & Mullet, E. (2004). Prevalence of alcohol, drug use and psychoactive substance consumption in samples of French and Congolese high school students. *Tropical Doctor, 34*(1), 15-17.

Courtois, R., Fillatre, M., Le Fourn, J. Y., & Courtois, A. (2009). Réflexions sur la pratique des entretiens à l'adolescence. *Annales médico-psychologiques, 167*(2), 152-157.

Courtois, R., & Mangeney, S. (2004). Adolescents' perception of their own risk-taking behaviour. *Promotion & Education, 11*(2), 75-79, 114, 132.

Courtois, R., Mullet, E., Bariaud, F., & Malvy, J. (1998). Un questionnaire sur la sexualité à l'adolescence. *Psychologie et Psychométrie, 19*(4), 43-63.

Courtois, R., Potard, C., Réveillère, C., & Moltrecht, B. (In press). Validation d'une échelle de sexualité (intérêts, émotions, relations : IERS) à la prime adolescence (12-15 ans). *L'Encéphale.*

Courtois, R., Réveillère, C., Paus, A., Berton, L., & Jouint, C. (2007). Liens entre stresseurs, santé psychique et premières consommations de tabac et d'alcool à la préadolescence. *L'Encéphale, 33*(3), 300-309.

Craig, W. M. (1998). The relationship among bullying, victimization, depression, anxiety, and aggression in elementary school children. *Personality and Individual Differences, 24*(1), 123-130.

Craig, W. M., & Pepler, D. J. (1996). Understanding bullying at school :

What can we do about it? In S. Miller (Ed.), *Safe by Design : Building Interpersonal Skills* (pp. 205-230). Washington, DC : Committee for Children, Seattle.

Craipeau, S., & Seys, B. (2005). Jeux et Internet : quelques enjeux psychologiques et sociaux. *Psychotropes, 11*(2), 101-127.

Crawford, N. (2002). New Ways to Stop Bullying. *Monitor on Psychology, 33*(9), 64-66.

Crick, N. R., & Bigbee, M. A. (1998). Relational and overt forms of peer victimization : a multiinformant approach. *Journal of Consulting and Clinical Psychology, 66*(2), 337-347.

Crittenden, P. M. (1990). Internal representational models of attachement relationships. *Infant mental health journal, 11*(3), 259-277.

Crommelinck, B. (2007). À corps perdu : quand les adolescents mettent à l'épreuve les soignants. *Cahiers de psychologie clinique, 28*(1), 239-256.

Currie, C., Gabhainn, S. N., Godeau, E., Roberts, C., Smith, R., Currie, D., et al. (2008). Inequalities in young people's health. Health Behaviour in School-aged Children (HBSC) study : international report from the 2005/2006 survey. *Health policy for children and adolescents, n° 5*. Retrieved from www.euro.who.int/__data/assets/pdf_file/0005/53852/E91416.pdf

Currie, C., Roberts, C., Morgan, A., Smith, R., Settertobulte, W., Samdal, O., et al. (2004). Young people's health in context. Health Behaviour in School-aged Children (HBSC) study : international report from the 2001/2002 survey. *Health policy for children and adolescents, n° 4*. Retrieved from www.euro.who.int/__data/assets/pdf_file/0008/110231/e82923.pdf

Davis, D., Shaver, P. R., Widaman, K. E., Vernon, M. L., Follette, W. C., & Beitz, K. (2006). "I can't get no satisfaction" : insecure attachment inhibited sexual communication, and sexual dissatisfaction. *Personal relationships, 13*, 465-483.

De Clercq, M., & Lebigot, F. (2001). *Les traumatismes psychiques*. Paris : Masson.

De Fruyt, F., De Clercq, B., Miller, J. D., Rolland, J. P., & Lynam, D. R. (2008). Une approche des troubles de la personnalité par le modèle à cinq facteurs. *Annales médico-psychologiques, 166*(6), 411-417.

Decety, J. (2002). Naturaliser l'empathie. *Encephale, 28*(9-20).

Delahousse, J., & Mille, C. (1995). Psychothérapies individuelles. In J.-L. Senon, D. Sechter & D. Richard (Eds.), *Thérapeutique psychiatrique*. (pp. 527-545). Paris : Hermann.

Deschamps, J.-P., & Alvin, P. (1997). La grossesse, la maternité et la paternité. In P.-A. Michaud, P. Alvin, J.-P. Deschamps, J.-Y. Frappier, D. Marcelli & A. Tursz (Eds.), *La santé des adolescents : approches, soins, prévention* (pp. 302-313). Lausanne : Payot.

Desenclos, J. C., Costagliola, D., Commenges, D., & Lellouch, J. (2005). La prévalence de la séropositivité VIH en France. *Bulletin épidémiologique hebdomadaire, 11*, 41-44.

Deslandes, R., & Potvin, P. (1998). Les comportements des parents et les aspirations scolaires des adolescents. *La Revue internationale de l'éducation familiale, 2*(1), 9-24.

DiClemente, R. J., Wingood, G. M., Crosby, R. A., Sioncan, C., Brown, L. K., Rothbaum, B., et al. (2006). A prospective study of psychological distress and sexual risk behavior among black adolescent females. *Pediatrics in review,* 108(5), 85-91.

DiFranza, J. R., Savageau, J. A., Fletcher, K., Ockene, J. K., Rigotti, N. A., McNeill, A. D., et al. (2002). Measuring the loss of autonomy over nicotine use in adolescents : the DANDY (Development and Assessment of Nicotine Dependence in Youths) study. *Archives of pediatrics & adolescent medicine,* 156(4), 397-403.

Donovan, J., & Jessor, R. (1985). Structure of problem behavior in adolescence and young adulthood. *Journal of consulting and clinical psychology,* 53(6), 890-904.

Doron, R., & Parot, F. (1991). *Dictionnaire de Psychologie.* Paris : Presses universitaires de France.

Drieu, D., & Genvresse, P. (2003). Enjeux et limites du travail thérapeutique avec l'adolescent suicidant en consultation ambulatoire. *Dialogue, 162*(4), 45-58.

Dugravier, R., Guedeney, N., & Mintz, A.-S. (2006). Attachement et liens d'amitié. *Enfance & Psy, 31,* 20-28.

Duret, P., & Augustini, M. (1993). *Sports de rue et insertion sociale.* Paris : INSEP.

Dutruge, A. (1994). *Rites initiatiques et pratique médicale dans la société française contemporaine.* Paris : L'Harmattan.

Duverger, P. (2006). Scarification à l'adolescence : A fleur de peau. Retrieved 23 November, 2009, from http://www.med.univ-angers.fr/discipline/pedopsy/pedopsyweb.htm

Eaton, L., Flisher, A. J., & Aarø, L. E. (2003). Unsafe sexual behaviour in South African youth. *Social Science & Medicine, 56*(1), 149-165.

Edon, G. (1987). *Dictionnaire français-latin.* Paris : Belin.

Eisenberg, M. E., & Aalsma, M. C. (2005). Bullying and peer victimization : Position paper of the Society for Adolescent Medicine. *Journal of Adolescent Health, 36*(1), 88-91.

Eliade, M. (1959). *Initiation, rites, sociétés secrètes.* Paris : Gallimard.

Elliott, M. A., Armitage, C. J., & Baughan, C. J. (2007). Using the theory of planned behaviour to predict observed driving behaviour. *British Journal of Social Psychology, 46*(1), 69-90.

Epiphane, D. (2007). My tailor is a man... La représentation des métiers dans les livres pour enfants. *Travail, genre et sociétés, 18,* 65-85.

Erickson, P. I., Bastani, R., Maxwell, A. E., Marcus, A. C., Capell, F. J., & Yan, K. X. (1995). Prevalence of anal sex among heterosexuals in California and its relationship to other AIDS risks behaviors. *AIDS education and prevention, 7*(6), 477-493.

Ernout, A., & Meillet, A. (2001). *Dictionnaire étymologique de la langue latine : histoire des mots* (4 ed.). Paris : Klincksieck.

Escalon, H., Vuillemin, A., Erpelding, M.-L., & Oppert, J.-M. (2008). Activité physique : entre sport et sédentarité. In F. Beck, P. Guibert & A. Gautier (Eds.), *Baromètre santé 2005. Attitudes et comportements de santé* (pp. 241-266). Saint-Denis : Inpes.

Ethier, K. A., Kershaw, T. S., Lewis, J. B., Milan, S., Niccolai, L. M., & Ickovics, J. R. (2006). Self-esteem, emotional distress and sexual behavior among adolescent females : inter-relationships and temporal effects. *Journal of Adolescent Health Care, 38*(3), 268-274.

Everett, S. A., Husten, C. G., Kann, L., Warren, C. W., Sharp, D., & Crossett, L. (1999). Smoking Initiation and Smoking Patterns Among US College Students. *Journal of American College Health, 48*(2), 55-60.

Fagan, J., & Pabon, E. (1990). Contributions of delinquency and substance use to school dropout among inner-city youths. *Youth and Society, 21*(3), 306-354.

Feeney, J. A., Peterson, C., Gallois, C., & Terry, D. J. (2000). Attachment style as a predictor of sexual attitudes and behaviour in late adolescence. *Psychology and health, 14*, 1105-1122.

Feiring, C., Taska, L., & Lewis, M. (1996). A process model for understanding adaptation to sexual abuse : The role of shame in defining stigmatization. *Child Abuse & Neglect, 20*(8), 767-782.

Feiring, C., Taska, L., & Lewis, M. (1999). Age and gender differences in children's and adolescents' adaptation to sexual abuse. *Child Abuse & Neglect, 23*(2), 115-128.

Ferenczi, S. (1982). Confusion de langues entre les adultes et l'enfant. Le langage de la tendresse et de la passion. In S. Ferenczi (Ed.), *Psychanalyse IV. Œuvres complètes (1927-1933)* (pp. 125-135). Paris : Payot.

Fergusson, D. M., Horwood, L. J., & Lynskey, M. T. (1994). The comorbidities of adolescent problem behaviors : A latent class model. *Journal of Abnormal Child Psychology, 22*(3), 339-354.

Fergusson, D. M., Horwood, L. J., & Lynskey, M. T. (1997). Childhood sexual abuse, adolescent sexual behaviors and sexual revictimization. *Child Abuse & Neglect, 21*(8), 789-803.

Fergusson, D. M., & Lynskey, M. T. (1996). Alcohol misuse and adolescent sexual behaviors and risk taking. *Pediatrics 98*(1), 91-96.

Field, L. K., & Steinhardt, M. A. (1992). The relationship of internally directed behavior to self-, reinforcement, self-esteem, and expectancy values for exercise. *American journal of health promotion, 7*(1), 21-27.

Fife-Schaw, C. R., & Breakwell, G. M. (1992). Estimating sexual behaviour parameters in the light of AIDS : A review of recent UK studies of young people. *AIDS Care, 4*(2), 187-201.

Finn, P., & Braggs, B. W. E. (1986). Perception of the risk of an accident by young and older drivers. *Accident analysis and prévention, 18*, 289-298.

Finn, P. R., Sharkansky, E. J., Brandt, K. M., & Turcotte, N. (2000). The effects of familial risk, personality, and expectancies on alcohol use and abuse. *Journal of Abnormal Psychology, 109*(1), 122-133.

Fishbein, M., & Ajzen, I. (1975). *Belief, Attitude, Intention, and Behavior : An Introduction to Theory and Research.* Reading, MA : Addison-Wesley.

Flavigny, C. (1988). Psychodynamique de l'instabilité infantile. *La Psychiatrie de l'enfant, 31* (2), 445-471.

Fleming, C. B., Kim, H., Harachi, T. W., & Catalano, R. F. (2002). Family processes for children in early elementary school as predictors of smoking initiation. *The Journal of adolescent health, 30*(3), 184-189.

Fontaine, R. (2003). *Psychologie de l'agression.* Paris : Dunod.

Fontaine, R., & Réveillère, C. (2004). Le bullying (ou victimisation) en milieu scolaire : description, retentissements vulnérabilisants et psychopathologiques. *Annales médico-psychologiques, 162*(7), 588-594.

Fortané, N. (2010). La carrière des « addictions ». D'un concept médical à une catégorie d'action publique *Genèses, 78*(1), 5-24.

Fortin, L., Marcotte, D., Potvin, P., Royer, E., & Joly, J. (2001). Epreuves de validité d'une mesure d'habiletés sociales auprès d'adolescents québécois à l'école secondaire. *Psychologie et Psychométrie, 22*(1), 23-44.

Fortin, L., Marcotte, D., Potvin, P., Royer, E., & Joly, J. (2006). Typology of Students at Risk of Dropping out of School : Description by Personal, Family and School Factors. *European Journal of Psychology of Education, 21*(4), 363-383.

Fourneret, P., Boutiere, C., & Revol, O. (2005). Trouble hyperactif avec déficit de l'attention ou dysharmonie d'évolution ? Soyons sûrs.. *Archives de pédiatrie, 12*(7), 1168-1173.

Fourneret, P., El Idrissi, S. M., Boutière, C., & Revol, O. (2004). Approche diagnostique et thérapeutique actuelle des troubles obsessionnels compulsifs chez l'enfant. *Archives de Pédiatrie, 11*(3), 285-294.

Foxcroft, D. R., & Lowe, G. (1995). Adolescent drinking, smoking and other substance use involvement : links with perceived family life. *Journal of Adolescence, 18*(2), 159-177.

Frappier, J. Y., Girard, M., Meilleur, D., & Ryan, B. (1997). L'orientation sexuelle et l'homosexualité. In P.-A. Michaud, P. Alvin, J.-P. Deschamps, J.-Y. Frappier, D. Marcelli & A. Tursz (Eds.), *La santé des adolescents : approches, soins, prévention* (pp. 314-323). Lausanne : Payot.

Freud, S. (1966). *Totem et tabou : interprétation par la psychanalyse de la vie sociale des peuples primitifs*. Paris : Payot.

Freud, S. (1969). Contribution à la psychologie de la vie amoureuse *La vie sexuelle* (pp. 47-55). Paris : Presses Universitaires de France.

Freud, S. (1987). *Trois essais sur la théorie sexuelle*. Paris : Gallimard.

Freund, W. (1855). *Grand dictionnaire de la langue latine : sur un nouveau plan*. Paris : Firmin Didot.

Gaffiot, F., & Flobert, P. (2000). *Le grand Gaffiot. dictionnaire Latin-Français*. Paris : Hachette.

Galen, L. W., Henderson, M. J., & Whitman, R. D. (1997). The utility of novelty seeking, harm avoidance, and expectancy in the prediction of drinking. *Addictive behaviors, 22*(1), 93-106.

Gardner, M., & Steinberg, L. (2005). Peer Influence on Risk Taking, Risk Preference, and Risky Decision Making in Adolescence and Adulthood : An Experimental Study. *Developmental Psychology, 41*(4), 625-635.

Garrigue, J. L., Cetre, J. C., Khalatbari, E., Ritter, P., & Sepetjan, M. (1993). Tabagisme chez des élèves de CM2 : évaluation des connaissances et des comportements. *Revue d'Epidémiologie et de Santé Publique, 41*, 169-178.

Gautier, A., Kubiak, C., & Collin, J.-F. (2008). Qualité de vie : une évaluation positive. In F. Beck, P. Guibert & A. Gautier (Eds.), *Baromètre santé 2005. Attitudes et comportements de santé* (pp. 45-64). Saint-Denis : Inpes.

Ge, X., Jin, R., Natsuaki, M. N., Gibbons, F. X., Brody, G. H., Cutrona, C. E., et al. (2006). Pubertal Maturation and Early Substance Use Risks Among African American Children. *Psychology of Addictive Behaviors, 20*(4), 404-414.

Gebhardt, W. A., Kuyper, L., & Greunsven, G. (2003). Need for intimacy in relationships and motives for sex as determinants of adolescent condom use. *Journal of Adolescent Health, 33*(3), 154-164.

Georges, S., Laurent, E., Goulet, V., Institut de veille sanitaire, & biologistes du réseau Rénachla. (2004). Enquête sur les lieux de consultation et les caractéristiques des personnes prélevées pour recherche de Chlamydia trachomatis, 2001. *Bulletin épidémiologique hebdomadaire, 40-41*, 198-199.

Gervais, A., O'Loughlin, J., Meshefedjian, G., Bancej, C., & Tremblay, M. (2006). Milestones in the natural course of onset of cigarette use among adolescents. *Canadian Medical Association Journal 175*(3), 255-261.

Glendinning, A., Shucksmith, J., & Hendry, L. (1997). Family life and smoking in adolescence. *Social Science & medicine, 44*(1), 93-101.

Godart, N., Lamas, C., Nicolas, I., & Corcos, M. (2010). Anorexie mentale à l'adolescence. *Journal de pédiatrie et de puériculture, 23*, 30-50.

Godeau, E., Vignes, C., Duclos, M., Navarro, F., Cayla, F., & Grandjean, H. (2008). Facteurs associés à une initiation sexuelle précoce chez les filles : données françaises de l'enquête internationale Health Behaviour in School-aged Children (HBSC)/OMS. *Gynecologie Obstetrique & Fertilite, 36*, 176-182.

Godin, G., Gagnon, H., Lambert, L. D., & Conner, M. (2005). Determinants of condom use among a random sample of single heterosexual adults. *British journal of health psychology, 10*(1), 85-100.

Goldberg, L. R. (1990). An alternative "description of personality": The Big-Five factor structure. *Journal of Personality and Social Psychology, 59*, 1216-1229.

Goldberg, L. R. (1992). The development of markers for the Big-Five factor structure. *Psychological assessment, 4*, 26-42.

Gonzaga, G. C., Turner, R. A., Keltner, D., Campos, B., & Altemus, M. (2006). Romantic love and sexual desire in close relationships. *Emotion, 6*(2), 163-179.

Gonzalez, J., Field, T., Yando, R., Gonzalez, K., Lasko, D., & Bendell, D. (1994). Adolescents' perceptions of their risk-taking behavior. *Adolescence, 29*(115), 701-709.

Goodman, A. (1990). Addiction : definition and implications. *Addiction, 85*(11), 1403-1408.

Gordon, S., & Gilgun, J. F. (1987). Adolescent sexuality. In V. B. Van Hasselt & M. Herren (Eds.), *Handbook of adolescent psychology* (pp. 147-167). New York, NY : Pergarmor Press.

Gortais, J. (1995). Le viol, du déni d'altérité à l'exil du désir. In M. Dayan (Ed.), *Trauma et devenir psychique* (pp. 91-111). Paris : Presses Universitaires de France.

Granboulan, V. (1997). Les conduites à risque. In P.-A. Michaud, P. Alvin, J.-P. Deschamps, J.-Y. Frappier, D. Marcelli & A. Tursz (Eds.), *La santé des adolescents : approches, soins, prévention* (pp. 426-429). Lausanne : Payot.

Granboulan, V., & Alvin, P. (1997). Les tentatives de suicide. In P.-A. Michaud, P. Alvin, J.-P. Deschamps, J.-Y. Frappier, D. Marcelli & A. Tursz (Eds.), *La santé des adolescents : approches, soins, prévention* (pp. 361-374). Lausanne : Payot.

Grant, B. F., & Dawson, D. A. (1997). Age at onset of alcohol use and its association with DSM-IV alcohol abuse and dependence : results from the National Longitudinal Alcohol Epidemiologic Survey. *Journal of Substance Abuse, 9*, 103-110.

Griffiths, M. D., & Hunt, N. (1998). Dependence on computer games by adolescents. *Psychological Reports, 82*(2), 475-480.

Grimal, P. (1963). *Mythologie de la Méditerranée au Gange*. Paris : Larousse.

Grimal, P. (2007). *Dictionnaire de la Mythologie grecque et romaine* (15 ed.). Paris : Presses Universitaires de France.

Grimm, J., & Grimm, W. (1913). *Contes choisis des frères Grimm (traduits de l'allemand par Frédéric Baudry)*. Paris : Hachette.

Guedeney, N., & Guedeney, A. (2002). *L'attachement : Concepts et applications*. Paris : Masson.

Guedeney, N., Lamas, C., Bekhechi, V., Mintz, A. S., & Guedeney, A. (2007). Développement du processus d'attachement entre un bébé et sa mère. *Archives de pédiatrie, 15*(S1), 12-19.

Guelfi, J. D. (1997). *L'évaluation clinique standardisée en psychiatrie*. Castres : Editions médicales Pierre Fabre.

Guelfi, J. D., & Rouillon, F. (2007). *Manuel de Psychiatrie*. Issy-les Moulineaux : Masson.

Guemriche, S. (2007). *Dictionnaire des mots français d'origine arabe (et turque et persane) : Accompagné d'une anthologie littéraire - 400 Extraits d'auteurs français, de Rabelais à... Houellebecq*. Paris : Seuil.

Guilbert, P., Gautier, A., Baudier, F., & Trugeon, A. (2004). *Baromètre santé 2000, les comportements des 12-25 ans : synthèse des résultats nationaux et régionaux* (Vol. 3.1). Saint-Denis : Inpes.

Gullette, D. L., & Lyons, M. A. (2006). Sensation seeking, self-esteem and unprotected sex in college students. *Journal of the association of nurses in aids care, 17*(5), 23-31.

Gutton, P. (1991). *Le pubertaire*. Paris : Presses Universitaires de France.

Haesevoets, Y.-H. (1997). L'enfant victime d'inceste : Symptomatologie spécifique ou aspécifique ? (Essai de conceptualisation clinique). *La Psychiatrie de l'enfant 40*(1), 87-119.

Hagenbucher-Sacripanti, F. (1973). *Les fondements spirituels du pouvoir au royaume de Loango, République populaire du Congo*. Office de la Recherche Scientifique et Technique Outre-Mer, Paris.

Hagenbucher-Sacripanti, F. (1992). *Santé et rédemption par les génies au Congo*. Paris : Publisud.

Hallfors, D. D., Waller, M. W., Ford, C. A., Halpern, C. T., Brodish, P. H., & Iritani, B. (2004). Adolescent depression and suicide risk : association with sex and drug behavior. *American Journal of Preventive Medicine, 27*(3), 224-230.

Halpérin, D. S., Bouvier, P., & Wicky, H. R. (1997). Principaux résultats de l'étude de prévalence de Genève. In D. S. Halpérin, P. Bouvier, P. Jaffé, R.-L. Mounoud, C. Pawlak, J. Laederach, H. R. Wicky & F. Astié (Eds.), *A contrecoeur, à contre-corps-Regards pluriels sur les abus sexuels d'enfants* (pp. 53-64). Genève : Médecine et Hygiène.

Hare, R. D. (1991). *The Hare Psychopathy Checklist–Revised manual*. Toronto : Multi-Health System.

Harrell, J. S., Bangdiwala, S. I., Deng, S., Webb, J. P., & Bradley, C. (1998). Smoking initiation in youth : the roles of gender, race, socioeconomics, and developmental status. *Journal of adolescent health, 23*(5), 271-279.

Harter, S. (1994). Comment se forge l'image de soi chez l'adolescent. In M. Bolognini, B. Plancherel, R. Nunez & W. Bettschart (Eds.), *Pré adolescence : théorie, recherche et clinique* (pp. 73-85). Paris : ESF.

HAS. (2000). Conférence de consensus. La crise suicidaire : reconnaître et prendre en charge. Retrieved 23 novembre 2010, from Haute Autorité de Santé : http://www.has-sante.fr/portail/jcms/c_271964/la-crise-suicidaire-reconnaitre-et-prendre-en-charge

HAS. (2005). Propositions portant sur le dépistage individuel chez l'enfant de 7 à 18 ans, destinées aux médecins généralistes, pédiatres et médecins scolaires. Argumentaire. Retrieved 23 novembre 2010, from Haute Autorité de Santé : http://www.has-sante.fr/portail/jcms/c_451142/propositions-portant-sur-le-depistage-individuel-chez-lenfant-de-7-a-18-ans-destinees-aux-medecins-generalistes-pediatres-et-medecins-scolaires

HAS. (2009). Note de cadrage - Repérage et signalement des violences sexuelles intrafamiliales chez l'enfant. Retrieved 23 novembre 2010, from Haute Autorité de Santé~:http://www.has-sante.fr/portail/jcms/c_899575/note-de-cadrage-de-recommandations-de-bonne-pratique-reperage-et-signalement-des-violences-sexuelles-intrafamiliales-chez-lenfant

HAS. (2010a). Synthèse des recommandations de bonne pratique. Anorexie mentale : prise en charge. 1. Repérage. Retrieved 03 décembre 2010, from Haute Autorité de Santé : http://www.has-sante.fr/portail/jcms/c_985715/anorexie-mentale-prise-en-charge

HAS. (2010b). Synthèse des recommandations de bonne pratique. Anorexie mentale : prise en charge. 3 - Critères d'hospitalisation à temps plein. Retrieved 03 décembre 2010, from Haute Autorité de Santé : http://www.has-sante.fr/portail/jcms/c_985715/anorexie-mentale-prise-en-charge

Hayez, J.-Y. (2006). Quand le jeune est scotché à l'ordinateur : les consommations estimées excessives. *Neuropsychiatrie de l'Enfance et de l'Adolescence, 54*(3), 189-199.

Heatherton, T. F., Kozlowski, L. T., Frecker, R. C., & Fagerström, K. O. (1991). The Fagerström Test for Nicotine Dependence : a revision of the Fagerstrom Tolerance Questionnaire. *British journal of addiction, 86*(9), 1119 - 1127.

Hermand, D., Karsenty, S., Py, Y., Chauvin, B., Guillet, L., Simeone, A., et al. (2003). La perception des risques sanitaires « émergents » : Tabagisme passif, téléphones mobiles, climatisation collective. *Cahiers de recherches de la MIRE, 16*, 28-32.

Heszen-Klemens, I., & Lapinska, E. (1984). Doctor-patient interaction, patients' health behavior and effects of treatment. *Social Science & Medicine, 9*(1), 9-18.

Holzer, L., & Halfon, O. (2006). Le refus scolaire. *Archives de pédiatrie, 13*, 1252-1258.

Hops, H., Tildesley, E., Lichtenstein, E., Ary, D., & Sherman, L. (1990). Parent-Adolescent Problem-Solving Interactions and Drug Use. *The American Journal of Drug and Alcohol Abuse, 16*(3-4), 239-258.

Housseau, B., & Vincent, I. (2009). Guide d'intervention pour les professionnels de santé. Entre nous. Comment initier et mettre en oeuvre une démarche d'éducation pour la santé avec un adolescent ? Retrieved 23 novembre 2010, from Inpes : http://www.inpes.sante.fr/professionnels-sante/pdf/entrenous/Entre-Nous-Brochure.pdf

Hoyle, R. H., Fejfar, M. C., & Miller, J. D. (2000). Personality and sexual risk taking : A quantitative review. *Journal of Personality, 68*(6), 1203-1231.

Huntsinger, E. T., & Luecken, L. J. (2004). Attachment relationships and health behaviour : the meditational role of self-esteem. *Psychology & health, 19*(4), 515-526.

Inserm. Expertise collective. (2001a). *Education pour la santé des jeunes - Démarches et méthodes.* Paris : Inserm.

Inserm. Expertise collective. (2001b). *Troubles mentaux. Dépistage et prévention chez l'enfant et l'adolescent.* Paris : Inserm.

Inskip, H. M., Harris, E. C., & Barraclough, B. (1998). Lifetime risk of suicide for affective disorder, alcoholism and schizophrenia. *The British Journal of Psychiatry, 172*, 35-37.

Institut de veille sanitaire. (2007). Lutte contre le VIH/sida et les infections sexuellement transmissibles en France - 10 ans de surveillance, 1996-2005. Retrieved 23 novembre 2010, from InVS~:www.invs.sante.fr/.../2007/.../rapport_vih_sida_10ans.pdf

IREB. (1996). *Facteurs prédictifs du niveau d'alcoolisation des Français. Enquête décennale d'une cohorte de jeunes. Enquête rétrospective d'un échantillon d'adulte.* Paris : IREB (Institut de Recherche Scientifiques sur les Boissons).

Irwin, C. E. (1993). Adolescence and risk taking : How are they related? In N. J. Bell & R. W. Bell (Eds.), *Adolescent risk taking.* Newbury Park, CA : Sage Publications.

Irwin, C. E., & Millstein, S. G. (1986). Biophysical correlates of risk-taking behaviors during adolescence. *Journal of Adolescence Health Care, 7*, 82S-96S.

Jackson, K. M., Sher, K. J., Cooper, M. L., & Wood, P. K. (2002). Adolescent alcohol and tobacco use : onset, persistence and trajectories of use across two samples. *Addiction, 97*(5), 517-531.

Jackson, S. (1997). Panorama sur le développement social à l'adolescence. In H. Rodriguez-Tomé, S. Jackson & F. Bariaud (Eds.), *Regards actuels sur l'adolescence* (pp. 79-108). Paris : Presses Universitaires de France.

Jacquin, P. (2002). La différence des sexes dans la demande de soins à l'adolescence. *Gynecologie Obstétrique & Fertilité, 30*(7-8), 596-602.

Jacquin, P. (2004). L'adolescence est-elle une pathologie ? *Archives de Pédiatrie, 11*(4), 301-303.

Jakson, K. M., Sher, K. J., Cooper, M. L., & Wood, P. K. (2002). Adolescent alcohol and tobacco use : onset, persistence and trajectories of use across two samples. *Addiction, 97*(5), 517-531.

Janosz, M. (2000). L'abandon scolaire chez les adolescents : perspective nord-américaine. *Ville Ecole Intégration Enjeux, 122*, 105-127.

Janosz, M., & Le Blanc, M. (1997). Les décrocheurs potentiels au secondaire : prévalence, facteurs de risque et dépistage. *P.R.I.S.M.E. Psychiatrie, recherche et intervention en santé mentale de l'enfant, 7*(2), 290-309.

Janosz, M., Le Blanc, M., Boulerice, B., & Tremblay, R. E. (2000). Predicting different types of school dropouts : A typological approach with two longitudinal samples. *Journal of Educational Psychology, 92*(1), 171-190.

Jeammet, P. (1980). Réalité interne et réalité externe à l'adolescence. *Revue Française de Psychanalyse, 44*, 498-542.

Jeammet, P. (1992). L'adolescence est-elle un risque ? *Prévenir, 23*, 79-83.

Jeammet, P. (1994). Dépendance et séparation à l'adolescence, point de vue psychodynamique. In D. Bailly & J. L. Venisse (Eds.), *Dépendance et conduites de dépendance* (pp. 135-143). Paris : Masson.

Jeammet, P. (2002). Spécificités de la psychothérapie psychanalytique à l'adolescence. *Psychothérapies, 22*(2), 77-87.

Jeammet, P. (2005). Adolescence et dépendance. *Psychotropes, 11*(3-4), 9-30.

Jeammet, P. (2007). Le moi à l'épreuve de la liberté. *Neuropsychiatrie de l'En-

fance et de l'Adolescence, 55(5-6), 321-328.

Jeammet, P., & Birot, E. (1994). *Étude psychopathologique des tentatives de suicide chez l'adolescent et le jeune adulte.* Paris : Presses Universitaires de France.

Jessor, R. (1984). Adolescent development and behavioral health. In J. D. Matarazzo, S. M. Weiss, J. A. Herd, N. E. Miller & S. M. Weiss (Eds.), *Behavioral health : A handbook of health enhancement and disease prevention* (pp. 69-90). New York, NY : Wiley.

Jessor, R. (1992). Risk behavior in adolescence : a psychosocial framework for understanding and action. *Developmental review, 12*, 374-390.

Jessor, R., & Jessor, S. L. (1975). Adolescent development and the onset of drinking. A longitudinal study. *Journal of Studies on Alcohol, 36*(1), 27-51.

Jessor, R., & Jessor, S. L. (1977). *Problem behavior and psychosocial development : a longitudinal study of youth.* New York, NY : Academic Press.

John, O. P. (1990). The "Big Five" factor taxonomy : Dimensions of personality in the natural language and in questionnaires In L. A. Pervin (Ed.), *Handbook of personality : Theory and research* (pp. 66-100). New York, NY : Guilford press.

John, O. P., Donahue, E. M., & Kentle, R. L. (1991). *The Big Five Inventory–Versions 4a and 54.* Berkeley : University of California, Berkeley, Institute of Personality and Social Research.

John, O. P., Robins, R. W., & Pervin, L. A. (2008). *Handbook of Personality : Theory and research* (3 ed.). New York, NY : Guilford Press.

John, O. P., & Srivastava, S. (1999). The Big Five trait taxonomy : History, measurement, and theoretical perspectives. In L. A. Pervin & O. P. John (Eds.), *Handbook of personality : theory and research* (2 ed., pp. 102-138). New York, NY : Guilford Press.

Johnston, K. L., & White, K. M. (2003). Binge-drinking : A test of the role of group norms in the Theory of Planned Behaviour. *Psychology and Health, 18*(1), 63-77.

Jordan, T. R., Price, J. H., Telljohann, S. K., & Chesney, B. K. (1998). Junior High School Students' Perceptions Regarding Nonconsensual Sexual Behavior. *Journal of School Health, 68*(7), 289-296.

Jouvin, E., Beaulieu-Prévost, D., & Julien, D. (2008). Minorités sexuelles : des populations plus exposées que les autres ? In F. Beck, P. Guibert & A. Gautier (Eds.), *Baromètre santé 2005. Attitudes et comportements de santé* (pp. 355-367). Saint-Denis : Inpes.

Jung, C. G. (1912). *Wandlungen und Symbole des Libido. Traduction française : (1927). Métamorphoses et symboles de la libido.* Paris : Éd. Montaigne.

Justus, A. N., Finn, P. R., & Steinmetz, J. E. (2000). The Influence of Traits of Disinhibition on the Association Between Alcohol Use and Risky Sexual Behavior. Neurobiological, Psychosocial, and Developmental Correlates of Drinking. *Alcoholism : Clinical and Experimental Research, 24*(7), 1028-1035.

Kalichman, S. C., Johnson, J. R., Adair, V., Rompa, D., Multhauf, K., & Kelly, J. A. (1994). Sexual sensation seeking : Scale development and predicting AIDS-risk behavior among homosexually active men *Journal of Personality Assessment, 62*(3), 385-397.

Kaltiala-Heino, R., Rimpelä, M., Rantanen, P., & Rimpela, A. (2000). Bullying at school—an indicator of adolescents at risk for mental disorders. *Journal of Adolescence, 23*(6), 661-674.

Kandel, D., & Faust, R. (1975). Sequence and stages in patterns of adolescent drug use. *Archives of General Psychiatry, 32*(7), 923-932.

Kandel, D. B., Yamaguchi, K., & Chen, K. (1992). Stages of progression in drug involvement from adolescence to adulthood : further evidence for the gateway theory. *Journal of studies on alcohol, 53*(5), 447-457.

Kaplan, D. S., Peck, B. M., & Kaplan, H. B. (1995). A structural model of dropout behavior : A longitudinal analysis. *Applied Behavioral Science Review, 3*(2), 177-193.

Karila, L., Legleye, S., Beck, F., Corruble, E., Falissard, B., & Reynaud, M. (2007). Validation d'un questionnaire de repérage de l'usage nocif d'alcool et de cannabis dans la population générale : le CRAFFT-ADOSPA. *La Presse Médicale, 36*(4), 582-590.

Kernberg, O. F. (1992). *Aggression in personality disorders and perversions.* New Haven and London : Yale University Press.

Killen, J. D., Robinson, T. N., Haydel, K. F., Hayward, C., Wilson, D. M., Hammer, L. D., et al. (1997). Prospective study of risk factors for the initiation of cigarette smoking. *Journal of Consulting and Clinical Psychology, 65*(6), 1011-1016.

Kobak, R. R., & Sceery, A. (1988). Attachment in late adolescence : working models, affect regulation and representations of self and other. *Child Development, 59*, 135-146.

Kokkevi, A., Gabhainn, S. N., & Spyropoulou, M. (2006). Early initiation of cannabis use : a cross-national European perspective. *Journal of Adolescent Health, 39*(5), 712-719.

Krug, E. G., Dahlberg, L. L., Mercy, J. A., Zwi, A., & Lozano-Ascencio, R. (2002). *Rapport mondial sur la violence et la santé.* Genève : OMS.

Kumpulainen, K., Räsänen, E., & Henttonen, I. (1999). Children involved in bullying : psychological disturbance and the persistence of the involvement *Child Abuse and Neglect, 23*(12), 1253-1262.

Kuntsche, S., & Windlin, B. (2009). Enquête HBSC 2006. La sexualité chez les jeunes. *Feuille-info (sfa/ispa)*, 1-6. Retrieved from www.sfa-ispa.ch/DocUpload/hbsc_bibliographie_167.pdf

Lagache, D. (1949). *L'unité de la psychologie.* Paris : Presses Universitaires de France.

Lagerspetz, K. M. J., Björkqvist, K., & Peltonen, T. (1988). Is indirect aggression typical of females? gender differences in aggressiveness in 11- to 12-year-old children. *Aggressive Behavior, 14*(6), 403-414.

Lagrange, H., & Lhomond, B. (1997). *L'entrée dans la sexualité. Le comportement des jeunes dans le contexte du Sida.* Paris : La Découverte.

Lamas, C., & Guedeney, N. (2006). Constitution des liens d'attachement. *Journal de pédiatrie et de puériculture, 19*(3), 111-114.

Lamborn, S. D., Dornbusch, S. M., & Darling, N. (1992). Impact of parenting practices on adolescent achievement : Authoritative parenting, school involvement, and encouragement to succeed. *Child Development, 63*, 1266-1281.

Lando, H. A., Thai, D. T., Murray, D. M., Robinson, L. A., Jeffery, R. W., Sherwood, N. E., et al. (1999). Age of initiation, smoking patterns, and risk in a population of working adults. *Preventive medicine., 29*(6 Pt 1), 590-598.

Langouët, G., & Observatoire de l'enfance (France). (2003). *Les oubliés de l'école en France.* Paris : Hachette.

Laplanche, J., & Pontalis, J. B. (1968). *Vocabulaire de la psychanalyse*. Paris : Presses Universitaires de France.

Lapsley, D. K., Varshney, N. M., & Aalsma, M. C. (2000). Pathological attachment and attachment style in late adolescence. *Journal of Adolescence Health Care, 23*(2), 137-155.

Lasko, D. S., Field, T. M., Gonzalez, K. P., Harding, J., Yando, R., & Bendell, D. (1996). Adolescent Depressed Mood and Parental Unhappiness. *Adolescence, 31*(121), 49-57.

Laufer, G., & Laufer, M. (1993). *Rupture du développement et traitement psychanalytique à l'adolescence*. Paris : Presses Universitaires de France.

Lauru, D. (2006). Parlez, je vous écoute. Le temps de la consultation et de la psychothérapie pour un adolescent *Enfances & Psy, 30*, 56-70.

Laye, C. (1953). *L'enfant noir*. Paris : Presses pocket.

Lazartigues, A. (2001). La famille contemporaine « fait »-t-elle de nouveaux enfants ? *Neuropsychiatrie de l'Enfance et de l'Adolescence, 49*, 264-276.

Lazartigues, A., Doukouré, M., Saint-André, S., & Lemonnier, E. (2003). Certaines caractéristiques des nouvelles parentalités favorisent-elles la violence des enfants ? *Annales Médico-psychologiques, 161*(4), 265-271.

Lazartigues, A., Morales, H., Saint-André, S., & Planche, P. (2006). L'enfant au risque d'un nouveau monde. *Evolution psychiatrique, 71*(2), 331-347.

Lazartigues, A., Perard, D., Lisandre, H., & Pailleux, T. (1989). Les abus sexuels : étude sur une population de 1000 étudiants. *Neuropsychiatrie de l'enfance et de l'adolescence, 37*(5-6), 223-229.

Lazarus, R. S., & Folkman, S. (1984). *Stress, appraisal, and coping*. New York, NY : Springer Publishing Company.

Le Breton, D. (1995). *La sociologie du risque*. Paris : Presses Universitaires de France.

Le Breton, D. (1997). *Passions du risque* (3 ed.). Paris : Métailié.

Le Breton, D. (2005). Conduites à risque à l'adolescence : spécificité des filles et des garçons. Approche anthropologique. *Gynecology Obstétrique & Fertilité, 33*(1-2), 39-43.

Le Breton, D. (2006). Scarifications adolescentes. *Enfances & Psy, 32*(3), 45-57.

Ledoux, S., Sizaret, A., Hassler, C., & Choquet, M. (2000). Consommation de substances psychoactives à l'adolescence : Revue des études de cohorte. *Alcoologie et addictologie, 22*(1), 19-40.

Legault, L., Green-Demers, I., & Pelletier, L. (2006). Why Do High School Students Lack Motivation in the Classroom? Toward an Understanding of Academic Amotivation and the Role of Social Support. *Journal of Educational Psychology, 98*(3), 567-582.

Legleye, S., & Beck, F. (2008). Alcool : une baisse sensible des niveaux de consommation. In F. Beck, P. Guibert & A. Gautier (Eds.), *Baromètre santé 2005. Attitudes et comportements de santé* (pp. 113-154). Saint-Denis : Inpes.

Legleye, S., Karila, L., Beck, F., & Reynaud, M. (2007). Validation of the CAST, a general population Cannabis Abuse Screening Test. *Journal of Substance Use, 12*(4), 233-242.

Legleye, S., Nézet, O. L., Spilka, S., & Beck, F. (2008). Les usages de drogues des adolescents et des jeunes adultes entre 2000 et 2005, France. *Bulletin épidémiologique hebdomadaire, 13*, 89-92.

Legleye, S., Spilka, S., Le Nézet, O., Hassler, C., & Choquet, M. (2009). Alcool, tabac et cannabis à 16 ans. Evolutions, usages récents, accessibilité et modes de vie. Premiers résultats du volet français de l'enquête ESPAD 2007. *Tendances. OFDT, 64*, 1-6.

Legleye, S., Spilka, S., Le Nézet, O., & Laffiteau, C. (2009). Les drogues à 17 ans. Résultats de l'enquête ESCAPAD 2008. *Tendances. OFDT, 66*, 1-6.

Legleye, S., Spilka, S., Nézet, O. L., Beck, F., & Godeau, E. (2008). Tabac, alcool et cannabis durant la primo adolescence Résultats de l'enquête HBSC 2006. *Tendances. OFDT, 59*, 1-4.

Lejoyeux, M. (1995). Epidémiologie du suicide. In F. Rouillon, J. P. Lépine & J. L. Terra. (Eds.), *Epidémiologie psychiatrique* (pp. 231-242). Paris : Editions Upjohn-Duphar.

Léon, C., & Lamboy, B. (2006). Les actes de violence physique. In P. Guilbert & A. Gautier (Eds.), *Baromètre santé 2005 : Premiers résultats* (pp. 77-84). Saint-Denis : Inpes.

Lewinsohn, P. M., Rohde, P., & Brown, R. A. (1999). Level of current and past adolescent cigarette smoking as predictors of future substance use disorders in young adulthood. *Addiction, 94*(6), 913-921.

Lewinsohn, P. M., Rohde, P., & Seeley, J. R. (1996). Adolescent suicidal ideation and attempts : Prevalence, risk factors, and clinical implications. *Clinical Psychology : Science and Practice, 3*(1), 25-46.

Lieury, A., & Fenouillet, F. (1996). *Motivation et réussite scolaire*. Paris : Dunod.

Limosin, F., Gorwood, P., & Adès, J. (1996). Alcoolisme : Intérêt de la recherche des antécédents familiaux. *La Presse médicale, 25*(32), 1550-1554.

Liraud, F., & Verdoux, H. (2000). Caractéristiques cliniques et pronostiques associées à une comorbidité addictive chez des patients hospitalisés en psychiatrie. *L' Encéphale, 26*(3), 16-23.

Lynskey, M. T., Fergusson, D. M., & Horwood, L. J. (2000). Does cannabis use encourage other forms of illicit drug use? *Addiction, 95*(4), 505-520.

Maccoby, E. E., & Jacklin, C. N. (1974). *The psychology of sex differences*. Stanford, CA : Stanford University Press.

Mahler, M. S., Pine, F., & Bergman, A. (1975). *La naissance psychologique de l'être humain : symbiose humaine et individuation*. Paris : Payot.

Mahoney, J. L., Schweder, A. E., & Stattin, H. (2002). Structured after-school activities as a moderator of depressed mood for adolescents with detached relations to their parents. *Journal of Community Psychology, 30*(1), 69-86.

Marcelli, D. (1999). Entretien avec l'adolescent et son évaluation, *Encyclopédie médico-chirurgicale. Psychiatrie* (Vol. 37–213–A–10, pp. 1-9). Paris : Masson.

Marcelli, D. (2003). *L'Enfant, chef de la famille : L'autorité de l'infantile*. Paris : Albin Michel.

Marcelli, D., & Braconnier, A. (2008). *Psychopathologie de l'adolescent* (7 ed.). Paris : Masson.

Marcelli, D., Kelly-Penot, E., & De la Vega, R. (2007). Garçons/filles. La différence des sexes, une question de physiologie ou de culture ? *Adolescence, 60*, 321-339.

Marcoux, B. C., & Shope, J. T. (1997). Application of the theory of planned behavior to adolescent use and misuse of alcohol. *Health Education Research, 12*(3), 323-331.

Marty, F. (2001). La psychose pubertaire, une impasse du processus d'adolescence. *Revue de psychothérapie psychanalytique de groupe, 36*, 153-166.

Marty, F. (2007). L'institution de soin : un espace psychique interne. *Psychotropes 13*, 99-113.

McCormick, A. V., Cohen, I. M., Corrado, R. R., Clement, L., Rice, C., & BC Centre for Social Responsibility. (2007). Binge Drinking among Post-Secondary Students in British Columbia. Retrieved 23 novembre 2010 : http://www.llbc.leg.bc.ca/public/pubdocs/bcdocs/443562/bingedrinkingreport_0.pdf

McCrae, R. R., & Costa, P. T. (1987). Validation of the five-factor model of personality across instruments and observers. *Journal of personality and social psychology, 52*(1), 81-90.

McCrae, R. R., Costa, P. T., Del Pilar, G., Rolland, J. P., & Parker, W. (1998). Cross-Cultural Assessment of the Five-Factor Model : The Revised NEO Personality Inventory *Journal of Cross-Cultural Psychology, 29*(1), 171-188.

McDougall, J. (2004). L'économie psychique de l'addiction. *Revue française de psychanalyse, 68*(2), 511-527.

McMillan, B., & Conner, M. (2003). Applying an Extended Version of the Theory of Planned Behavior to Illicit Drug Use Among Students. *Journal of Applied Social Psychology, 33*(8), 1662-1683.

McMillan, B., Higgins, A. R., & Conner, M. (2005). Using an extended theory of planned behaviour to understand smoking amongst schoolchildren. *Addiction Research & Theory, 13*(3), 293-306.

Melnick, M. J., & Mookerjee, S. (1991). Effects of advanced weight training on body-cathexis and self-esteem. *Perceptual and motor skills, 72*(2), 1335-1345.

Michael, K., & Ben-Zura, H. (2007). Risk taking among adolescents : Associations with social and affective factors. *Journal of Adolescence, 30*(1), 17-31.

Michaut-Oswalt, S. (2005). La féminisation de professions traditionnellement masculines, l'exemple de la brigade de sapeurs-pompiers de Paris. *Pratiques psychologiques, 1*(113-127).

Michel, G., Aquaviva, E., Aubron, V., & Purper-Ouakil, D. (2008). Suicides : mieux comprendre, pour prévenir avec plus d'efficacité. In F. Beck, P. Guibert & A. Gautier (Eds.), *Baromètre santé 2005. Attitudes et comportements de santé* (pp. 487-506). Saint-Denis : Inpes.

Michel, G., Carton, S., Perez-Diaz, F., Mouren-Siméoni, M. C., & Jouvent, R. (1998). Symptomatologie dépressive et consommation de substances psychoactives chez des lycéens. *Neuropsychiatrie de l'enfance et de l'adolescence, 46*(10-11), 531-536.

Michel, G., Heuzey, M. F. L., Purper-Ouakil, D., & Mouren-Siméoni, M. C. (2001). Recherche de sensations et conduites à risque chez l'adolescent. *Annales médico-psychologiques, 159*, 708-716.

Michel, G., Mouren-Siméoni, M.-C., Perez-Diaz, F., Falissard, B., Carton, S., & Jouvent, R. (1998). Construction and validation of a sensation seeking scale for adolescents. *Personality and Individual Differences, 26*(1), 159-174

Michel, G., Purper-Ouakil, D., & Mouren-Siméoni, M. C. (2001). Facteurs de risques des conduites de consommation de substances psycho-actives à l'adolescence. *Annales médico-psychologiques, 159*(9), 622-631.

Michel, G., Purper-Ouakil, D., & Mouren-Siméoni, M. C. (2002). Prises de risque chez les jeunes. Les conduites dangereuses en véhicules motorisés. *Neuropsychiatrie de l'Enfance et de l'Adolescence, 50*(8), 583-589.

Miljkovitch, R., Pierrehumbert, B., Karmaniola, A., & Halfon, O. (2003). Les représentations d'attachement du jeune enfant. Développement d'un système de codage pour les histoires à compléter. *Devenir, 2*, 143-178.

Miller, J. D., Lynam, D., Zimmerman, R. S., Logan, T. K., Leukefeld, C., & Clayton, R. (2004). The utility of the Five Factor Model in understanding risky sexual behavior. *Personality and Individual Differences, 36*(7), 1611-1626.

Miller, J. D., Lynam, D. R., Pham-Scottez, A., De Clercq, B., Rolland, J.-P., & De Fruyt, F. (2008). Utilisation du modèle de personnalité à cinq facteurs (FFM) dans l'évaluation des troubles de la personnalité du DSM-IV. *Annales médico-psychologiques, 166*(6), 418-426.

Mises, R., & Quemada, N. (2002). *Classification Française des Troubles Mentaux de l'Enfant et de l'Adolescent-R-2000*. Paris : CTNERHI.

Moolchan, E. T., Ernst, M., & Henningfield, J. E. (2000). A review of tobacco smoking in adolescents : treatment implications. *Journal of the American Academy of Child and Adolescent Psychiatry, 39*(6), 682-693.

Moreau, C., Lydié, N., Warszawski, J., & Bajos, N. (2008). Activité sexuelle, IST, contraception : une situation stabilisée. In F. Beck, P. Guibert & A. Gautier (Eds.), *Baromètre santé 2005. Attitudes et comportements de santé* (pp. 329-353). Saint-Denis : Inpes.

Morin, E. (1994). *La complexité humaine*. Paris : Flammarion.

Morvan, Y., Prieto, A., Briffault, X., Blanchet, A., Dardennes, R., Rouillon, F., et al. (2008). La dépression : prévalence, facteurs associés et consommation de soins. In F. Beck, P. Guibert & A. Gautier (Eds.), *Baromètre santé 2005. Attitudes et comportements de santé* (pp. 459-485). Saint-Denis : Inpes.

Movalli, M. G., Madeddu, F., Fossati, A., & Maffei, C. (1996). Personality disorders (DSM-III-R, DSM-IV) : Prevalence in alcoholics and influence on drop out from treatment. *Alcologia, 7*(1), 47-52.

Mullet, E., Duquesnoy, C., Raiff, P., Fahrasmane, R., & Namur, E. (1993). The evaluative factor of risk perception. *Journal of Applied Social Psychology, 23*(19), 1594-1605.

Murray, M., Swan, A. V., Johnson, M. R. D., & Bewley, B. R. (1983). Some factors associated with increased risk of smoking by children. *Journal of Child Psychology and Psychiatry, 24*(2), 223-232.

Nansel, T. R., Overpeck, M., Pilla, R. S., Ruan, W. J., Simons-Morton, B., & Scheidt, P. (2001). Bullying behaviors among US youth : Prevalence and association with psychosocial adjustment. *Journal of the American Medical Association, 16*(25), 2094-2100.

Narring, F., Michaud, P. A., Wydler, H., Davatz, F., & Villaret, M. (1997). *Sexualité des adolescents et sida : processus et négociations autour des relations sexuelles et du choix de la contraception*. Lausanne : IUMSP (Institut universitaire de médecine sociale et préventive).

Neighbors, B., Kempton, T., & Forehand, R. (1992). Co-occurence of substance abuse with conduct, anxiety, and depression disorders in, juvenile delinquents. *Addictive behaviors, 17*(4), 379-386.

Neuburger, R. (2001). Violences sexuelles intra-familiales. De la dénonciation à l'énonciation. *Thérapie Familiale, 22*(1), 39-50.

Neuburger, R. (2003). *L'autre demande : psychanalyse et thérapie familiale*. Paris : Payot & Rivages.

Newcomb, M. D., Maddahian, E., & Bentler, P. M. (1986). Risk factors for drug use among adolescents : Concurrent and longitudinal analyses. *American Journal of Public Health, 76*(5), 525-531.

Nioche, A., Pham, T., Ducro, C., de Beaurepaire, C., Chudzik, L., Courtois, R., et al. (2010). Psychopathie et troubles de la personnalité associés : Recherche d'un effet particulier au trouble Borderline ? *L'Encéphale, 36*, 253-259.

Nock, M. K., & Prinstein, M. J. (2005). Contextual features and behavioral functions of self-mutilation among adolescents. *Journal of Abnormal Psychology, 114*(1), 140-146.

Nutbeam, D. (1986). Health Promotion Glossary. *Health Promotion International, 13*(4), 349-364.

O'Sullivan, L. F., & Brooks-Gunn, J. (2005). The timing of changes in girls' sexual cognitions and behaviors in early adolescence : a prospective, cohort study. *Journal of Adolescent Health, 37*(3), 211-219.

O'Byrne, K. K., Haddock, C. K., & Poston, W. S. C. (2002). Parenting style and adolescent smoking. *Journal of Adolescent Health, 30*(6), 418-425.

O'Loughlin, J., Paradis, G., Renaud, L., & Gomez, L. S. (1998). One-year predictors of smoking initiation and of continued smoking among elementary schoolchildren in multiethnic, low-income, inner-city neighbourhoods. *Tobacco Control, 7*, 268-275.

Olsson, G., & Von Knorring, A.-L. (1997). Beck's Depression Inventory as a screening instrument for adolescent depression in Sweden : gender differences. *Acta psychiatrica Scandinavica, 95*(4), 277-282.

Olweus, D. (1993). *Bullying at school : What we know and what we can do.* Oxford : Blackwell.

Olweus, D. (1997). Bully/victim problems in school : Facts and intervention. *European Journal of Psychology of Education, 12*(4), 495-510.

OMS. (1992). *CIM-10. Classification internationale des troubles mentaux et du comportement : descriptions cliniques et directives pour le diagnostic.* Genève : Organisation Mondiale de la Santé.

OMS. (2002). Rapport mondial sur la violence et la santé : résumé. Retrieved 23 novembre 2010, from Organisation mondiale de la Santé : http://whqlibdoc.who.int/hq/2002/a76808_fre.pdf

Organisation mondiale de la santé. (1965). Les besoins de santé des adolescents. Rapport d'un comité d'experts de l'OMS. Retrieved 23 novembre 2010, from OMS : http://whqlibdoc.who.int/trs/WHO_TRS_308_fre.pdf

Organisation mondiale de la santé. (1999). Health Promotion Glossary. Retrieved 23 octobre 2010, from OMS : www.who.int/hpr/NPH/docs/hp_glossary_en.pdf

Orthner, D. K., & Randolph, K. A. (1999). Welfare reform and high school dropout patterns for children. *Children and Youth Services Review, 21*(9-10), 881-900.

Parker, D., Manstead, A. S. R., Stradling, S. G., Reason, J. T., & Baxter, J. S. (1992). Intention to commit driving violations : An application of the theory of planned behavior. *Journal of Applied Psychology, 77*(1), 94-101.

Pattison, E. M., & Kahan, J. (1983). The deliberate self-harm syndrome. *American Journal of Psychiatry, 140*, 867-872.

Patton, G. C., Coffey, C., Carlin, J. B., Sawyer, S. M., & Lynskey, M. (2005). Reverse gateways? Frequent cannabis use as a predictor of tobacco initiation and nicotine dependence. *Addiction, 100*(10), 1518-1525.

Patton, G. C., Coffey, C., Carlin, J. B., Sawyer, S. M., & Wakefield, M. (2006). Teen smokers reach their mid twenties. *Journal of Adolescent Health, 39*(2), 214-220.

Pedinielli, J. L., Rouan, G., Gimenez, G., & Bertagne, P. (2005). Psychopathologie des conduites à risques. *Annales médico-psychologiques, 163*(1), 30-36.

Peele, S. (1985). *The meaning of addiction : Compulsive experience and its interpretation.* Lexington, Mass : Lexington Books.

Peretti-Watel, P. (2000). *Sociologie du risque.* Paris : Armand Colin.

Peretti-Watel, P., Beck, F., & Wilquin, J.-L. (2008). Les Français et la cigarette en 2005 : un divorce pas encore consommé. In F. Beck, P. Guibert & A. Gautier (Eds.), *Baromètre santé 2005. Attitudes et comportements de santé* (pp. 77-110). Saint-Denis : Inpes.

Pérez-Diaz, C. (2002). Le choix du risque. In J. L. Venisse, D. Bailly & M. Reynaud (Eds.), *Conduites addictives, conduites à risques : quels liens, quelle prévention?* (pp. 9-19). Paris : Masson.

Perry, D. G., Kusel, S. J., & Perry, L. C. (1988). Victims of peer aggression. *Developmental psychology, 24*(6), 807-814.

Pfefferkorn, R. (2006). Des femmes chez les sapeurs-pompiers. *Cahiers du genre, 40*, 203-230.

Pham, T. H., & Côté, G. (2000). *Psychopathie : théorie et recherche.* Villeneuve-d'Ascq : Presses universitaires du Septentrion.

Pichot, P., & Allilaire, J.-F. (2003). *Sur la pratique de la psychothérapie.* Paris : Rapport à l'Académie de médecine.

Picoche, J. (2006). *Dictionnaire étymologique du français.* Paris : Dictionnaires le Robert.

Pionnie, N., Laudrin, S., & Epelbaum, C. (2001). Processus de séparation et adolescence difficile : la place dans l'institution. *Annales médico-psychologiques, 159*(10), 692-696.

Piron, S. (2004). L'apparition du resicum en Méditerranée occidentale, XIIe-XIIIe siècles. In E. Collas-Heddeland, M. Coudry, O. Kammerer, A. J. Lemaître & B. Martin (Eds.), *Pour une histoire culturelle du risque. Genèse, évolution, actualité du concept dans les sociétés occidentales* (pp. 59-76). Strasbourg : Editions Histoire et Anthropologie.

Pitts, M., ARCSHS, Rosenthal, D., & Keys, D. (2006). Young people, sexual practice and meanings. In P. Aggleton, A. Ball & P. N. Mane (Eds.), *Sex, drugs and young people : international perspectives* (pp. 65-83). New York : Routledge.

Plaisant, O., Courtois, R., Réveillère, C., Mendelson, G. A., & John, O. P. (2010). Analyse Factorielle du Big Five Inventory français (BFI-Fr). Analyse Convergente avec le NEO-PI-R. *Annales médico-psychologiques, 168*(2), 97-106.

Plaisant, O., Srivastava, S., Mendelsohn, G. A., Debray, Q., & John, O. P. (2005). Relations entre le Big Five Inventory français et le manuel diagnostique des troubles mentaux dans un échantillon clinique français. *Annales médico-psychologiques, 163*(2), 161-167.

Planned Parenthood Federation of America. (2001). *Adolescent sexuality.* New-York, NY : Katharine Dexter McCormick Library.

Pommereau, X. (2006a). Figurabilités corporelles à l'adolescence. Des conduites d'agir aux actes de soins en institution. *Adolescence, 57*, 623-639.

Pommereau, X. (2006b). Les violences cutanées auto-infligées à l'adolescence. *Enfances & Psy, 32*(3), 58-71

Posner, S. F., Bull, S. S., Ortiz, C., & Evans, T. (2004). Factors associated with condom use among young Denver inner city women. *Preventive medicine, 39*(6), 1227-1233.

Potard, C., Courtois, R., & Rusch, E. (2008). The influence of peers on risky sexual behaviour during adolescence. *The European Journal of Contraception & Reproductive Health Care, 13*(3), 264-270.

Potvin, P., Deslandes, R., Beaulieu, P., Marcotte, D., Fortin, L., Royer, E., et al. (1999). Risque d'abandon scolaire, style parental et participation parentale au suivi scolaire. *Revue Canadienne de l'Education, 24*(4), 441-453.

Propp, V. (1970). *Morphologie du conte.* Paris : Seuil.

Pruvost, G. (2008). Ordre et désordre dans les coulisses d'une profession. L'exemple de la police nationale. *Sociétés contemporaines, 72*, 81-101.

Quadrel, M. J., Fischhoff, B., & Davis, W. (1993). Adolescent (in) vulnerability. *American Psychologist, 48*(2), 102-116.

Quiroga, C., Janosz, M., & Marcotte, D. (2006). Les sentiments dépressifs à l'adolescence : un facteur de risque différentiel du décrochage scolaire chez les filles et les garçons de milieu défavorisé. *Revue de psychoéducation, 35*(2), 277-300.

Raglin, J. S. (1990). Exercise and mental health. Beneficial and detrimental effects. *Sports Medicine, 9*(6), 323-329.

Rassial, J. J. (1992). Remarque sur le risque. *Santé Publique, 1*, 23-25.

Rau, P.-L. P., Peng, S.-Y., & Yang, C.-C. (2006). Time Distortion for Expert and Novice Online Game Players. *CyberPsychology & Behavior, 9*(4), 396-403.

Reinecke, J., Schmidt, P., & Ajzen, I. (1996). Application of the Theory of Planned Behavior to Adolescents' Condom Use ; A Panel Study. *Journal of Applied Social Psychology, 26*(9), 749-772.

Renard, L., & Péricone, N. (1999). Accueil des adolescents en psychiatrie, *Encyclopédie médico-chirurgicale. Psychiatrie* (Vol. 37-218-A-10, pp. 1-4). Paris : Masson.

Retière, J. N. (1994). Être sapeur-pompier volontaire : du dévouement à la compétence. *Genèses, 16*(1), 94-113.

Réveillère, C., & Courtois, R. (2007). Tracas et événements de vie : Impact sur la santé psychique à la préadolescence. *Revue francophone du stress et du trauma, 7*(3), 193-204.

Rey, A., Tomi, M., Hordé, T., & Tanet, C. (2004). *Dictionnaire historique de la langue française.* Paris : Dictionnaires le Robert.

Richard, B. (2005). Neuropsychiatrie de l'enfance et de l'adolescence. *Les comportements de scarification chez l'adolescent, 53*(3), 134-141.

Richard, F. (2008). La rencontre avec l'adolescent en cure d'adulte dans la clinique psychanalytique contemporaine. *Adolescence, 62*(4), 917-933.

Rigby, K. (2003). Consequences of bullying in schools. *Canadian Journal of Psychiatry, 48*(9), 583-590.

Rigby, K., & Slee, P. (1999). Suicidal ideation among adolescent school children, involvement in bully–victim problems, and perceived social support. *Suicide and Life-Threatening Behavior, 29*(2), 119-130.

Rivers, I., & Smith, P. K. (1994). Types of bullying behaviour and their correlates. *Aggressive Behavior, 20*(5), 359-368.

Rodriguez-Tomé, H. (1997). Maturation biologique et changements psychologiques à l'adolescence. In H. Rodriguez-Tomé, S. Jackson & F. Bariaud (Eds.), *Regards actuels sur l'adolescence* (pp. 5-47). Paris : Presses Universitaires de France.

Rodriguez-Tomé, H., Bariaud, F., Cohen-Zardi, M. F., Delmas, C., Jeanvoine, B., & Szylagy, P. (1993). The effects of pubertal changes on body image and relations with peers of the opposite sex in adolescence. *Journal of Adolescence, 16*(4), 421-438.

Roeser, R. W., Eccles, J. S., & Sameroff, A. J. (2000). School as a context of early adolescents' academic and social-emotional development : A summary of research findings. *The Elementary School Journal, 100*(5), 443-471.

Rogers, C. (1942). *La relation d'aide et la psychothérapie*. Paris : ESF.

Rolland, J.-P. (1998). Adaptation française du NEO-PI-R. In J. P. Rolland (Ed.), *Manuel du NEO-PI-R. Inventaire de personnalité révisé* (pp. 57- 88). Paris : ECPA.

Rolland, J.-P., Parker, W., & Stumpf, H. (1998). A psychometric examination of the French translations of the NEO-PI-R and NEO-FFI. *Journal of Personality Assessment, 71*(2), 269-291.

Roman, P. (2003). Les aménagements pseudo : figures paradoxales de la résolution de la crise adolescente. *Psychothérapies, 23*(3), 139-114.

Romans, S. E., Martin, J. L., Anderson, J. C., Herbison, G. P., & Mullen, P. E. (1995). Sexual abuse in childhood and deliberate self-harm. *The American Journal of Psychiatry, 152*, 1336-1342.

Rumberger, R. W. (1995). Dropping out of middle school : A multilevel analysis of students and schools. *American Educational Research Journal, 32*(3), 583-625.

Salazar, L. F., Crosby, R. A., Diclemente, R. J., Wingood, G. M., Lescano, C. M., Brown, L. K., et al. (2005). Self esteem and theorical mediators of safer sex among American African adolescents girls : implications for sexual risk reduction interventions. *Health education & behavior, 32*(3), 413-427.

Salazar, L. F., Diclemente, R. J., Wingood, G. M., Crosby, R. A., Harrington, K.,

Davies, S., et al. (2004). Self-concept and adolescents' refusal of unprotected sex : a test of mediating mechanisms among African American girls. *Prevention science, 5*(3), 137-149.

Salmon, G., James, A., & Smith, D. M. (1998). Bullying in schools : self reported anxiety, depression, and self esteem in secondary school children. *British Medical Journal, 317*, 924-925.

Sameroff, A. J., & Emde, R. N. (1993). *Les troubles des relations précoces*. Paris : Presses Universitaires de France.

Sánchez, F., Caballero, A., Carrera, P., Blanco, A., & Pizarro, B. (2001). Sexual risk behaviour and emotional experience. *Revue Internationale de Psychologie Sociale, 14*(3), 7-20.

Sanders, T. (2001). Female street sex workers, sexual violence, and protection strategies. *Journal of sexual aggression, 7*(1), 5-18.

Sarramon, C., Verdoux, H., Schmitt, L., & Bourgeois, M. (1999). Addiction et traits de personnalité : Recherche de sensations, anhédonie, impulsivité. *L'Encéphale, 25*(6), 569-575.

Schifter, D. E., & Ajzen, I. (1985). Intention, perceived control, and weight loss : an application of the theory of planned behavior. *Journal of Personality and Social Psychology, 49*(3), 843-851.

Schmid, P. F. (2004). De la connaissance la reconnaissance : Défis que pose et que devra affronter l'approche centrée sur la personne dans une perspective dialogique et éthique en ce début du XXIe siècle. *Carriérologie, 9*(3), 1-19.

Schmidt, G., Klusmann, D., Zeitzschel, U., & Lange, C. (1994). Changes in adolescents' sexuality between 1970 and 1990 in West-Germany. *Archives of Sexual Behavior, 23*(5), 489-513.

Schulenberg, J., Maggs, J. L., Dielman, T. E., Leech, S. L., Kloska, D. D., Shope,

J. T., et al. (1999). On peer influences to get drunk : A panel study of young adolescents. *Merrill-Palmer Quarterly, 45*(1), 108-142.

Segalen, M. (2005). *Rites et rituels contemporains*. Paris : Armand Colin.

Sempé, J.-C. (2006). De la honte existentielle à la honte liée au symptôme névrotique. *Le Coq-Héron 184*(1), 109-127.

Shaffer, D., Gould, M. S., Fisher, P., Trautman, P., Moreau, D., Kleinman, M., et al. (1996). Psychiatric Diagnosis in Child and Adolescent Suicide. *Archives of General Psychiatry, 53*(4), 339-348.

Sheeran, P., & Taylor, S. (1999). Predicting intentions to use condoms : a meta-analysis and comparison of the theories of reasoned action and planned behavior. *Journal of applied social psychology, 29*(8), 1624-1675.

Siann, G., Callaghan, M., Lockhart, R., & Rawson, L. (1994). Bullying : Teachers' views and school effects. *Educational Studies, 19*(3), 307-332.

Sieving, R. E., Eisenberg, M. E., Pettingell, S., & Skay, C. (2006). Friends' influence on adolescents' first sexual intercourse. *Perspectives on Sexual and Reproductive Health, 38*(1), 13-19.

Slater, R. (2007). Attachement : theoretical development and critique. *Educational psychology in practice, 23*(3), 205-219.

Slee, P. T. (1993). Bullying at School : It's Hard Not to Feel Helpless. *Children Australia, 18*(4), 14-16.

Slovic, P. (1987). Perception of risk. *Science, 236*(4799), 280-285.

Slovic, P., Fischhoff, B., & Lichtenstein, S. (1980). Facts and fears : Understanding perceived risk. In R. C. Schwing & W. A. Albers (Eds.), *Societal risk assessment : How safe is safe enough ?* New York, NY : Plenum Press.

Slovic, P., Fischhoff, B., & Lichtenstein, S. (1985). Characterizing perceived risk. In R. W. Kates, C. Hohenemser & J. X. Kasperson (Eds.), *Perilous progress. Managing the hazards of technology* (pp. 91-125). Boulder, CO : Westview Press.

Smith, A. M., & Rosenthal, D. A. (1995). Adolescents' Perceptions of Their Risk Environment. *Journal of Adolescence, 18*(2), 229-245.

Smith, P. K., & Thompson, D. (1991). *Practical approaches to bullying*. London : David Foulton Publish.

Squier, R. W. (1990). A model of empathic understanding and adherence to treatment regimens in practitioner-patient relationships. *Social Science & Medicine, 30*(3), 325-339.

Stanton, W. R. (1995). DSM-III-R tobacco dependence and quitting during late adolescence. *Addictive Behaviors, 20*(5), 595-603.

Stattin, H., & Magnusson, D. (1990). *Pubertal maturation in female development*. Hillsdale, NJ : L. Erlbaum Associates.

Steiner, H., Erickson, S. J., Hernandez, N. L., & Pavelski, R. (2002). Coping styles as correlates of health in high school students. *Journal of adolescent health, 30*(5), 326-335.

Stiffman, A. R., Dore, P., Cunningham, R. M., & Earls, F. (1995). Person and environment in HIV risk behavior change between adolescence and young adulthood. *Health Education & Behavior, 22*(2), 211-226.

Sullivan, P. F., & Kendler, K. S. (1999). The genetic epidemiology of smoking. *Nicotine & Tobacco Research, 1* (1), S51 - S57.

Takakura, M., Ueji, M., & Sakihara, S. (2001). Covariation of Cigarette Smoking and Other Health-risk Behaviors among Japanese High School Students : a Preliminary Study. *Journal of Epidemiology, 11*(5), 224-228.

Tapert, S. F., Aarons, G. A., Sedlar, G. R., & Brown, S. A. (2001). Adolescent substance use and sexual risk-taking behavior. *Journal of Adolescent Health, 28*(3), 181-189.

Tejeiro Salguero, R. A., & Bersabé Morán, R. M. (2002). Measuring problem video game playing in adolescents. *Addiction, 97*(12), 1601-1606.

Tisseron, S. (1999). Jeux Vidéo : la triple rupture. *Carnet Psy, 47*, 23-30.

Tisseron, S. (2007). Le virtuel à l'adolescence : autodestruction ou autothérapie ? *Neuropsychiatrie de l'Enfance et de l'Adolescence, 55*(5-6), 264-268.

Tracy, J. L., Shaver, P. R., Albino, A. W., & Cooper, M. L. (2003). Attachment styles and adolescent sexuality. In P. Florsheim (Ed.), *Adolescent romantic relations and sexual behavior : Theory, research, and practical implications* (pp. 137-159). Mahwah : Lawrence.

Trobst, K. K., Herbst, J. H., Masters, H. L., & Costa, P. T. (2002). Personality Pathways to Unsafe Sex : Personality, Condom Use, and HIV Risk Behaviors. *Journal of Research in Personality, 36*(2), 117-133.

True, W. R., Xian, H., Scherrer, J. F., Madden, P. A. F., Bucholz, K. K., Heath, A. C., et al. (1999). Common genetic vulnerability for nicotine and alcohol dependence in men. *Archives of General Psychiatry, 56*, 655-661.

Trull, T. J., & Sher, K. J. (1994). Relationship between the five-factor model of personality and Alexis I disorders in a nonclinical sample. *Journal of Abnormal Psychology, 103*(2), 350-360.

Tubman, J. G., Windle, M., & Windle, R. C. (1996). Cumulative sexual intercourse patterns among middle adolescents : problem behavior precursors and concurrent health risk behaviors. *Journal of Adolescent Health Care, 18*(3), 182-191.

Turner, C., McClure, R., & Pirozzo, S. (2004). Injury and risk-taking behavior—a systematic review. *Accident analysis and prevention, 36*(1), 93-101.

Tursz, A. (1993). Des diverses approches du risque à l'adolescence. In A. Tursz, Y. Souteyran & R. Salmi (Eds.), *Adolescence et risque* (pp. 135-152). Paris : Syros.

Tursz, A., Souteyran, Y., & Salmi, R. (1993). *Adolescence et risque.* Paris : Syros.

Ulleberg, P., & Rundmo, T. (2003). Personality, attitudes and risk perception as predictors of risky driving behaviour among young drivers. *Safety Science, 41* (5), 427-443.

Umeh, K., & Patel, R. (2004). Theory of planned behaviour and ecstasy use : An analysis of moderator-interactions. *British journal of health psychology, 9*(1), 25-38.

Urberg, K. A., Shyu, S.-J., & Liang, J. (1990). Peer influence in adolescent cigarette smoking. *Addictive Behaviors, 15*(3), 247-255.

Vallerand, R. J., Blanchard, C., Mageau, G. A., Koestner, R., Ratelle, C., Léonard, M., et al. (2003). Les Passions de L'Âme : On obsessive and harmonious passion. *Journal of Personality and Social Psychology, 85*(4), 756-767.

Vallerand, R. J., & Hess, U. (2000). *Méthodes de recherche en psychologie.* Paris, Montréal : Gaëtan Morin.

Valleur, M. (2006). L'addiction aux jeux vidéo, une dépendance émergente ? *Enfance & Psy, 31*(2), 125-133.

Valleur, M. (2009). Les chemins de l'ordalie. *Topique, 107*(2), 47-64.

Van der Kolk, B. A., Perry, J. C., & Herman, J. L. (1991). Childhood origins of self-destructive behavior *American Journal of Psychiatry, 148*, 1665-1671.

Van Gennep, A. (1909). *Les rites de passage*. Paris : E. Nourry.

Vitaro, F., Baillargeon, R., Pelletier, D., Janosz, M., & Gagnon, C. (1996). Prédiction de l'initiation au tabagisme chez les jeunes. *Psychotropes, 3*, 71-85.

Vitaro, F., Tremblay, R. E., & Zoccolillo, M. (1999). Père alcoolique, consommation de psychotropes à l'adolescence et facteurs de protection *Revue Canadienne de Psychiatrie, 44*(9), 901-908.

Von Sydow, K., Lieb, R., Pfister, H., Höfler, M., Sonntag, H., & Wittchen, H.-U. (2001). The natural course of cannabis use, abuse and dependence over four years : a longitudinal community study of adolescents and young adults. *Drug and Alcohol Dependence, 64*(3), 347-361.

Wagner, M. K. (2001). Behavioral characteristics related to substance abuse and risk-taking, sensation-seeking, anxiety sensitivity, and self reinforcement. *Addictive Behaviors, 26*(1), 115-120.

Wan, C.-S., & Chiou, W.-B. (2006). Why Are Adolescents Addicted to Online Gaming? An Interview Study in Taiwan. *CyberPsychology & Behavior, 9*(6), 762-766.

Wang, C.-C., & Chu, Y.-S. (2007). Harmonious passion and obsessive passion in playing online games. *Social Behavior and Personality : an international journal, 35*(7), 997-1006.

Webster, C. D., Douglas, K. S., Eaves, D., & Hart, S. D. (1997). *HCR-20 : Assessing the Risk for Violence (Version 2)*. Vancouver : Mental Health, Law, and Policy In-stitute, Simon Fraser University.

Weiss, M. R., & Chaumeton, N. (1992). Motivational orientations in sport. In T. S. Horn (Ed.), *Advances in sport psychology* (pp. 61-99). Champaign, IL : Human Kinetics.

Weitzman, M., Klerman, L. V., Lamb, G., Menary, J., & Alpert, J. J. (1982). School Absence : A Problem for the Pediatrician *Pediatrics, 69*(6), 739-746.

Westling, E., Andrews, J. A., Hampson, S. E., & Peterson, M. (2008). Pubertal timing and substance use : The effects of gender, parental monitoring and deviant peers. *Journal of Adolescent Health, 42*(6), 555-563.

Whitbeck, L., Yoder, K., Hoyt, D., & Conger, R. (1999). Early adolescent sexual activity : A study of eighth, ninth and tenth graders in two-parent and single-mother families. *Journal of marriage and the family, 61*(934-946).

White, K. M., Terry, D. J., & Hogg, M. A. (1994). Safer sex behavior : The role of attitudes, norms and control factors. *Journal of Applied Social Psychology, 24*(24), 2164-2192.

Wild, L. G., Flisher, A. J., Bhana, A., & Lombard, C. (2004). Associations among adolescent risk behaviours and self-esteem in six domains. *Journal of child psychology and psychiatry, 45*(8), 1454-1467.

Wilens, T. E., Biederman, J., Abrantes, A. M., & Spencer, T. J. (1997). Clinical Characteristics of Psychiatrically Referred Adolescent Outpatients With Substance Use Disorder. *Journal of the American Academy of the Child and Adolescent Psychiatry, 36*(7), 941-947.

Wilson, D., Zenda, A., McMaster, J., & Lavelle, S. (1992). Factors predicting Zimbabwean students' intentions to use condoms. *Psychology & Health, 7*(2), 99-114.

Zimmerman, P., & Becker-Stoll, F. (2002). Stability of attachment representations during adolescence : the influence of ego-identity status. *Journal of Adolescence Health Care, 25*(1), 107-124.

Zlotnick, C., Mattia, J. I., & Zimmerman, M. (1999). Clinical Correlates of Self-

Mutilation in a Sample of General Psychiatric Patients. *The Journal of Nervous & Mental Disease, 187*(5), 296-301.

Zuckerman, M. (1984). Sensation seeking : a comparative approach to a human trait. *Behavioral and brain sciences, 7*(3), 413-471.

Zuckerman, M., & Kuhlman, D. M. (2000). Personality and risk-taking : Common bisocial factors. *Journal of personality, 68*(6), 999-1029.

图书在版编目(CIP)数据

青少年期冒险行为 /（法）罗贝尔·库尔图瓦
(Robert Courtois)著；费群蝶译. — 上海：上海社
会科学院出版社，2016
 ISBN 978-7-5520-1558-4

Ⅰ.①青… Ⅱ.①罗… ②费… Ⅲ.①青少年—社会
行为—研究 Ⅳ.①C912.68

中国版本图书馆 CIP 数据核字（2016）第 221035 号

Originally published in France as：
Les conduites à risque à l'adolescence，by Robert Courtois
© DUNOD Editeur, Paris, 2011
Simplified Chinese language translation rights arranged through Divas International, Paris 巴黎迪法国际版权代理(www.divas-books.com)

上海市版权局著作权合同登记号：图字 09-2014-050 号

青少年期冒险行为

著　者：	（法）罗贝尔·库尔图瓦
译　者：	费群蝶
责任编辑：	杜颖颖　赵秋蕙
封面设计：	式夕制作
出版发行：	上海社会科学院出版社
	上海顺昌路 622 号　邮编 200025
	电话总机 021-63315947　销售热线 021-53063735
	http://www.sassp.cn　E-mail：sassp@sassp.cn
照　排：	南京理工出版信息技术有限公司
印　刷：	上海景条印刷有限公司
开　本：	890 毫米×1240 毫米　1/32
印　张：	12.25
字　数：	271 千
版　次：	2016 年 11 月第 1 版　2022 年 2 月第 2 次印刷

ISBN 978-7-5520-1558-4/C·114　　　　　　　　定价：45.00 元

版权所有　翻印必究